VOYAGE

DANS

LA BELGIQUE, LA HOLLANDE

ET

L'ITALIE. 337

BATIGNOLLES-MONCEAUX. — Imp. de A. Desrez, rue Lemercier, 2(

VOYAGE

DANS

LA BELGIQUE, LA HOLLANDE

ET

L'ITALIE

PAR FEU ANDRÉ THOUIN,

DE L'INSTITUT DE FRANCE ET DU MUSEUM D'HISTOIRE NATURELLE;

Rédigé sur le Journal autographe de ce savant professeur,

PAR LE BARON TROUVÉ,

ANCIEN PRÉFET DU DÉPARTEMENT DE L'AUDE
ET ANCIEN AMBASSADEUR EN ITALIE.

TOME DEUXIÈME.

PARIS.

CHEZ L'ÉDITEUR, 40, RUE LAFFITTE.

M DCCC XLI.

VOYAGE

EN ITALIE.

Le 24 floréal an IV (13 mai 1796), un arrêté du directoire exécutif nomma M. André Thouïn pour faire partie de la commission chargée d'aller visiter et recueillir, dans les pays conquis en Italie par les armées françaises, les monuments d'arts et de sciences dignes d'entrer dans nos musées. L'économie rurale et le jardinage étaient particulièrement l'objet de sa mission. Ses collègues furent MM. Berthollet, Monge, La Billardière, Moitte, sculpteur, et Berthelmy, peintre.

VOYAGE

EN ITALIE.

―◆―

CHAPITRE I.

Pont-de-Beauvoisin. — Les Échelles. — Chambéry. — Montmélian. — Épierre. — Cascade. — Saint-Jean-de-Maurienne. — L'arc. — Le Mont-Cenis. — Passage de cette montagne. — La Novalèze. — Suze.

Partis de Paris le 21 mai 1796, nous arrivâmes le 28 au Pont-de-Beauvoisin après avoir traversé la Bourgogne et avoir séjourné à Lyon.

Le Pont-de-Beauvoisin formait anciennement (et depuis 1814 il forme encore) la limite entre la France et la Savoie. C'est un village d'une seule et longue rue, situé dans le fond d'une vallée dont la descente est très-rapide.

En suivant les bords d'un torrent sinueux au

milieu duquel coule la petite rivière de Ghier, on entre dans les Échelles. Les pentes de la vallée sont couvertes de bois de chêne et de sapin, parmi lesquels on trouve beaucoup de buis et de *coronilla emerus*; ce dernier arbuste produit un effet très-agréable lorsqu'il est en fleur au printemps.

Le chemin est taillé dans le roc et bordé de parapets construits à grands frais du côté de la rivière.

Sur la route et dans les fentes des rochers je remarquai de jolis gazons de *saponaria ocimordes*, L. C'est le lieu natal de cette plante, dont les petites fleurs, couleur de lilas, tranchaient agréablement avec la verdure tendre des feuilles. J'y vis aussi des touffes d'*erinnus alpinus* et plusieurs autres végétaux plus communs, tels que le *globularia vulgaris*.

Dans cet endroit la vallée n'a pas en largeur plus d'une portée de fusil, et la rivière de Ghier y passe à une grande profondeur. Quoique les pentes des montagnes soient assez escarpées, on trouve à la surface bon nombre d'habitations.

Le bourg des Échelles renferme une population de onze à douze cents âmes; les rues en sont tortueuses et mal bâties. Par une route pratiquée de main d'homme dans l'épaisseur du roc et à l'aide de cinq chevaux mis en avant des voitures et de vingt paysans qui les poussaient par derrière, nous arrivâmes à une ouverture par laquelle on entre dans une gorge étroite taillée à pic des deux côtés de plus de cent vingt toises au-dessus du niveau du chemin.

C'est là que s'élève un monument sur lequel était gravée l'inscription qui consacrait le nom du prince auquel on doit un travail si utile et si commode aux voyageurs. Je ne puis concevoir par quelle basse jalousie ou par quelle fureur fanatique on avait effacé les armoiries et cette inscription, qui ne constatait pourtant qu'un fait historique et une généreuse prévoyance.

Cette inscription, écrite en latin par le célèbre abbé de Saint-Réal, était ainsi conçue :

« Carolus-Emmanuel II, dux Sabaudiæ, Pedem. princeps, publicà felicitate partà, singulorum commodis intentus, breviorem securioremque viam regiam, naturà occlusam, Romanis intentatam, cæteris desperatam, dejectis scopulorum repagulis, æquatà montium iniquitate qui cervicibus imminebant, præcipitia pedibus substernens, æternis populorum commerciis patefecit, anno 1670. »

En voici la traduction :

« Charles-Emmanuel II, duc de Savoie, prince de Piémont, après avoir assuré la félicité publique, attentif aux commodités et aux avantages particuliers, a ouvert, en 1670, pour le commerce éternel des peuples, cette route royale beaucoup plus courte et plus sûre, que la nature avait fermée, ouvrage incroyable qu'avaient en vain tenté les Romains, qui avait désespéré les autres, et pour lequel il a fallu renverser des remparts de rochers, aplanir des montagnes suspendues sur la tête des voyageurs et combler des précipices effrayants. »

A côté de cette ouverture est celle qui servait de débouché à l'ancien chemin, praticable pour des mulets. Cette dernière forme une grotte assez longue et d'un genre très-pittoresque.

Lorsqu'on a passé l'ouverture, on trouve un chemin qui monte toujours dans l'espace d'une lieue. Bordé, des deux côtés, de hautes montagnes taillées à pic, il peut donner passage à trois voitures de front dans les endroits les moins larges; il débouche dans une vallée étroite, mais cultivée comme un jardin tant en céréales que légumes et arbres fruitiers. Parmi ceux-ci les noyers dominent et sont d'une grosseur prodigieuse. Des habitations dispersées çà et là et quelques hameaux rendent l'aspect du paysage aussi agréable que vivant.

De là, par une descente assez rapide pour qu'on soit obligé d'enrayer à plusieurs reprises les roues des voitures, on arrive dans un vallon profond, à l'extrémité duquel est située la ville de Chambéry.

Cette ville est petite, mais bien bâtie. Elle contient une population de douze à quinze mille âmes. La jolie rivière de Laisse l'arrose, la vivifie et l'entretient propre et saine.

Plusieurs cimes des montagnes qui bordent la vallée de Chambéry sont couvertes de neige dans les parties exposées au nord, ce qui produit un contraste imposant avec la riante verdure qui couvre le reste de ces montagnes.

Toute cette vallée est remplie d'habitations isolées ou groupées de différentes manières; on y rencontre de jolies maisons de plaisance et sur les hauteurs de petits châteaux perchés comme des nids d'aigles.

La culture consiste particulièrement en céréales, en légumes de diverse nature, en prairies naturelles d'assez mauvaise qualité, en vignes, dont les unes forment des treilles, les autres sont portées sur des échalas. Les noyers surtout y sont magnifiques et multipliés. L'huile qu'on en tire sert à la préparation des aliments ainsi qu'à l'usage de l'économie domestique et des arts.

En parcourant ces montagnes, qui, pour la plupart, offrent des coupes verticales, on est étonné de voir les lits de pierre dont elles sont composées dans différentes directions, les uns inclinés à l'horizon à toute sorte de degrés, les autres presque perpendiculaires, sans ordre déterminé : il semble qu'ils aient été brisés, culbutés et renversés. Quelles sont donc les révolutions qui ont pu opérer de si grands bouleversements sur des masses si lourdes et si dures ?

La petite ville de Montmélian n'a d'autre importance que le château fort par lequel elle est défendue. Sa population n'excède guère six ou sept cents habitants, renfermés dans une centaine de maisons. On y traverse l'Isère sur un pont de pierre qui conduit à une montagne d'où l'on descend dans une vallée étroite mais agréable.

Ici je vis pour la première fois des mariages de culture assez singuliers. D'abord, des maïs au pied desquels croissaient des haricots, dont les tiges faibles étaient supportées par les tiges droites et fortes des premiers. Ces deux plantes, également annuelles, viennent du même pays, exigent à peu près la même température, ont le même degré d'existence, se sèment en même temps, mais se récoltent successivement, ce qui est un avantage pour les travaux. Elles ont besoin à peu près des mêmes façons et produisent enfin toutes deux des semences utiles à la nourriture de l'homme. Le seul inconvénient, c'est qu'elles sont extrêmement voraces et doivent épuiser la terre et la rendre infertile pour plusieurs années, à moins qu'on n'y supplée par des engrais abondants.

L'autre culture me paraît moins avantageuse : elle consiste à semer à la fois, sur le même labour, du seigle et des féveroles. Quoique ces deux plantes soient à peu près de la même durée, qu'on puisse les récolter à la même époque, je crois cependant que le même champ, divisé en deux parties, dans chacune desquelles on eût semé séparément les deux plantes, eût donné un produit plus considérable. Les habitants du canton sont séduits par la facilité de ce procédé, qui les exempte du soin de biner les féveroles, parce que le seigle empêche les mauvaises herbes de pousser ; de plus, le mélange se trouvant opéré tout naturellement, ils le portent ainsi au moulin. Il en résulte sans doute un mauvais pain, mais leur pauvreté ne leur permet pas d'en manger de meilleur.

Le hameau de Maltaverne, les villages d'Aiguebelle et d'Épierre n'offrent rien de bien intéressant, si ce n'est que les vallées dans lesquelles ils sont situés renferment de grandes cultures de chanvre qui, d'une part, occupent utilement le terrain, et, de l'autre, fournissent pendant l'hiver du travail aux femmes, aux enfants et aux hommes par la filature et la fabrication des toiles de ménage.

Jusqu'au sommet des montagnes, dans les lieux où l'homme a peine à se tenir debout, tous les terrains susceptibles de culture sont travaillés avec le plus grand soin. On ne voit d'incultes que les rochers nus sur lesquels on ne peut porter des terres et les expositions au nord, où le soleil ne luit que peu de temps de l'année : encore y croît-il du bois, pour peu que la situation le permette.

Les propriétés territoriales sont tellement divisées et morcelées qu'on trouve des champs qui n'ont pas une perche (22 pieds carrés) d'étendue ; et comme le pays est très-peuplé, que la terre cultivable n'est pas en proportion avec le nombre des habitants ; que, d'un autre côté, il y a peu d'objets d'industrie et de commerce, il en résulte que cette population, au moins pour les neuf dixièmes, est pauvre et misérable ; qu'une grande partie sont obligés de s'expatrier pour exister et pour faire vivre leur famille. Ils vont dans toutes les grandes villes de l'Europe exercer les métiers les plus abjects ou les plus rudes, ramoneurs, commissionnaires, frotteurs, portefaix ; économisent le peu d'argent qu'ils amassent et le rapportent dans leur pays.

Près du village d'Épierre est une cascade qui descend d'une large fissure qu'elle s'est ouverte dans la montagne. Ménagée sur différentes pentes, la chute d'eau fait mouvoir quelques usines. La cascade forme trois sauts qui ont ensemble plus de cent pieds de hauteur. Elle se précipite avec une grande rapidité, non en nappes ou en colonnes, mais en gerbes de gouttes isolées qui, reflétant la lumière en divers sens, ressemblent à des grains de diamants ou de cristaux. Le lit que s'est creusé le torrent est profond et rempli de gros galets de quartz et de granit entraînés des parties supérieures de la montagne.

Tous les lieux élevés voisins de cette chute d'eau sont couverts de vaches, de chèvres et de moutons. Au bas, et attenant le village, se trouvent des plantations de très-gros châtaigniers dont quelques-uns sont creux et servent de retraite aux bergers, en même temps que leurs fruits, quoique petits, les nourrissent une partie de l'année.

Dans les petites prairies ombragées qui bordent le chemin, croissent une grande quantité de *phiteuma spicata*, L. La fleur, d'un bleu céleste, produit un fort bel effet.

A deux portées de fusil du même village, un fort courant d'eau, qui vient de la montagne, alimente une forge dont la mine rend de 36 à 40 livres par quintal d'un très-bon fer qu'on emploie dans le pays et qui approche pour la qualité de celui du Berri.

Je rencontrai au voisinage de cette fonderie une très-jolie espèce de *sysimbrium,* que nous n'avions pas au Jardin des Plantes et que je crois être le *pyrenaïcum* de Linné. Elle croit le long des parois humides de la montagne et dans les fentes des rochers. J'en pris un exemplaire pour l'herbier. Les cretins et encore plus les goîtreux abondent dans ces vallées.

Le village de la Chambre est un lieu assez peuplé, où les toits des maisons font une saillie de plus d'une toise au delà des murs en face de la rue; ils sont couverts en ardoises et forment des espèces de porches qui mettent les passants à l'abri de la pluie et de la neige. Cette manière de construire devient souvent utile aux voyageurs.

Dans cette traversée, la vallée de l'Arc se rétrécit, les montagnes sont plus élevées, les côtes plus à pic et formées de roches énormes. On voit cependant, sur ces pentes perpendiculaires, quelques épicias et des sapins qui croissent entre les rochers. Le buis est commun sur les coteaux de nature calcaire, mais il ne vient point sur ceux qui sont composés de schiste ou de granit. Ce fait assez remarquable mérite d'être examiné et constaté par des observations plus approfondies.

On passe sur trois ponts le torrent et la rivière d'Arc pour arriver à Saint-Jean-de-Maurienne. C'est une petite ville entourée de murs et fermée de portes : ses rues sont étroites et tortueuses, ses maisons élevées la plupart de trois étages, ses habitants malpropres, son pavé raboteux et irrégulier ; elle est dominée par de très-hautes montagnes sur lesquelles un plateau, de plusieurs lieues d'étendue, est couvert de bois de sapin et autres arbres résineux qui restent sans usage, faute de moyens de communication et de transport.

Quelques coteaux du voisinage produisent un vin qui a de la réputation dans le pays et qu'on est obligé d'y consommer ; il ne pourrait être exporté qu'à dos de mulets.

Les vins blancs de Saint-Julien sont également renommés. Ici la vallée s'élargit à l'approche du village de Saint-Michel, après lequel elle se rétrécit encore de manière à ne plus laisser place qu'au chemin qui monte sur une côte escarpée et très-roide, dont la descente est difficile et dangereuse pour les voitures.

Dans les bois que ce chemin parcourt, il se trouve une espèce d'érable qui se rapproche du sycomore et qui pourrait bien être le véritable *acer opalus* de Miller.

La petite rivière d'Arc, qu'on ne cesse de remonter, devient d'autant moins volumineuse et plus rapide qu'on approche plus de sa source. Elle ne forme ici qu'un torrent qui roule ses eaux écumeuses dans un lit très-irrégulier et sur un fond formé de gros quartiers de rochers, d'écueils, de bas-fonds et de cascades.

Partout où un homme peut se tenir debout, ces montagnes sont plantées en vignes, en pêchers et en amandiers. Le chanvre occupe le bas du vallon ; le froment, le maïs, le seigle, l'orge sont cultivés sur les terrains dont la pente n'a pas plus de 45 degrés. Ces champs sont garnis de pommiers, de poiriers, de châtaigniers et surtout de noyers. Les lieux inaccessibles à la culture sont couverts de pins, sapins, épicias, mélèzes et même d'autres arbres de la nature de ceux qui perdent leurs feuilles chaque année.

Une herborisation que j'eus le temps de faire dans ce canton me produisit la rencontre du *clématis verna,* ou plutôt de l'*atragene alpina,* bien garni de ses belles fleurs violettes et étendant ses branches sarmenteuses sur tous les buissons voisins ; de la *gentiana amarella,* formant de charmants tapis émaillés d'un bleu céleste admirable ; du *polygala chamæbuxus,* avec ses jolis petits corymbes de fleurettes jaunes et blanches ; de l'*erica multiflora,* avec ses longs épis couleur lilas, parsemés d'étamines noires ; du *prunus padus,* couvert de ses longues grappes de fleurs pendantes, blanches comme la neige ; et enfin de beaucoup d'autres plantes et arbustes plus communs, dont les fleurs sont passées chez nous depuis longtemps lorsqu'ici elles ne font que commencer. Ce qui prouve encore la tardivité de ce canton, c'est que le merisier des bois est ici en pleine fleur tandis que partout ailleurs ses fruits sont déjà noués et de la grosseur des pois.

Nous traversions une belle forêt de pins sauvages, d'épicias, de sapins et de mélèzes. Je mesurai plusieurs des plus gros arbres, qui avaient au moins trois pieds de diamètre; j'estimai leur hauteur à plus de quatre-vingt-dix pieds. Quel dommage qu'on soit forcé de laisser mourir sur place des arbres qui pourraient être si utiles !

Après Bramans, mauvais village peuplé de pauvres gens, on descend presque au bord de l'Arc, que l'on côtoie pendant quelques minutes, puis on le quitte bientôt pour gravir des montagnes dont la pente rapide conduit au village de Termignon, qui est assez considérable. Là, il faut encore monter pendant une demi-heure une côte très-roide, la redescendre par un chemin aussi rapide qu'étroit et qui forme un coude extrêmement dangereux lorsque deux voitures s'y rencontrent. On est comme suspendu au-dessus de précipices horribles, à travers lesquels l'Arc roule ses eaux avec un fracas qui vous assourdit. Plus on avance vers la source de ce torrent, plus son volume diminue, mais plus sa fougue est effrayante.

En approchant du terme de cette poste, la route tourne au couchant et entre dans une vallée qui laisse apercevoir le Mont-Cenis. Cette montagne domine toutes celles dont elle est environnée et les surpasse de plus d'un quart de leur hauteur. A voir les nuages qui couronnent son sommet, on dirait qu'il leur sert de point d'appui. Le vent qui souffle de cette cime et s'engouffre dans la vallée rafraîchit l'air au point de rendre nécessaires les vêtements d'hiver, tandis qu'à quelques pas de distance on jouit d'une assez douce température.

Toute la partie des montagnes à la droite de l'Arc, quoique très-escarpée, est couverte de bois résineux qui ne paraissent ni très-vieux ni très-gros. On les exploite sans précaution, parce que leur bois est à vil prix. Il sert à entourer les jardins et même les petites cultures du voisinage.

Il n'existait pas alors sur le Mont-Cenis de route praticable pour les voitures, comme celle qui a été construite depuis avec tant d'art et à si grands frais. Parvenus au village de Lans-le-Bourg, les voyageurs étaient obligés de faire marché avec des entrepreneurs, gens du pays qui, en moins de deux heures, démontaient une voiture pièces par pièces, qu'ils chargeaient sur des mulets pour passer la montagne. Ils mettaient autant d'intelligence que de soin dans cette opération.

La Billardière et moi arrivâmes les premiers au village de Lans-le-Bourg, qui est assez agréable. C'est une longue rue que traverse la grande route. Les maisons, à plusieurs étages, sont bâties avec des galets ramassés au bord du torrent qui passe à côté. Noires, enfumées, percées de petites croisées fermées par des vitres de papier, leurs toits les débordent de huit à dix pieds. Les habitants sont trapus, taillés en force. Les femmes ont la figure peu agréable, même les jeunes filles; leurs vêtements, de grosse étoffe de laine brune, bleuâtre ou grise, ressemblent à des fourreaux d'enfants.

En attendant nos compagnons de voyage, nous allâmes herboriser dans les environs. Au sortir du village, la vallée s'élargit un peu; quelques espaces planes sont bien cultivés. On y trouve des seigles, des prairies naturelles de mauvaise qualité, de petites chènevières, de petits jardins garnis d'un certain nombre d'arbres fruitiers. Le terrain, léger, maigre, ne donne qu'à force d'engrais quelques médiocres récoltes. Aussi la population est-elle misérable, surtout lorsque la guerre interrompt les communications entre la France et le Piémont.

Je rencontrai sur les pentes des coteaux exposés au midi d'assez jolies plantes, qui toutes sont cultivées dans notre jardin du Muséum. Je parcourus ensuite les coteaux à l'exposition du nord. Les végétaux qui y dominent sont de la famille des graminées et quelques légumineuses. Elles étaient émaillées de l'*anemone alpina,* dont les grandes fleurs couleur de chair se faisaient remarquer au loin. Si l'on dépasse les prairies, on arrive dans de hautes futaies de pins, de sapins, d'épicias et de mélèzes, dont plusieurs ont trente pouces de diamètre et s'élèvent à quatre-vingts et cent pieds de haut; ils sont droits et d'une belle venue. La forêt s'étend de plusieurs lieues sur la montagne. Je vis des arbres d'une grosseur monstrueuse renversés de vétusté et qui pourrissaient sur place. On rencontre en abondance, sous ces grands bois, des fougères, des mousses, des fungus et des lichens. La pente est si rapide qu'on ne marche qu'avec difficulté et en se cramponnant d'un arbre à l'autre. Le sol, formé par la décomposition des feuilles et des branches, est dans un état de terreau très-végétatif.

Lorsque enfin nous pûmes nous occuper de notre passage, nous appelâmes le syndic de la paroisse, avec lequel nous fîmes prix pour le transport de nos voitures, de nos effets et de nos personnes jusqu'à la Novalèze. Il fallait du temps avant de se mettre en chemin. Les arrangements se faisaient avec ordre, mais avec lenteur. D'abord le syndic composait des lots de tous les objets qui devaient être transportés, et les adjugeait au rabais aux muletiers, rangés en cercle autour de lui. On commençait par les pièces les plus lourdes, caisses de voitures, brancards, roues, essieux; venaient ensuite les effets de moindre pesanteur, malles, porte-manteaux, sacs de nuit, etc. A mesure qu'un lot était prisé et adjugé, on le chargeait sur les mulets. On en prenait deux pour porter une caisse de voiture que l'on plaçait comme une chaise à porteur au moyen de deux perches formant brancard de chaque côté. Chacune des grandes roues était mise à plat sur le dos d'un mulet dont le bât se trouvait disposé pour recevoir le moyeu. Les deux petites roues étaient chargées sur un seul mulet.

Notre caravane exigea quarante mulets et trente-quatre hommes. Elle défila devant nous, d'abord confusément; bientôt les mulets prirent leurs rangs à la suite les uns des autres, afin que leur charge, qui occupait beaucoup de place en longueur et en largeur, ne fût pas heurtée par ceux du voisinage et en danger d'être renversée.

J'avais été fortement prévenu contre les inconvénients de ce passage ; on m'avait engagé à prendre des précautions pour n'être pas transi de froid. Je mis donc sur mon corps toute ma garde-robe, qui consistait en un habit d'été et une redingote de drap. Vers le milieu de la route, je fus obligé de me dévêtir un peu, à cause de la chaleur que j'éprouvais. Mon secret fut très-simple : je marchai et laissai mon mulet à son conducteur, qui se garda bien de le monter. Il n'y eut de déplaisir et de souffrance que pour les indolents qui se faisaient porter par des mulets ou sur des brancards par des hommes. Nos rusés conducteurs, la figure vermeille et l'air joyeux, riaient sous cape de la figure pâle et blême des cavaliers, de leur malaise et de leur impatience d'arriver.

Je restai à la queue de la caravane, qui occupait une grande étendue de terrain. Ce fut pour moi un spectacle curieux de voir cette longue file de mulets et d'hommes parcourant à pas mesurés un chemin en zig-zag, qui se replie sur lui-même trente fois dans l'espace d'une lieue, d'entendre les chants des conducteurs, le braiement des animaux au milieu d'une solitude profonde et sur ces montagnes dont les cimes se perdent dans les nues. Bientôt familiarisé avec ce site imposant, ou, pour mieux dire, distrait par la vue des jolies plantes que je foulais aux pieds, je tournai mes regards vers la terre. Je la trouvai couverte de l'*anémone des Alpes*, de l'*anémone à fleurs de narcisse*, du *draba alpina*, du *gentiana nivalis*, du *viola cenisia*, du *saxifraga oppositifolia* et d'une infinité de charmantes plantes alpines qui étaient en pleine fleur.

Nous montâmes pendant environ trois heures pour arriver à l'endroit le plus élevé du passage. Le chemin, dans toute cette étendue, était large, solide, sûr et même commode. Il formait un grand nombre de détours et de circuits. Les pentes variaient par leur degré d'obliquité; il y en avait de très-rapides, mais toutes étaient accessibles à des cavaliers. On ne passe pas sur le sommet du Mont-Cenis, on le laisse sur la gauche qui s'élève encore de plusieurs centaines de toises au-dessus du niveau du chemin. Parvenu à ce point, on est sur un plateau dans le milieu duquel se trouve un beau lac. Il faut trois heures pour en faire le tour à pied : on y pêche d'excellentes truites. En face est un hameau de sept ou huit maisons où l'on s'arrêtait pour se chauffer et prendre un repas.

A l'extrémité du plateau est le vallon de Saint-Nicolas, enfoncement inattendu qui peut avoir cent cinquante toises de profondeur sur une circonférence de deux à trois mille. Ses parois, d'un roc dur, sont taillées à pic. Plusieurs cascades s'y précipitent en formant des napes d'une belle largeur et en faisant un bruit terrible.

La Grande-Croix était alors le point de démarcation entre le Piémont et la France. Ce poste était gardé par quelques troupes du roi de Sardaigne. On continue de descendre jusqu'au village de Ferrière, au revers des montagnes du côté du midi, par conséquent plus chaud que Lans-le-Bourg, quoique beaucoup plus élevé. On côtoie quelque temps le Cinique, torrent impétueux qui roule dans des abîmes avec un fracas épouvantable. Ses bords sont couverts d'arbres et de verdure, à travers lesquels on voit fuir les eaux en écume blanche comme la neige. Enfin, après une descente de deux lieues en circuits multipliés, courts, roides, mais faciles, nous nous trouvâmes à la Novalèze, joli village, gai, propre et assez bien bâti.

Si le passage du Mont-Cenis me parut beaucoup moins effrayant qu'on me l'avait peint, si je trouvai même dans ce trajet plaisir et jouissance, je conviendrai pourtant qu'il est des saisons et des circonstances où il devait se faire avec moins d'agrément et de sûreté, par exemple l'hiver, lorsque les neiges couvrent en un instant le chemin de plusieurs pieds d'épaisseur; au printemps, lorsque la fonte de ces neiges arrive; en tout temps, lorsqu'il survient des vents impétueux ou qu'il tombe des pluies d'orage. La localité sans doute rend ces météores bien plus incommodes que lorsqu'on les éprouve en plaine.

Nous ne restâmes à la Novalèze que le temps nécessaire pour remonter nos voitures. En moins d'une heure elles furent mises en état de service et sans qu'il y manquât un clou. Nous reprîmes la route pour nous rendre à Suze. Dans cet intervalle, les montagnes s'abaissent, les pentes deviennent plus douces. On rencontre de belles forêts, beaucoup d'habitations, de maisons de plaisance et de petits châteaux.

La ville de Suze renferme une population de deux mille âmes; ses rues sont larges, assez droites, bien pavées et bordées de jolies maisons, sous quelques-unes desquelles sont construites des arcades. Plusieurs de ces rues sont arrosées par des ruisseaux d'eau courante qui y entretiennent la fraîcheur et la propreté. J'allai voir sur les remparts un ancien arc de triomphe de construction romaine. Il est entier, à l'exception de quelques écornures, et orné de bas-reliefs d'un beau style, assez bien conservés. Mais une partie de ce monument est enterrée par le bas.

En sortant de Suze, la vallée s'élargit de plusieurs milles; elle est cultivée en prairies naturelles de bonne qualité. On rencontre dans la campagne beaucoup de plantations de mûriers, greffés et taillés en entonnoir à la façon des provinces méridionales de la France, ainsi que de gros noyers et des vignes palissées sur des treillages qui forment berceau. Ces arbres ombragent des cultures de froment et de seigle. Les propriétés sont divisées par des lignes de saules têtards qui les circonscrivent. On voit aussi des clos où la vigne est cultivée plus en grand, de plusieurs manières différentes : ici, elle est échalassée comme aux environs de Paris; là, les tiges et les rameaux s'entrelacent en treilles élevées; ailleurs, ils composent des palissades, comme dans nos jardins potagers, ou des berceaux de six à huit pieds de haut. Aucune de ces méthodes ne me paraît la meilleure; elles peuvent donner du vin en abondance, mais non de bonne qualité.

Cette traversée offre aussi des cultures de maïs qui ne diffèrent point des nôtres, et de pois chiches qui ont cela de remarquable que ce légume est semé par rayons dans des sillons de huit à dix pouces de profondeur.

Il croît dans les vignes un assez grand nombre de l'espèce d'abricotier albergier; on en plante jusque sur les bords du chemin, ce qui prouve qu'ici la propriété est respectée même pour les fruits qui peuvent se manger sur place.

On est aussi dans l'usage de mêler des graines de sainfoin avec celles des plantes de prairies naturelles. Il en résulte des prés mi-partie naturels et artificiels qui fournissent un fourrage plus substantiel que celui des prairies simples.

C'est ici encore que l'on commence à voir de belles cultures de chanvre, dont les individus s'élèvent jusqu'à huit pieds de haut. Il ne faut pas s'en étonner dans un pays où la température est plus chaude qu'en France, et dont le terrain, d'un sable doux, bonifié par de fréquents engrais, est entretenu dans un état d'humidité par les eaux qui descendent en abondance des montagnes environnantes.

La ville de Suze est arrosée par une petite rivière que l'on passe sur un pont de pierre : c'est la Doria, la même dont nous avions vu la source au Mont-Cenis, où elle porte le nom de Cinique. Sa largeur commence à être de six ou huit toises; elle coule avec tranquillité.

CHAPITRE II.

Saint-Ambrosio. — Rivoli. — Turin. — Le Pô. — Rizières. — Vercelli — Novara. — Le Tessin. — Plantes. — Accident déplorable. — Buffalora. — Canal. — Aspect du pays.

Avant d'arriver à Turin, on traverse plusieurs villages, entre autres Saint-Ambrosio, remarquable par une jolie église décorée d'un portail d'assez bon goût, d'un fronton et de colonnes, le tout en briques, et Rivoli, où les habitants sont mieux vêtus, les maisons plus propres que dans les endroits précédents. Une plaine bien cultivée, une route large, parfaitement entretenue et plantée de beaux arbres, tout annonce l'approche d'une grande ville. En effet on aperçoit bientôt celle de Turin, qui se présente d'une manière avantageuse : située sur un terrain plat, entourée de vastes fortifications, ses tours, ses clochers se montrent de loin comme autant de pyramides qui produisent un aspect imposant.

Les fortifications de Turin sont accompagnées d'un boulevard intérieur planté d'arbres qui forment des promenades aussi agréables que saines et commodes. Les rues, droites et bien pavées, sont pour la plupart tirées au cordeau et bâties de maisons d'une architecture simple, belle et uniforme. Presque toutes ont au moins trente-six pieds de largeur, et dans plusieurs coulent des ruisseaux d'eau vive que l'on passe sur de jolis ponts de pierre. J'ai seulement été choqué du petit nombre et de l'exiguïté des fenêtres; mais c'est la chaleur du climat qui nécessite ce genre de construction.

A cela près, Turin présente un ensemble magnifique. La place Saint-Charles est régulière; le palais du prince, quoique vieux et gothique, a de la grandeur par son étendue et par la hauteur de ses tours; les églises sont de beaux édifices richement décorés; l'hopital est un vaste bâtiment susceptible de recevoir un grand nombre de malades. Le local où se tiennent les séances de l'Académie des sciences est orné des portraits de tous les hommes qui l'ont illustrée. Il contient une bibliothèque riche en livres anciens et modernes et en manuscrits précieux. Le cabinet des antiques renferme des bronzes, des bas-reliefs et autres objets d'arts. Le salon de sculpture est aussi fort intéressant. Le Pô, qui traverse la ville, n'est pas moins large que la Seine au port Saint-Paul, à Paris; il est en général garni de bateaux de forme vénitienne. Ce fleuve, qui a un très-long cours, est une source de prospérité pour les pays qu'il arrose. La Doria passe également à Turin, où elle se jette dans le Pô.

Pendant mon séjour dans cette capitale, j'eus occasion de voir un homme fort respectable et fort instruit, M. Alliani ; il répondit à mes questions avec beaucoup de complaisance. Voici le résultat de cette conversation :

1° Le mûrier qu'on cultive en Piémont est le *morus alba hispanica*, la même variété qui se trouve en Provence, en Languedoc et autres contrées méridionales de la France. La qualité supérieure de la soie de ce pays est due à la manière de la filer et de la préparer, ainsi qu'au climat, dont la température est plus favorable à l'éducation des vers.

2° La culture du riz est malfaisante à la santé des hommes qui s'en occupent et qui vivent dans son voisinage, à cause de l'humidité stagnante et du degré de chaleur qu'elle exige. Cependant il se pourrait qu'avec des eaux courantes on jouit sans inconvénient de cette branche précieuse d'économie rurale.

3° Les cretins et les goîtreux des montagnes voisines ne doivent ces maladies qu'à l'usage perpétuel des eaux calcaires et froides et du fromage, qui fait la base de leur nourriture. Ne pourrait-on pas les attribuer aussi à l'extrême misère et à l'excessive malpropreté dans lesquelles ils naissent et croupissent?

Lorsqu'on a quitté Turin, on parcourt une route superbe, que rend plus agréable encore la vue des montagnes; on passe, soit à gué, soit en bac, soit sur un pont de bateaux, plusieurs rivières. On rencontre successivement Chivasso, petite ville fortifiée, assez jolie, bien peuplée et dans une riante position; les villages de Cigliano et de San-Germano : les maisons de ce dernier sont accompagnées de porches ou galeries sous lesquelles on marche à couvert. Les habitants paraissent avoir de l'aisance, un beau sang et une physionomie ouverte. Les femmes portent leurs cheveux nattés, roulés en cercles sur le derrière de la tête, où ils sont fixés par de grandes épingles de diverses formes et de différents métaux. Elles vont pieds et jambes nus. La principale branche d'industrie de ce canton est l'éducation des vers à soie. Au milieu de vastes prairies, arrosables à volonté, paissent de nombreux troupeaux de vaches, de génisses et de jeunes bœufs destinés au labourage.

C'est là que, pour la première fois, je vis des rizières. Ce sont de grandes pièces de terre unies comme un jeu de boule, dominées par un fossé plein d'eau qui s'y décharge et les submerge au degré convenable. Elles sont divisées par carreaux d'un quart d'arpent environ. Ces divisions se forment par de petites digues de terre de huit à dix pouces de haut et épaisses d'un pied à la partie supérieure, qui vont s'élargissant par le bas. Quand le riz est jeune, la terre sur laquelle il croît n'est couverte que de quelques pouces d'eau; mais on en augmente le volume à mesure que la plante grandit et que la chaleur devient plus considérable. Lorsqu'il survient des temps froids et que les feuilles du riz prennent une couleur jaune trop foncée, on retire les eaux; c'est pourquoi il doit toujours y avoir à la partie inférieure des rizières un canal de décharge pour procurer un prompt desséchement du terrain.

Dans le voisinage de ces cultures, des compagnies de canards, d'oies et de dindons vivent des insectes et des petits reptiles que ces lieux attirent.

Peut-être devrait-on multiplier davantage ces sortes de volailles, qui, en se nourrissant de beaucoup de parties animales, empêchent qu'elles ne se corrompent et ne méphitisent l'air environnant.

A mesure qu'on avance vers le midi, on s'aperçoit que la peau des habitants devient plus basanée, surtout aux extrémités habituellement découvertes, telles que les pieds, les jambes, les mains et la figure.

La ville de Vercelli a de l'apparence à l'extérieur par ses clochers, ses tours gothiques et quelques-unes de ses églises. L'intérieur offre d'assez grandes rues, de belles maisons et des fabriques distinguées. Elle est située au bord de la Sesia, rivière que l'on côtoie au sortir de cette place et qu'on passe ensuite dans un bac d'une structure singulière. Il est composé de deux bateaux joints ensemble sur lesquels on a construit un fort plancher : procédé plus simple et beaucoup moins dispendieux que la construction de nos bacs.

Cette rivière, qui se jette dans le Pô, est large

d'environ soixante toises, mais peu profonde. Elle se partage en deux branches, dont la seconde se franchit à gué par les voitures et les bêtes de somme, dans un bateau par les gens de pied.

Le paysage est à peu près le même que celui de la contrée précédente; le terrain, de même nature, offre des cultures semblables. Les rizières n'y semblent pas aussi bonnes; elles sont remplies de joncs, d'iris des marais, de carex et même de typha, de sorte que le riz est étouffé par ces plantes voraces.

Ici, le *phitolacca* croît en abondance sur les bords des fossés humides et le long des chemins. Cette grande et belle plante vivace est connue dans le canton sous le nom d'*huga morina*. Le *galega officinalis* y vient encore plus abondamment. C'est une plante de la famille des légumineuses, vantée par les agronomes comme un excellent engrais. Elle reste intacte au milieu des autres herbes broutées jusqu'aux racines. Les animaux sauvages, les bestiaux ne la mangent point. C'est la raison pour laquelle ce végétal se multiplie tellement en certains endroits qu'on croirait qu'il y a été semé exprès. Il en est de même de la grande ciguë, *conium maculatum*, qui vient en quantité dans ces terrains humides et ombragés, et à laquelle ne touchent ni les hommes ni les animaux, à cause de ses qualités malfaisantes.

Un peu plus loin, à Orfingo, la culture du lin alterne avec celle du riz; mais comme elle n'est pas la même pour les deux plantes, les années où le lin occupe le terrain, on en écarte les eaux.

Novara est une petite ville, longue, étroite, très-peuplée, fortifiée d'après l'ancienne méthode, entourée de fossés avec des portes fermantes et des ponts-levis. Quelques-unes des églises qu'elle renferme sont grandes et assez belles. Les postillons, en la traversant, sont dans l'usage de sonner du cor, ce qui attire les curieux sur le passage des voyageurs.

Le pays est boisé de lignes de saules, de peupliers, de chênes et de frênes. On voit, à droite du chemin, des landes garnies de genêts et de broussailles; à gauche, des prairies naturelles arrosables à volonté.

Cette partie du Piémont a quelque ressemblance avec la Hollande pour la planimétrie du sol, les fossés remplis d'eau, les lisières d'arbres aquatiques qui entourent les possessions. Mais quelle différence entre les deux pays pour l'industrie, les usages et les mœurs des habitants !

Nous jouissions toujours de la vue des hautes montagnes des Alpes, sur la gauche de la route; la neige qui les couvrait semblait décrire dans le ciel une ligne festonnée qui se confondait avec les nuages : singulier contraste avec la température de la saison. A droite, la chaîne de l'Apennin, plus basse et sans neige, s'étend à perte de vue. Le territoire intermédiaire est très-uni, d'une grande fertilité et d'une immense population.

CHAPITRE II.

Arrivés sur le bord du Tessin, fleuve ou torrent qui descend du mont Saint-Gothard, nous le trouvâmes si enflé par la fonte des neiges que nous doutâmes de la possibilité de le franchir. Aussi rapide qu'une flèche, il roulait des troncs d'arbre qu'il avait déracinés dans son cours. Ses flots se brisaient avec fracas contre les bas-fonds dont son lit est rempli, et comme il était débordé dans les bois, nous ne voyions pas sur quel point on pouvait débarquer à l'autre rive. Il nous parut avoir près d'un mille de largeur.

La barque qui devait nous transporter était de l'autre côté de la rivière. Nous appelâmes pendant longtemps ; les bateliers restaient sourds à notre voix. Mes compagnons persistant dans leurs cris, je me mis pendant ce temps à herboriser.

J'aperçus d'abord le frêne à fleur (*fraxinus ornus*, L.), bel arbre que je n'avais pas encore rencontré dans son pays natal : il est plus commun dans ces bois que le *fraximus excelsior*. Je vis avec un égal plaisir le *quercus burgundiaca calice hispido* de Gaspard Bauhin : il est nommé *quercus haliphœols* dans l'école du jardin au Muséum de Paris. Linné paraît l'avoir confondu avec son *quercus cerris*. Cet arbre, dont les Romains avaient choisi le feuillage pour leurs couronnes civiques et pour les ornements de leurs colonnes d'architecture, croît plus rapidement que notre chêne rouvre, ou *robur* des anciens Gaulois. Son tronc est plus droit, sa feuille plus légère, sa verdure plus gaie. Il vient ici dans un terrain sablonneux et rempli de galets apportés des Alpes par les eaux du Tessin.

Parmi les plantes, voici celles que je remarquai :

Le *silene armerie*, cultivé dans nos parterres sous le nom de *mussipula* des jardiniers ; il forme en cet endroit de petites touffes pyramidales terminées par de jolis corymbes de fleurs couleur lilas.

Le *dianthus carthusianorum*, L., ou l'œillet des chartreux ; il croit au milieu de la pelouse dans les clairières des forêts, et se fait distinguer par ses petites fleurs d'un rouge très-vif et d'une forme agréable.

L'achillée tormenteuse, *achillæa tormentosa*, avec ses feuilles cotonneuses, surmontées d'une faible tige que terminent des bouquets de fleurs d'or. Cette plante, odoriférante dans toutes ses parties, vient sur des tertres sablonneux, dégagés d'arbres et exposés au soleil.

Le *talictrum aquilegifolium*, L., plante vivace de deux pieds de haut et qui naît dans les terrains plus humides et un peu ombragés. Son feuillage, largement découpé et d'une verdure lustrée, accompagne une tige droite qui se ramifie en branches portant chacune à son extrémité un faisceau de fleurs dont les nombreuses étamines imitent de petites houppes de soie teintes du plus beau violet.

Enfin beaucoup d'autres plantes du genre des sauges, des corymbifères, des graminées et des liliacées, dont quelques-unes sont intéressantes et peu communes en France.

Je rejoignis mes compagnons ; les bateliers n'avaient répondu ni à leur appel ni à leurs instances; la nuit approchait, nous retournâmes la passer à Novara. Nous y entendîmes, comme c'est l'usage en cette ville, réciter la prière en commun, dans la rue, à la chute du jour, en face d'une image de la Vierge ou de quelque autre saint.

Le lendemain, dès cinq heures du matin, nous reprîmes notre route. Je découvris un petit champ de luzerne que je n'avais pas remarqué la veille. C'était la première culture de ce genre que je rencontrais en Piémont; il est extraordinaire qu'elle ne soit pas plus multipliée et que son utilité ne soit pas mieux sentie.

On cultive ici le maïs de deux manières différentes, mais d'après les mêmes principes et produisant à peu près le même résultat. Suivant la première, on sème par rayons, distants entre eux de quatre pieds, les graines, séparées par six ou huit pouces d'intervalle; suivant la seconde, le maïs est semé en planches de huit pieds de large. Dans le premier procédé on fait des ados entre les rayons; dans l'autre, on forme des buttes entre les plantes de maïs, placées irrégulièrement à environ vingt pouces de distance les unes des autres.

Ce sont les femmes et les jeunes filles qui, à l'exception des labours et du fumage, s'occupent de la culture du maïs. Elles travaillent nu-pieds et nu-jambes, la tête couverte d'un linge blanc, un peu ample, de forme triangulaire, qui se noue sous le menton; quelques-unes portent par-dessus un grand chapeau de paille. La pièce de linge est entretenue très-blanche, afin qu'elle soit plus susceptible de réfléchir les rayons du soleil et d'en préserver la tête et une partie des épaules.

Nous trouvâmes le Tessin aussi gros et aussi fougueux que nous l'avions laissé le jour précédent. La barque nous attendait de ce côté du rivage. On y chargea seulement une de nos voitures, avec laquelle s'embarquèrent MM. Monge, Moitte et Berthelmy. M. de La Billardière et moi restâmes à terre pour attendre le retour du bateau. Nous en examinâmes la manœuvre. Il remonta le torrent l'espace d'une portée de canon, en se faisant remorquer par des hommes qui le tiraient le long de la grève. Lorsqu'il eut dépassé des îlots et des troncs d'arbres qui étaient à fleur d'eau, il se lança au large, se mit au courant et manœuvra pour gagner l'atterrage du bord opposé. Sa traversée, en ligne oblique, pouvait être de deux à trois milles; elle fut effectuée en quelques minutes. Il avait fallu trois heures à la barque pour venir de l'autre bord : le même espace de temps était nécessaire pour qu'elle revînt nous prendre; je l'employai de nouveau à herboriser, et je dirigeai mes pas dans des lieux différents de ceux que j'avais déjà parcourus.

Je me contenterai de nommer ici les plantes les plus curieuses qui me frappèrent dans cette seconde tournée :

Verbascum phœnicum, L.
Thesium linophyllum maxim.

Antirrhinum an. sp. nov. floribus violaceis.

Rosa gallica, dont la fleur, d'un rouge cramoisi, a une odeur suave.

Stellaria, à grandes fleurs blanches, tige simple, feuilles glabres.

Seleranthus perennis.

Gladiolus communis.

Quercus robur, diverses variétés.

Ranunculus chœrophyllos.

Cistus guttatus, belle variété à grandes fleurs.

Rubus fruticosus, foliis subtus tomentosis, floribus carneis.

Cytisus hirsutus, acced. sed floribus albis.

Asparagus sylvestris tenuissimo folio.

Lotus hirsutissimus.

Carduus sp. nov., qui se rapproche un peu du *crispus.*

Bunias erucago.

De tous ces végétaux, le *verbascum phœnicum,* L., m'a paru le plus intéressant par sa rareté; je n'en ai trouvé qu'un petit nombre d'individus dans un terrain sec et sablonneux. Mais ce qui m'a fait le plus de plaisir a été de voir la *rose de Provins* en plein champ, parmi des buissons. Ses belles fleurs semi-doubles, grandes et de couleur cramoisie, me la firent apercevoir de très-loin. Mon premier soin fut de m'assurer si cette rose avait la même odeur que celle qui vient dans nos jardins. Je fus agréablement surpris, elle était plus odorante encore.

Le *rubus fruticosus tomentosus* me semble une espèce distincte du *rubus fruticosus* des environs de Paris. Pourquoi, si ce n'en était qu'une simple variété, ne verrions-nous pas dans nos campagnes le *rubus fruticosus* mêlé avec le *rubus tomentosus*, et par la même raison, pourquoi n'aurais-je pas rencontré ici ces deux arbustes sur le même territoire? Mais toutes mes recherches ont été vaines à cet égard : je n'ai jamais trouvé en France le *rubus tomentosus*, ni en Piémont le *rubus fruticosus*. D'ailleurs ces deux végétaux ont des différences bien marquées dans la forme, la découpure et la texture de leurs feuilles, dans la disposition et la couleur même de leurs fleurs. Je crois donc qu'à juste titre on peut faire deux espèces de ces ronces.

Dans des lieux bien exposés au soleil, les groupes isolés de grands arbres recèlent une grande quantité d'une espèce de lézards d'un beau vert-pomme, avec quelques taches brunes, longs de dix à douze pouces. Cet animal extrêmement vif a les yeux ronds et bordés d'un liséré jaune.

Après trois heures et demie d'attente, la barque était de retour. Quatre minutes suffirent pour nous faire transporter à l'autre rive. Je m'étais placé à l'avant du bateau, de manière à bien observer le passage. Je vis distinctement de grosses roches à fleur d'eau, des bancs de galets dont les plus petits roulaient avec les flots du torrent, des îles basses dans lesquelles des troncs d'arbres se trouvaient enfoncés, enfin de gros arbres qui cheminaient emportés par le fleuve.

Vers la rive où nous tendions, un courant se présenta qui semblait devoir nous éloigner du port; mais notre batelier, homme adroit et qui connaissait parfaitement le lit de la rivière, se dirigea si bien qu'il se servit de la violence du courant pour faire passer la barque dans la scissure d'un banc de galets presque à fleur d'eau. Elle roula sur les galets l'espace de deux ou trois toises, et nous entrâmes dans une anse d'où nous parvînmes avec facilité au lieu du débarquement. Notre pilote nous dit que l'endroit où nous avions touché le fond était le plus périlleux du passage, et que si l'on n'arrivait pas juste à ce point, on courait risque d'être brisé contre les rochers qui font écueil dans la rivière. Cet accident était arrivé la veille à un de ses camarades.

De l'autre côté du Tessin, la lisière de bois est moins large; le terrain devient plus maigre, plus pierreux et n'est pas aussi garni d'arbres. Nous étions entrés dans le Milanais, et nous fûmes bientôt rendus à Buffalora. C'est un bourg assez considérable avec des rues larges, des maisons bien bâties et de beaux jardins qui appartiennent à de riches particuliers de Milan. Un canal de navigation le traverse et porte en même temps les eaux nécessaires à l'arrosement des terres de cette contrée.

Là, j'appris les détails du déplorable événement dont m'avait parlé mon batelier. Un colonel français nommé Abafour, venant de l'armée des Pyrénées, s'était présenté le jour d'auparavant, vers les trois heures, sur le bord du Tessin, dans une voiture, avec sa femme, jeune, belle, enceinte, et une petite fille de deux à trois ans. Il était accompagné d'une officier piémontais, d'un domestique et de quelques autres passagers. Tous sont reçus, ainsi que la voiture, dans un bateau pareil au nôtre.

Ce bateau est remonté à bras d'hommes, le long du rivage, jusqu'à une certaine hauteur. Il quitte le bord, se met dans le courant, il y est entraîné. Le batelier tente de se diriger vers le passage entre deux bancs de galets : il manque son coup; la barque touche contre des rochers et s'arrête un instant; la résistance qu'oppose une de ses parties engagées donne plus de force au courant; elle pirouette sur elle-même, et après une course d'une vitesse accélérée, frappe contre d'autres rochers et s'ouvre en quelques endroits. Les passagers, effrayés, poussent des cris; les bateliers perdent la tête; la barque se brise, s'emplit d'eau et est bientôt submergée. La voiture roule quelque temps emportée par les flots. Des planches qui se détachent du bateau sont saisies par quelques personnes qui s'y cramponnent et surnagent. Tous les autres, après s'être débattus plus ou moins de minutes, sont engloutis et ne reparaissent plus.

La femme du colonel Abafour, son enfant, l'officier piémontais et un autre passager périrent dans ce naufrage. Le colonel s'était sauvé avec son domestique et les bateliers; il perdit sa voiture, ses effets, sa fille et une femme charmante qu'il aimait beaucoup et qui était sur le point d'accoucher.

Cet officier supérieur était un homme d'environ soixante ans; le malheur semblait l'avoir rendu insensible. C'est de lui que je tiens le récit de cette affreuse catastrophe.

Avant de remonter en voiture, je parcourus les bords du canal qui passe à Buffalora. Il descend du lac Majeur, se rend à Milan, ensuite à Pavie, où il se jette dans le Pô à peu de distance. C'est par ce canal qu'on transporte les marbres, les granits et beaucoup de marchandises qui se trouvent dans la partie la plus élevée de la Lombardie. Ce qui le rend surtout extrêmement agréable, ce sont les maisons de plaisance, les ateliers, les usines et les habitations qui garnissent ses deux rives. Le *celtis australis*, ou *micocoulier* de Provence, abonde ici dans les haies. Rarement on le laisse croître en grand arbre; mais il forme d'excellentes défenses contre les bestiaux et fournit du fagot pour le chauffage des fours et pour les usages de l'économie domestique. La culture du mûrier est également très-étendue dans ce canton, ainsi que l'éducation des vers à soie. Les vignes, pour l'ordinaire, sont entremêlées de rangées d'arbres fruitiers dans l'intervalle desquels on sème du lupin bleu et blanc, du maïs d'été et d'automne, du lin, des légumes et des céréales.

Tout le pays ressemble à un bocage par la quantité de mûriers, de pruniers, de bigarotiers, de noyers, de pêchers, d'ormes, de peupliers dont il est boisé dans tous les sens. La terre, d'un jaune pâle, est composée d'une partie d'argile et de deux ou trois parties d'un sable fin, doux, onctueux au toucher. Non-seulement la pratique des jachères est inconnue, mais presque toujours le même sol produit deux récoltes, souvent trois, dans l'année. Le terrain qui reste un an sans culture perd de sa fécondité.

Beaucoup de haies sont formées d'une grande quantité d'arbres et d'arbustes d'espèces différentes. Là, ce sont des frênes à fleur (*fraxinus ornus*), des staphilaines (*staphilœa pinnata,* L.); ailleurs, des épines blanches (*mespilus oxyacantha*), des pruneliers sauvages (*prunus sylvestris*), des ormes champêtres (*ulmus campestris*), des merisiers (*prunus cerasus avium*) et des mûriers (*morus alba*). Ces arbres et arbrisseaux sont employés seuls ou mélangés deux à deux, trois à trois, quelquefois tous ensemble, à la confection des haies. Mais le frêne à fleur et le staphilaine me semblent peu propres à faire des clôtures de défense un peu durables. Ils occupent beaucoup de terrain et se dégarnissent du bas de manière à offrir peu de résistance aux hommes et aux animaux.

De Subriano, qui n'est qu'un relais de poste, jusqu'à Milan, la route est bordée, dans une partie de son étendue, d'ormes, d'érables champêtres, de chênes et de saules rendus têtards par les coupes qu'on fait de leurs branches tous les trois, quatre ou cinq ans. On voit des lisières de châtaigniers si rapprochés les uns des autres qu'ils ressemblent à un semis de chanvre dans une chènevière. Aussi poussent-ils en hauteur par compensation de ce qu'ils ne peuvent pousser en largeur. Ce sont des êtres étiolés qu'on rabat au pied tous les six ou huit ans et qui forment de petits taillis. Cela prouve au moins que la terre est profonde, substantielle et un peu humide.

Quelques prairies naturelles, unies comme une table de billard, sont entourées de canaux au moyen desquels on les arrose à volonté. Ces canaux sont faits avec une rare intelligence.

On rencontre de jolies briqueteries où l'on fabrique de la tuile et des briques. Tout se cuit avec du bois dans des fours couverts.

Dans la campagne comme dans les villes, les femmes portent leurs jeunes enfants sur des oreillers qu'elles tiennent devant elles. Ces petites créatures sont ainsi moins exposées à être meurtries que lorsqu'elles sont, comme chez nous, portées emmaillotées sur les bras. Les mères paraissent les aimer tendrement et leur prodiguer toute sorte de soins et de caresses. Cela est général, et je l'ai remarqué depuis notre entrée dans la vallée de Maurienne jusqu'ici.

CHAPITRE III.

Milan. — Le Dôme. — *La Cène*, par Léonard de Vinci. — Théâtre de la Scala. — Bibliothèque Ambroisienne. — Église de San-Celso. — Collége de Bréra et Observatoire. — Jardin botanique. — Restes d'antiquités. — Porte romaine. — Hôpital. — Promenade publique. — Aspect de la ville.

On entre à Milan sans presque s'en douter. Cette ville est située dans une plaine couverte d'arbres : on ne la voit qu'au moment où l'on en franchit les portes, surtout lorsqu'on y arrive, comme nous, à l'entrée de la nuit. Nous avions employé dix-sept journées de marche pour nous y rendre de Paris, trajet qu'un courrier fait en cinq ou six jours. Parvenus au premier but de notre voyage, nous commençâmes par nous reposer de nos fatigues, si l'on peut se croire fatigué pour avoir fait une course de quelques centaines de lieues, le corps bien assis et mollement balancé dans une bonne voiture, les yeux occupés d'une variété de sites, de paysages, de tableaux, d'effets de lumière qui éveillent la pensée, captivent l'imagination et préparent d'intéressants souvenirs.

Après les premières visites dont notre mission nous faisait un devoir ; après avoir déjeuné chez le général en chef Bonaparte, qui nous reçut avec beaucoup de distinction, j'allai voir la cathédrale, qu'on appelle le *Dôme*. Elle occupe l'extrémité d'une grande place, à peu près au centre de la ville et dans le quartier le plus peuplé. C'est une masse imposante. Le portail n'est pas fini, non plus que les tours. Cette église n'est guère moins vaste que celle de Notre-Dame à Paris. Son élévation est très-considérable ; le comble est soutenu par deux rangs d'immenses colonnes à perte de vue. L'extérieur et l'intérieur de ce grand monument sont couverts de statues, de bustes, de bas-reliefs et d'ornements d'architecture de tout genre et de tout ordre, tous en marbre blanc tiré des environs du lac Majeur, ainsi que le revêtement et le pavé. Il y a un fonds affecté chaque année pour couvrir de marbre toute la surface extérieure, mais ce travail n'avance que très-lentement. On compte plus de trois mille de ces sculptures, de toutes les formes et de toutes les dimensions, qui décorent l'église au dedans et au dehors. Presque toutes sont d'un style au-dessous du médiocre. Parmi ces sculptures, il en est une sur laquelle se partage l'opinion des artistes et des connaisseurs : c'est celle qui représente saint Barthélemy ; la peau enlevée de dessus les chairs lui forme une espèce de draperie. Les uns vantent la pensée, les autres l'exécution. Après un examen attentif, nos collègues artistes trouvèrent que, sous ce double rapport, la statue est au-dessous de sa réputation. D'abord le sujet est hideux et horrible à voir : on l'a si bien senti que cette figure a été placée dans un des endroits les plus sombres de l'église, et sous un faux jour qui permet difficilement d'en observer les détails. En second lieu, il est évident que la position des muscles et leur configuration ne sont point exactes. Il y en a de contournés d'une manière qui n'est pas naturelle, d'autres qui existent dans la nature ne se retrouvent point dans sa copie. MM. Moitte, Berthelmy et Berthollet convinrent unanimement que ce travail était mauvais et comme objet d'art et comme imitation. Cette statue est l'ouvrage de Léonard de Vinci. Comment un homme d'un si rare mérite a-t-il pu consacrer son talent à une conception si monstrueuse ?

Sous le chœur est une église souterraine dédiée à saint Charles Borrhomée. C'est une rotonde soutenue par des colonnes d'un marbre précieux, au milieu de laquelle se trouve la tombe, qui supporte un autel à quatre faces, entouré d'une balustrade en marbre à hauteur d'appui. On assure que les restes du pieux archevêque sont déposés sous cet autel.

A l'une des extrémités de la ville, du côté de la forteresse, le couvent des Dominicains possède un tableau d'une grande beauté. C'est *la Cène*, par Léonard de Vinci, peinte à fresque au-dessus de la

CHAPITRE III.

porte d'entrée du réfectoire. Les figures, un peu plus grandes que nature, ont une expression si vraie que, vues à douze ou quinze pieds de distance, elles font illusion. Les couleurs ont été un peu affaiblies par le temps, ce qui a nécessité une retouche presque générale. Il n'y a que les trois figures à main droite qui n'aient pas été retouchées, on le reconnaît à l'altération du coloris. Nous engageâmes le commissaire du gouvernement, M. Salicetti, à faire dessiner par un artiste habile ce magnifique tableau, afin de le faire graver et de conserver ainsi le souvenir d'un chef-d'œuvre d'un des plus grands peintres.

On avait voulu nous loger dans un palais superbe avec un jardin anglais, le plus grand qui se trouve en cette ville. Cette belle possession, qui appartenait au prince de Belgioioso, située près de la porte par laquelle nous étions arrrivés à Turin, donne sur une promenade publique. Les appartements, très-spacieux, rassemblaient toutes les richesses de luxe. Nous refusâmes une habitation si éloignée du centre de nos affaires, et nous en demandâmes une autre qui fût moins somptueuse.

Le théâtre de la *Scala*, où l'on joue l'opéra italien, est beaucoup plus grand qu'aucun de nos théâtres de Paris. La salle présente une forme elliptique d'un beau genre. Au parterre, la moitié du public est assise sur des bancs à dossier et rembourrés; l'autre moitié se tient debout derrière les siéges. L'ellipse est garnie de six rangs de loges louées à l'année, toutes propres et commodes. La location d'une loge n'empêche pas de payer un billet d'entrée.

La bibliothèque Ambroisienne, qui réunit un Muséum des beaux-arts, renferme un grand nombre de livres écrits dans toutes les langues; les matières théologiques y dominent. Au nombre des manuscrits, il s'en trouve quelques-uns de saint Charles Borrhomée, de Galilée et de Léonard de Vinci. Ces derniers ne sont que des petits livrets de poche, des agendas qu'il portait sur lui et où il écrivait toutes les idées qui lui venaient à l'esprit, à tous les instants de la journée. On remarque avec surprise que ce grand peintre s'occupait plus particulièrement des sciences que des arts, que toutes ses pensées étaient dirigées vers les premières, qu'il paraissait aimer avec prédilection.

Deux grandes pièces composent le Muséum, qui contient assez confusément des statues, des bustes, des plâtres, des bas-reliefs, des tableaux et des dessins. On y voit des peintures de Léonard de Vinci, d'Albert Durer, et de très-beaux cartons des plus grands maîtres de l'école italienne.

D'après le voyage de M. de Lalande, je m'attendais à rencontrer un jardin botanique dans cet établissement; je me faisais une fête de voir le beau palmier qui, suivant lui, croît en pleine terre au milieu de ce jardin. Lorsque j'en fis la demande, on me conduisit en riant dans un petit cloître de vingt pieds carrés, partagé en croix par des allées au cenre desquelles est une effigie en tôle d'environ douze pieds de haut, représentant un aloès, un palmier, un yucca ou tout autre chose, bien peinte en vert et imitant grossièrement un arbre vivant. Celui-là du moins ne craint pas la gelée. Quant au jardin botanique, il consiste dans les quatre carrés du même cloître et se compose de lis, de rosiers, de violettes, de muguet et de quelques pieds de buglose. Il faut convenir que M. de Lalande a été joué par la personne qui lui a fourni les notes dont il s'est servi pour écrire son ouvrage.

L'église de San-Celso offre un portail d'une construction élégante, quoiqu'un peu trop chargé d'ornements. Malgré cela, il intéresse par la belle ordonnance de son architecture. Cette église est bâtie en marbres de différentes espèces et de diverses couleurs. Les colonnes, les bas-reliefs, les chapiteaux de bronze, le péristyle de la cour, produisent un effet agréable. Deux statues de grandeur presque naturelle, représentant Adam et Ève, attirent les regards et méritent l'attention.

Un des plus beaux établissements de cette grande ville est le collége de Bréra. Les astronomes attachés à l'observatoire qui en fait partie étaient des savants de premier ordre, MM. Oriani, Cœsaris et Reggio. Je leur portai un paquet dont M. de Lalande m'avait chargé pour eux; ils furent très-sensibles au souvenir de leur bon et ancien correspondant.

Dans sa vaste étendue, le collége de Bréra renferme plusieurs parties intéressantes, traitées en grand et dirigées par des hommes que distinguaient leur talent et leur mérite personnel autant que leurs travaux : un magnifique observatoire, un beau jardin botanique, un local où se tiennent les assemblées de la société d'agriculture et des arts, avec des salles pour les instruments, outils et ustensiles d'économie rurale et domestique, une bibliothèque d'agriculture et une galerie d'histoire de physique végétale.

Je commençai par visiter l'observatoire : c'est un des mieux conditionnés de l'Europe. Le bâtiment où il est placé, très-solidement construit, domine la ville de Milan, ce qui lui donne un horizon immense et qui n'est borné que par les hautes montagnes des Alpes d'un côté, et de l'autre, par celles de l'Apennin. L'observatoire est muni d'une grande quantité d'excellents instruments. Deux quarts de cercle fixèrent surtout mon attention. L'un a six pieds de rayon et a été fabriqué par un artiste du pays; l'autre, de huit pieds anglais d'étendue, est l'ouvrage de Ramsden et vient d'Angleterre. Parmi plusieurs bons télescopes, il en est un d'Herschel. On y trouve aussi des règles de pendules à secondes d'une grande précision; une cuvette pour mesurer l'eau qui tombe pendant l'année; enfin toutes les machines nécessaires. Pour plus de commodité et de célérité dans leurs opérations, les astronomes sont logés au-dessous de l'observatoire, de sorte qu'ils n'ont qu'un étage à monter pour se rendre au lieu de leur travail. Les logements sont petits, mais très-décents.

Une singularité que j'appris de ces messieurs, c'est que la quantité de pluie qui tombe ici pendant l'année, d'après les observations très-exactement suivies par les astronomes, est, terme moyen, de trente-trois pouces et demi, tandis qu'à Paris elle ne s'élève qu'à dix-sept pouces. Ainsi, il tombe à Milan presque le double de la quantité d'eau qui tombe à Paris, année commune. Cependant il est de fait que, dans cette dernière capitale, il y a un beaucoup plus grand nombre de jours pluvieux qu'ici, mais les eaux restent suspendues dans l'atmosphère, interceptent les rayons du soleil et ne tombent que par petites quantités; au lieu qu'à Milan, les nuages qui se forment dans ce bassin ou qui y sont amenés des lieux voisins ne cheminent pas long-temps; ils se dégroupent et se résolvent en eau avec une extrême promptitude; en d'autres termes, les pluies sont plus rares, mais elles sont de près de moitié plus abondantes.

Je m'informai des mêmes astronomes quel était dans le pays le terme moyen du froid. Ils me répondirent que c'était celui de la congélation au thermomètre de Réaumur. Toutefois la neige séjourne ici assez communément sur la terre douze, quinze et vingt jours, et la température est très-variable, parce que, avant de se répandre dans la plaine, les vents ont passé sur des montagnes qui restent perpétuellement couvertes de neige.

Aussi l'air porte-t-il avec soi une humidité glaciale qui pénètre les vêtements et cause une sensation douloureuse. La disposition des appartements n'est pas faite non plus pour garantir de cette température. Ce sont de grandes pièces, fort élevées, percées de beaucoup de portes, s'enfilant les unes dans les autres, avec des baies exposées aux quatre points cardinaux, de manière qu'en fermant celles où donne le soleil et ouvrant du côté opposé, on a dans les plus vives chaleurs un courant d'air frais et agréable. Mais quoique des cheminées soient pratiquées dans quelques-unes de ces pièces, on a beau y faire du feu, rien ne réchauffe l'atmosphère d'une chambre si haute et percée de tant d'ouvertures. Le combustible qu'on emploie ne remplit pas mieux son objet : ce sont des bois blancs, du peuplier, du saule, des troncs d'arbres pourris sur place, qui ne produisent qu'un feu passager et dont l'effet se perd à une certaine distance. Cependant si l'on s'en approche, il vous brûle d'une manière incommode. Cela viendrait-il de ce que l'atmosphère glaciale qui environne le foyer empêche que la chaleur ne s'en éloigne et donne en même temps au feu une plus grande quantité de calorique dans un tourbillon plus circonscrit? Je le crois. Il en résulte qu'ici on se brûle et on ne se chauffe pas; de là des rhumatismes fréquents, des fluxions, des rhumes de cerveau et autres indispositions.

Les habitants ne se défendent de ces accidents qu'en se vêtissant avec beaucoup de soin. Ils font usage d'habits très-chauds, de redingotes fourrées, de manteaux, de witchouras faits avec des peaux de mouton dont la laine est en dehors; ils portent des chaussures épaisses, se couvrent une partie du visage et principalement la bouche. A les voir, on dirait des hommes du Nord près d'entrer dans leurs traineaux et d'entreprendre un voyage de quelques centaines de lieues. Cependant le thermomètre ne descend que rarement au-dessous de 3 à 4° Réaumur. C'est donc moins l'intensité du froid que sa nature qui affecte les gens du pays. Mon opinion était partagée non-seulement par des Français, mais par des Polonais et des Suédois voyageant en Italie.

Une autre cause qui rend le froid plus sensible en ce pays, c'est que le temps doux ou chaud s'y prolonge jusqu'en automne : il n'y a entre le froid et la chaleur d'autre intermédiaire que les pluies abondantes mais peu durables de l'arrière-saison; de sorte que d'une température brûlante ou modérée passant rapidement à la glace, on est plus affecté de cette dernière que si l'on y était amené par gradation.

La bibliothèque du collége de Bréra est un grand vaisseau, avec d'autres pièces plus petites, remplies de livres du haut en bas.

Dans les salles assignées à la société d'agriculture et des arts, et où je fus reçu par l'abbé Amoretti, secrétaire perpétuel, je vis avec beaucoup d'intérêt, sous des cadres de verre, des échantillons de diverses espèces de bois, coupés par tranches si minces qu'on aperçoit le jour à travers, mais on distingue parfaitement toute l'organisation des végétaux ligneux.

Cette société est composée de savants et de propriétaires qui se réunissent à des époques fixes. Elle ne reçoit rien du gouvernement, elle se cotise au contraire pour décerner des médailles et des prix d'encouragement aux auteurs d'inventions utiles.

Le jardin de botanique se compose d'environ deux arpents de terrain divisés en trois parties principales : 1° les plantes médicinales rangées par ordre de propriété; 2° les plantes herbacées; 3° les arbres qui passent l'hiver en pleine terre dans ce climat. Du reste nul système complet et méthodique, rien qui ne se rencontre dans les jardins de troisième ordre.

Les plantes étrangères des climats chauds sont cultivées dans des vases de terre, de toute dimension, gothiquement façonnés et d'une pesanteur considérable. On les place, pendant la belle saison, le long des principales allées, ou l'on en forme des gradins circulaires autour des bassins.

Au nombre des espèces qui sont les plus rares en France, voici celles qui ont plus particulièrement fixé mon attention :

Piper verticillatum, L. ♃, de la zone torride.

Silene tumetana sp. nov. D. Allioni, jolie plante vivace d'orangerie.

Hippia frutescens, L. ♭, du cap de Bonne-Espérance, de serre tempérée.

Lobelia longiflora, L. ♃, des Antilles et de serre chaude; elle craint l'humidité pendant l'hiver lorsque sa végétation est arrêtée.

Abroma augusta, L. ♄, des climats chauds; bel arbrisseau de la famille des malvacées, qui fleurit et graine en Europe.

Nictantes sambac flore plenissimo, montgerai des Indes ♄, de serre chaude dans les couches de tan; sa fleur, double, de couleur rougeâtre, exhale une odeur délicieuse.

Clerodendron fortunatum, L. ♄, de serre chaude et toujours vert.

Un arbrisseau venant du Pérou, dit-on, et qui paraît se rapprocher des célastrus: c'est le *schinus polygama*, d'Ortega.

Les serres sont petites et forment une seule ligne de vitraux, divisées intérieurement par des cloisons vitrées. Chacune de ces divisions est consacrée à la culture des végétaux de diverse nature. Les unes sont occupées par des gradins sur lesquels on place les plantes moins délicates; les autres servent à la conservation des plantes grasses ou succulentes; d'autres ont des fosses à tannée sur lesquelles on place pendant l'hiver les espèces de la zone torride.

Sans être fort riche, ce jardin est très-bien entretenu et contient tout ce qui est nécessaire pour former des botanistes. Il avait pour professeur M. Vitman, savant distingué.

A l'une des extrémités de la ville sont les restes d'une colonnade qu'on dit avoir appartenu aux thermes de Néron. J'y fus conduit par un peintre de mérite, M. Appiani. Ces restes ont du grandiose et attestent la magnificence du monument auquel ils ont appartenu. Ce sont seize colonnes cannelées, de marbre du pays, avec leurs chapiteaux et leur entablement. Placées sur une seule ligne, elles semblent avoir soutenu le fronton d'un grand édifice. Elles sont formées de deux assises et hautes d'environ vingt-cinq pieds. Comme le temps les a fort endommagées, elles sont maintenues par de grosses barres de fer scellées dans un mur voisin. Une église, sous l'invocation de saint Laurent, a été construite sur les fondations de ces thermes. C'est une rotonde avec des culs-de-four dans son pourtour, qui constituent différentes chapelles. On dirait que cette construction moderne a été calquée sur l'ancienne, quoique ayant une tout autre destination; car, pour en faire des bains publics, il suffirait de creuser le milieu de cette église par gradins circulaires, on arriverait bientôt à la nappe d'eau, qui ne doit pas être à plus de six ou huit pieds de profondeur. Cette colonnade est presque la seule antiquité romaine qui soit restée dans cette ville et qui ait échappé à la destruction des barbares.

La promenade par les boulevards intérieurs conduit à la porte Romaine. Ils sont élevés d'environ vingt pieds au-dessus du niveau du sol, soutenus par des murs de terrasse et accompagnés de fossés à l'extérieur. Dans ces fossés il se trouve des courants d'eau bordés de vastes pièces de gazon. Le terre-plein des boulevards est planté de deux lignes de mûriers qui, quoique destinés à fournir de l'ombrage, sont taillés comme ceux de la campagne et effeuillés pour la nourriture des vers à soie. Il est dans l'ordre que l'utile passe avant l'agréable.

La porte Romaine est un beau monument d'architecture qui commence à être ancien et qui se rapproche du genre des arcs de triomphe des Romains. Une route y aboutit, droite, spacieuse, accompagnée de deux contre-allées bordées chacune de deux rangées d'ormes. Des fossés larges et profonds, dans lesquels coulent des eaux vives, séparent cette route des possessions territoriales qu'elle traverse.

Ces terrains sont occupés par des jardins légumiers, des treilles, des vergers et des jardins de plaisance. Le sol en est maigre, sablonneux, mais à l'aide des canaux d'irrigation et de la chaleur du climat, il est extrêmement fertile, et la végétation s'y montre de la plus grande vigueur.

En parcourant ces boulevards, on jouit d'une vue magnifique. L'œil contemple au loin la double chaîne des Alpes et de l'Apennin, et est ramené sur les fabriques qui sont répandues dans cette grande cité, sur ses clochers, ses tours, et sur le dôme de la cathédrale. Au centre et dans les plus basses rues sont des palais, des hôtels, des maisons élégantes avec des jardins employés moins en agrément qu'en cultures de légumes et de fruits.

Les arts libéraux sont assez recherchés. On aime

la peinture, la poésie et la musique avec passion. Beaucoup de personnes s'en occupent, peu y excellent à un certain degré. Tout le monde emploie les peintres; le grand seigneur, pour orner ses appartements, dont les murs sont couverts de tableaux ou de peintures à fresque; les artisans, pour faire leurs enseignes, que chacun se pique d'avoir plus belles que celles de son voisin. Les statuaires travaillent à décorer les églises, les palais ou les hôtels des gens riches. Les architectes n'ont pas moins d'ouvrage, car il n'est pas de noble qui n'économise sur toutes ses autres dépenses pour avoir des bâtiments magnifiques. La ville de Milan tout entière en est remplie, et l'on pourrait la comparer aux plus belles rues du faubourg Saint-Germain et de la Chaussée-d'Antin, à Paris, si ces quartiers de notre capitale offraient une plus grande quantité de colonnes.

En effet, rien n'est si commun à Milan que les colonnes; on pourrait en estimer le nombre à plus de vingt-cinq mille. Les églises, les édifices publics, les habitations des nobles et des simples particuliers riches en sont décorés. Presque toutes sont de granit de deux variétés, l'une grisâtre et d'un grain assez grossier, l'autre d'un grain plus fin tirant sur le rouge. Celui-ci est plus beau, mais plus rare et plus cher. Ces deux variétés viennent du lac Majeur par des canaux qui en rendent le transport peu dispendieux. On tire du même lieu des pierres schisteuses micacées d'un grand volume et d'une dureté considérable; elles sont employées à faire des dalles pour couvrir les terrasses, à composer des escaliers et les paliers des corridors et des galeries.

Le marbre blanc dont on fait usage dans la ville est le même que celui dont la cathédrale est revêtue. On s'en sert pour les statues, les bustes, les bas-reliefs. Tout ce qui se trouve en ce genre dans l'église du Dôme est de la même substance. Ce marbre, presque aussi beau que celui de Carrare, a l'inconvénient de jaunir, de se salir et de devenir noir en assez peu de temps, lorsque, dans ce climat, il est exposé à l'air libre.

Dans la partie orientale de la ville et sur les bords du canal, est l'hôpital, édifice immense, aéré par de vastes cours, que décorent des galeries circulaires qui servent de promenades aux convalescents pendant les temps pluvieux ou humides. Ces galeries sont soutenues par deux rangs, l'un au-dessus de l'autre, de colonnes crénelées de granit gris et de granit rouge tirés du lac Majeur. Des dortoirs très-étendus et très-élevés sont éclairés par de grandes croisées. Chaque malade a son lit garni de rideaux et de linge assez fin et très-blanc.

Le directeur de ce grand hôpital, M. Moscati, médecin distingué, après nous en avoir montré en détail toutes les parties et répondu avec beaucoup de complaisance à la multitude de nos questions, nous conduisit chez lui pour nous faire voir son cabinet. Il demeurait tout à côté de l'hôpital dans un bâtiment qui en dépend et qui n'en est séparé que par une ruelle dans laquelle passe un petit canal. Ce cabinet consistait en plusieurs pièces toutes remplies de livres, d'instruments de chirurgie, de machines de physique de différentes espèces. Je remarquai, entre autres, une grande balance extrêmement sensible, destinée à peser des hommes dans des expériences qui ont pour objet la physique animale. Cette balance a été perfectionnée par M. Moscati, qui s'est pris lui-même pendant très-longtemps pour sujet de ses expériences. Il a eu le courage de se nourrir pendant plusieurs années de différentes substances tirées ou du règne végétal ou du règne animal, et dans des proportions variées, tantôt du riz, tantôt du fromage, tantôt de la viande. Chacune de ces substances faisait sa nourriture unique durant soixante jours consécutifs ; chaque jour il se pesait pour se rendre compte de ce qu'il avait ou perdu ou gagné en poids. Le résultat de ses observations lui a démontré que de toutes les substances, la chair des animaux est la plus nourrissante.

La promenade publique, située à l'extrémité de la ville, près de la porte Orientale, est un grand et beau jardin planté d'allées d'arbres de diverses espèces, de bosquets, de charmilles, de pièces de gazon, orné de grilles de fer, de vases et de quelques pièces d'eau vive. Il est tenu avec beaucoup de propreté. Les allées sont couvertes d'un sable doux au marcher, bien unies et sans herbe ; les palissades taillées, les gazons tondus soigneusement. Ce jardin est fermé d'un côté par une belle grille, de l'autre par un canal d'eau vive qui le sépare de plusieurs autres jardins particuliers. La première fois que j'allai le visiter, c'était un dimanche, le temps était très-beau, il y avait un grand concours de monde. La mise des gens de bon ton, et surtout des femmes, ne diffère point de celle de Paris. Ces dernières paraissent aimer la parure; le goût préside à leur toilette. Elles ont en général une figure agréable, mais plus régulière que jolie, la taille svelte et bien proportionnée, le teint clair et animé, et de beaux yeux.

Dans ce pays, on préfère les grands vases de terre aux caisses ou aux tinettes de la France et de la Hollande. Cependant ils sont lourds et sujets à se casser; mais ils coûtent peu, et leur forme ronde semble plus avantageuse. J'en ai mesuré qui avaient deux pieds de diamètre. Ils servent aux orangers, aux citronniers, aux myrtes et aux lauriers-roses.

Lorsque, dans la belle saison, l'on parcourt la ville de Milan vers le milieu du jour, on la croirait inhabitée, parce que toutes les portes et les fenêtres sont fermées, excepté pourtant celles des boutiques des marchands; il y a devant celles-ci de grands rideaux pour empêcher l'action du soleil. La nuit, au contraire, toutes les fenêtres restent ouvertes; c'est par ce moyen qu'on tempère la chaleur dans les appartements.

Toutes les rues sont pavées en cailloux roulés fixés dans un ciment très-dur. Il y a le long des maisons une lisière de dalles d'une pierre schisteuse micacée.

Ces dalles reçoivent les eaux des toits et servent de trottoirs aux piétons; deux autres lisières pareilles de chaque côté du ruisseau, dans le milieu de la rue, sont destinées au roulement des roues de voitures.

CHAPITRE IV.

Suite du précédent. — Culture du Milanez. — Population. — Jugement de M. Castiglioni sur quelques savants de France. — Volta. — Contributions. — Observations générales sur l'agriculture. — Pigeons voyageurs. — Dîner chez le général Bonaparte. — Le général Clarke.

J'étais curieux de connaître personnellement un cultivateur fort instruit, M. Castiglioni, auteur d'un voyage estimable dans l'Amérique septentrionale. J'avais aussi le plus grand désir de voir son jardin; j'en saisis avec empressement la première occasion. Nous causâmes de l'agriculture du Milanez, des canaux d'irrigation, de l'état du commerce et des arts, et de la population. Voici en résumé ce que je recueillis de son entretien.

L'agriculture dans le haut Milanez est portée à un degré très-supérieur à tout ce que nous connaissons. Dans le bas Milanez, quoiqu'elle soit bonne, elle est toutefois infiniment inférieure. Je ne parlerai de ces cultures qu'après les avoir vues par mes yeux.

C'est du lac Majeur que descendent les canaux d'irrigation : ils ont été construits par François Ier, sous la direction de Léonard de Vinci, accrus et perfectionnés avec le temps par l'administration du pays. On leur doit, autant qu'à la douceur du climat, la fertilité d'un sol naturellement sablonneux, maigre et rempli de cailloux roulés. Au moyen de ces eaux vivifiantes dont on couvre à volonté la surface des terres, un pays stérile a été transformé en praires et en culture de riz, de chanvre, de lin et de céréales. Ces eaux officieuses ont également donné la facilité de transporter à de grandes distances les fardeaux les plus pesants, dans les villes, les granits, les pierres schisteuses, les marbres, dont on fait un emploi considérable pour constructions et ornements; dans les campagnes, les meules de moulins et les conduits d'aqueduc.

Le commerce du Milanez consiste : 1° en soie, 2° en fromage dit de *Parmesan*, 3° en riz, 4° en chanvre, 5° en lin dont on distingue deux variétés : l'une, qui se sème en automne, passe l'hiver sur terre et donne une filasse plus grossière que l'espèce ordinaire, mais qui produit une plus grande abondance de graine, par conséquent plus d'huile pour les usages domestiques et plus de marc pour la nourriture des bestiaux; l'autre se sème au printemps : la filasse qu'on tire de ses tiges fait une toile supérieure en beauté et en qualité à celle qu'on fabrique avec la première; reste à savoir si ces deux espèces ne sont pas la même qui ne varie qu'en raison de la différence des saisons où on la sème; 3° et enfin en productions des manufactures et des arts.

Quoique la sortie des grains soit défendue, il s'en fait cependant un commerce assez considérable avec les contrées voisines, parce qu'il est impossible d'empêcher la contrebande dans un pays entouré de montagnes.

La soie qui se récolte dans le Piémont et dans le Milanez ne doit sa qualité supérieure qu'à la nature du terrain, au degré de chaleur du climat, moins brûlant que dans le Levant, moins froid qu'en France, surtout à la préparation et au filage de la matière : c'est l'avis de M. Castiglioni. De mon côté, j'ai bien constaté que le mûrier dont on nourrit les vers à soie est la même variété que la nôtre, *morus alba latifolia*, et que la culture est à très-peu de chose près la même en France et dans le Milanez. Ici l'on donne indistinctement aux vers à soie les feuilles du mûrier greffé et celles du mûrier qui ne l'est pas et dont le feuillage est très-lacinié. Si on le greffe, c'est moins pour la qualité des feuilles que pour son ampleur et pour la facilité de la récolte.

Après la soie, dont les manufactures de Lyon faisaient un grand débit, vient le fromage de Parmesan. Je me procurerai dans une fromagerie les renseignements nécessaires sur cette branche d'économie industrielle.

Les rizières coûtent beaucoup à établir, mais elles sont très-productives. Il paraît certain que, dans les lieux où elles existent, les habitants en sont incommodés, qu'ils en éprouvent des fièvres longues et quelquefois funestes ; que si les rizières sont peu malfaisantes tant que les eaux couvrent la surface du terrain, c'est à l'époque où on le dessèche que les maladies commencent à s'annoncer ; que les ouvriers mal vêtus, mal logés, mal nourris et excédés de travail sont ceux qu'elles atteignent principalement et qui en souffrent le plus. Ainsi la putréfaction des herbages, celle des insectes et des animaux aquatiques, dont les rizières sont remplies, engendrent ces miasmes putrides qui vicient l'air atmosphérique.

On cultive la vigne en abondance, mais le vin qu'elle fournit ne sort guère du pays, tant à cause de sa qualité inférieure que parce qu'on en fait une grande consommation.

D'après les relevés les plus exacts, la population du Milanez est de onze cent mille habitants. Proportionnément au territoire, cette population est trop forte, parce que l'industrie et le commerce n'y sont pas portés au point de perfection dont ils sont susceptibles. Un vice récemment introduit est que les grands propriétaires, pour rendre la perception de leurs revenus plus commode et plus sûre, louent la totalité de leurs fonds territoriaux à des fermiers généraux qui habitent les villes, ne sont point agriculteurs et sous-louent à de petits fermiers. Les premiers, financiers de leur nature, tirent la quintessence des sous-fermiers, ne font que des baux très-courts, d'où résulte perte de produits pour l'agriculture et pour le cultivateur. Aussi le peuple des campagnes est-il en général fort pauvre, maladif et sans énergie physique et morale.

On croit assez généralement que la population qui habite autour du lac de Côme descend des anciens Lombards. Ceux-ci, expulsés de la plaine par l'invasion des Barbares, se retirèrent dans les montagnes. Leur physionomie diffère de celle des Italiens modernes; ils sont moins légers, moins vains, plus laborieux et d'un commerce plus sûr. Le pays étant très-peu propre au labourage, ils se livrent à l'éducation des bestiaux et des vers à soie, à la culture des oliviers et des vignes dans tous les endroits qui en sont susceptibles. Ils ont des mines de fer qu'ils exploitent et un grand nombre d'usines. Le lac de Côme, qui se trouve au milieu de la vallée, est une sorte de petite mer sur laquelle on navigue en tous sens et qui met les habitations riveraines en communication active les unes avec les autres. A certaines expositions, on cultive les citronniers en pleine terre, en les garantissant pendant l'hiver avec des paillassons. Cependant ils sont plantés au pied de montagnes couvertes de neige et de glace une partie de l'année. Il existe dans le voisinage de hautes forêts d'arbres résineux propres à la mâture; on pourrait les exploiter et faire arriver les bois par le Pô dans la mer Adriatique, d'où ils seraient ensuite expédiés pour les ports de la Méditerranée.

Dans une visite que je reçus de ce même M. de Castiglioni, il me parut apprécier nos botanistes avec assez de justesse. Il regardait M. Adanson comme l'homme le plus érudit dans cette science. M. de Jussieu était mis par lui au second rang. Son *Genera plantarum* lui paraissait un chef-d'œuvre d'observation, où la plupart des familles sont bien composées, les genres circonscrits avec beaucoup de précision. L'ouvrage de M. Lhéritier était fait, dans son opinion, pour honorer la nation française ; l'exactitude des descriptions, le choix des termes propres, la beauté des gravures l'enchantaient. Il estimait le dictionnaire de M. de Lamarck ; sa *Flore française* l'intéressait par l'idée ingénieuse de la méthode analytique, mais il aurait désiré une exécution plus parfaite. Il prisait beaucoup M. Desfontaines, qu'il ne jugeait que sur quelques-uns de ses mémoires imprimés dans le recueil de l'Académie, et il attendait avec impatience la publication de son voyage sur la côte de Barbarie, parce qu'au style simple, clair et concis de cet auteur, il augurait que ce serait un livre intéressant. Il ne connaissait de M. Richard que son mémoire sur les apocinées, dont il faisait cas quoiqu'il le trouvât un peu minutieux. Les deux décades des plantes du Levant de M. La Billardière lui plaisaient ; il regrettait que cet ouvrage ne fût pas plus avancé. M. Ventenat ne lui était connu que par son titre de membre de l'Institut dans la classe de botanique.

Quoiqu'il y eût quelque chose à dire sur le jugement que M. de Castiglioni portait de nos botanistes, il faut avouer qu'il était exact en grande partie.

Quant aux voyageurs naturalistes, il estimait les travaux de M. Commerson, ainsi que ceux de M. Dombey, dont il déplorait la perte comme très-préjudiciable à l'histoire naturelle. Il faisait moins de cas de Sonnerat et n'avait pas la moindre confiance en M. Le Vaillant, qu'il regardait comme un romancier.

Je vis à Milan M. Volta, célèbre professeur de physique à Pavie, et dont plusieurs instruments portent le nom parce qu'il en est l'inventeur, entre autres un eudiomètre. Il habitait alors les bords du lac de Côme, où il passait tout le temps de ses vacances. C'était un homme d'environ cinquante-cinq ans, d'une figure agréable, d'une taille de cinq pieds dix pouces et très-bien fait. Il serait à désirer que tous les bons esprits eussent d'aussi belles enveloppes; ils inspireraient davantage l'amour des sciences. M. Volta avait, depuis quelques années, épousé une jeune et jolie femme qui lui avait donné des enfants qu'il paraissait aimer avec tendresse. Excellent chimiste et zélé partisan de la nouvelle doctrine, il fut ravi de se trouver vis-à-vis d'un de ses principaux prophètes, M. Berthollet : aussi s'épuisa-t-il en questions qu'il avait préparées sur les expériences les plus récentes, sur les hommes qui s'en occupaient, sur le genre de leurs travaux.

Le système de finance dans la Lombardie a été assis sur un cadastre qui fait connaître avec beaucoup d'exactitude la valeur et le produit des terres. Elles étaient divisées en trois classes, les bonnes, les médiocres et les mauvaises, de sorte que chacun savait ce qu'il devait de contribution. Les charges locales étaient ajoutées par deniers sur les écus qu'on payait au fisc. Il existait des impôts indirects fondés sur l'entrée, la sortie des denrées et marchandises sur les postes et messageries. La noblesse et le clergé ne jouissaient d'aucun privilége à cet égard. Il y avait également un impôt personnel. Chaque année il sortait de la Lombardie une somme de vingt millions qui allait à Vienne sans espoir de retour : elle était destinée à l'entretien d'une force armée de vingt mille hommes, qui n'atteignait jamais ce nombre, et destinée à la garde et à la défense du pays.

Relativement à la répartition de l'impôt, les communes s'assemblaient à certaines époques fixées par la loi pour nommer des députés, des collecteurs et autres mandataires.

L'agriculture pratique est portée à un haut point de perfection. Sous le rapport de la bonté du sol, la nature a été libérale : il est profond, presque partout horizontal ou peu incliné, gras, substantiel, mêlé de la juste quantité de sable fin propre à la division de ses parties. Les eaux qui descendent des montagnes dont le pays est environné, ces eaux, échauffées par le soleil, arrosent les terres en proportion des besoins de la végétation. Le climat contribue aussi d'une manière efficace à la fertilité ; il n'est pas jusqu'aux variations fréquentes qui, en tempérant l'excès du froid et de la chaleur, ne concourent à rendre ce climat un des plus favorables à la culture.

Les habitants tirent un grand parti de tous ces avantages. Point de jachères; tous les ans la terre offre des produits; elle donne une récolte au moins, presque toujours deux, souvent trois, quelquefois quatre et même cinq. Cependant, sans augmenter le nombre des récoltes, on pourrait, à mon avis, les rendre plus riches, soit en cultivant avec plus d'intelligence certaines espèces déjà connues, soit en naturalisant des végétaux qui ne sont pas encore introduits dans le Milanez.

Il me semble qu'on fait trop peu de cas des plantes nourricières à racines charnues, telles que les raves, les navets, les turneps, les carottes, les pommes de terre, etc. Quelle différence entre le produit net d'une égale étendue de terrain mis en cultures de cette espèce ou converti en prairies naturelles! Ce produit est au moins de trois contre un, et peut même s'élever à dix.

La confection des prairies naturelles me paraît aussi trop abandonnée au hasard. Quand on ne laisse pas à la nature seule le soin de faire croître sur un terrain les herbages qui doivent composer une prairie, on ramasse sans beaucoup de discernement les semences qui tombent et qui restent sur le plancher des greniers à foin. Il arrive de là que quelques bonnes plantes se mêlent à d'inutiles et de nuisibles, et qu'au bout de deux ou trois ans celles-ci ont dévoré les premières. Pourquoi ne pas épurer les graines? Pourquoi ne pas choisir de préférence le thimoté gras, *phleum pratense*, L., l'houle laineuse, *holcus lanatus*, L., le fromental, *avena elatior*, L.; pour les lieux submergés, la manne de Pologne, *festuca fluitans*, L., et tant d'autres graminées d'un produit abondant et d'une qualité supérieure? Craint-on un foin trop homogène, on peut mélanger diverses sortes de graminées et de plantes légumineuses.

Je rends justice à l'intelligence des Milanais dans la conduite des eaux, dans leur distribution pour les arrosements; à la simplicité des moyens employés pour les canaux, les écluses, les chaussées; tout ce qui tient à cette partie de l'art est ici plus perfectionné qu'ailleurs, mais la composition des prairies est encore dans l'enfance. Je ne parle pas des prairies artificielles, c'est une chose à peu près inconnue; on ne rencontre qu'accidentellement les trèfles, le sainfoin et même la luzerne. Avec les moyens qu'on a d'activer la végétation des plantes, les produits de celles-ci vaudraient mieux pour le pays que l'exploitation d'une mine d'or.

Que dirai-je des arbres fruitiers? Loin d'avoir un choix des meilleures espèces, le Milanez n'en cultive que d'une qualité bien inférieure à celles que nous possédons en France, et qui croîtraient merveilleusement dans cette riche partie de l'Italie. Croirait-on que notre délicieuse prune de reine Claude ne se trouvait dans aucun marché, et que sa culture n'a été introduite que depuis peu d'années par les soins du comte de Castiglioni, à qui sa patrie est redevable d'une grande quantité de végétaux étrangers?

Il y aurait encore matière à critiquer sur l'assolement des terres, ou, pour parler plus clairement, sur la succession des cultures dans le même terrain. Je m'arrête; il faudrait entrer dans des détails trop étendus sur la nature des divers sols, sur leur situation, sur les localités, sur le choix, le nombre et la culture des végétaux qu'on pourrait employer aux assolements. Ce serait la matière d'un long traité.

Pourquoi, demandais-je à des personnes de cette ville et de plusieurs autres lieux du Milanez; pourquoi les cultivateurs non propriétaires, à quelque distance de la capitale, sont-ils peu aisés comparativement à ceux de même condition dans certaines parties de la Lombardie? La réponse a rarement varié : C'est, me disait-on, qu'ici assez généralement les terres appartiennent à de grands propriétaires qui, pour se débarrasser des détails de petites locations, donnent à bail leurs possessions à des fermiers généraux; ceux-ci sous-louent par portions à de pauvres agriculteurs, et presque toujours à prix d'argent. Ces gros fermiers ne travaillent pas par eux-mêmes, font des baux à termes très-courts, afin de profiter d'un surhaussement de denrées pour rançonner l'homme de peine, l'estimable et vrai cultivateur; se font payer aux échéances avec une extrême rigidité, et sont les frelons qui vivent du miel que l'abeille récolte au prix de tant de soins et de fatigues.

Peu de personnes s'occupent ici de l'étude des rapports entre les végétaux pour leur assigner la place que chacun d'eux tient dans l'ordre naturel; peu se doutent de l'utilité de cette étude qui cependant constitue la science de la botanique. On se contente d'apprendre le nom des plantes dans le système de Linné. Il est des gens qui suivent encore la méthode de Tournefort; mais à l'exception de trois ou quatre professeurs qui se sont procuré les *Genres* de M. de Jussieu, les autres connaissent à peine l'existence de cet ouvrage et ne s'en servent pas. Il est vrai de dire que la botanique est regardée en Italie comme la science spéciale des médecins, des chirurgiens et des pharmaciens.

Il n'en est pas de même de la chimie : elle y est honorée et compte de nombreux partisans. La méthode la plus généralement suivie est celle de nos chimistes modernes, Lavoisier, Berthollet, Fourcroy. On adopte leurs principes et leur langue. Quant au traité de notre collègue M. de Lamarck, il m'a paru qu'on en faisait peu de cas et qu'on dédaignait de le critiquer.

En m'entretenant d'économie rurale et domestique avec un agriculteur, il me fit part d'un fait qui m'intéressa beaucoup et sur lequel je lui adressai toutes les questions qui pouvaient servir à résoudre mes doutes. Voici ce fait :

CHAPITRE IV.

Un particulier qui avait des propriétés territoriales à six lieues de cette ville, du côté de Lodi, imagina pour recevoir ses lettres d'affaire qui arrivaient à Milan pendant qu'il était à la campagne, de dresser des oiseaux à porter ses messages. Il élevait dans une volière plusieurs variétés de pigeons. Parmi ceux de la race la plus forte, habitués à chercher aux champs la nourriture qu'on ne leur donne pas au colombier, il choisit six femelles plus familières que les autres et qui avaient des couvées de pigeonneaux. Il les fit mettre dans une cage d'osier sur l'impériale de sa voiture, un jour qu'il se rendait à sa maison de campagne. A la sortie de la ville il lâcha une de ces femelles, qui, après avoir fait un tour en l'air, regagna la volière, courut à sa nichée et ressortit pour lui chercher à manger. A une lieue de distance, il fit partir une autre femelle qui resta un peu plus longtemps à tournoyer dans les airs à une grande hauteur, et dirigea enfin son vol vers la ville, où elle arriva après quelques minutes. Après avoir fait une lieue de plus, une troisième colombe reçut la liberté, prit d'abord une direction différente de celle où se trouvait la volière, et ensuite rejoignit son gîte. Ne voulant pas s'exposer à perdre ses pigeons en les emportant plus loin, notre homme donna la volée aux trois autres et continua sa route. Il séjourna à la campagne, et de retour à Milan, il apprit que ces animaux étaient rentrés au colombier dans l'espace de quelques minutes, à l'exception d'un seul qui ne revint qu'au bout d'une heure et demie; c'était un des trois derniers.

Quelques jours après, il fit une seconde expérience. Les six mêmes colombes furent placées dans une cage sur la voiture, et à la moitié du chemin de Milan à sa campagne, le propriétaire leur donna la volée à toutes à la fois; toutes arrivèrent de compagnie à la ville en peu de minutes.

Pour troisième épreuve, il les emporta jusqu'à la campagne et les renvoya toutes ensemble presque aussitôt après son arrivée. Elles se rendirent sans perte de temps à Milan, et rentrèrent au colombier.

Ces trois tentatives avaient démontré au propriétaire que ses pigeons reconnaissaient le chemin, ne s'arrêtaient point en route, et qu'attirés par leur amour pour leurs petits, ils se rendaient incontinent auprès d'eux. Il voulut savoir combien de temps ils pouvaient conserver ce double souvenir.

Pour cet effet, il emmena les six mêmes femelles à la campagne, les enferma dans une chambre aérée, et leur fit donner à manger. Au bout de quelques heures, une femelle est lâchée avec un billet attaché à la patte, sur lequel est écrite l'heure du départ. Le lendemain, au lever du soleil, sortie d'une seconde, et successivement des quatre autres avec la même précaution. Curieux de connaître le résultat, il retourne à Milan et apprend que les six femelles y étaient arrivées par intervalles avec quelques légères variations de minutes. Une seule, et c'était encore la dernière partie, s'étant fait attendre plusieurs heures, était restée dans la cour avec

CHAPITRE IV.

ses compagnes, sur le toit avec son mâle, puis, rentrée au colombier, avait repris sa tendresse pour ses petits.

Voilà donc notre propriétaire bien convaincu que ses colombes conservent au moins pendant cinq jours le souvenir du chemin, et que le sentiment maternel les ramène tout naturellement auprès de leur couvée. Il profite de ces lumières pour l'accomplissement de ses projets.

Toutes les fois qu'il allait à sa maison de campagne, il emmenait avec lui ses femelles voyageuses, auxquelles il en joignait d'autres qui, lâchées en même temps, apprenaient aussi la route et devenaient propres à le servir. Il eut bientôt une douzaine de messagers à ses ordres. Mais tous n'avaient pas la même intelligence et la même célérité, soit qu'ils s'amusassent dans le chemin, soit qu'ils ne le reconnussent pas toujours. Il essaya aussi de faire voyager des mâles dont les femelles couvaient, d'autres dont les compagnes étaient en amour.

Ces différentes tentatives lui donnèrent des résultats fort curieux et que je regrette bien de n'avoir pu savoir de la bouche de leur auteur; mais il était mort depuis plusieurs années, et sa famille s'était retirée dans un port de mer d'où il était originaire.

D'abord les pigeons ne portaient pour message que de simples étiquettes en parchemin, liées par un fil ciré à l'une des pattes de l'oiseau; elles n'avaient pour objet que d'indiquer le jour où il fallait envoyer la voiture pour le retour du propriétaire, la commande de quelques approvisionnements dont il avait besoin à la campagne, des nouvelles de sa santé et de celle de sa famille. Il pouvait donc, de sa campagne, correspondre à toutes les heures avec ses amis de Milan; il fallait aussi que la même faculté existât de leur part avec lui. Il établit à sa maison de plaisance un colombier dont il faisait voyager les pigeons comme ceux de sa volière de la ville. Par ce moyen, la correspondance fut réciproque.

Cette communication bien assurée, il s'occupa de perfectionner les ustensiles qui servaient aux messages. Les étiquettes en parchemin, ne pouvant contenir qu'une ligne ou deux, laissaient trop peu d'espace pour des détails souvent intéressants, et attiraient la vue de personnes que la fantaisie excitait à tuer l'animal par passe-temps ou par curiosité. Les pigeons furent dressés à porter un petit portefeuille de taffetas ciré renfermant une feuille de papier très-fin. On attachait le portefeuille, en forme de petite selle, entre les ailes et la queue.

Dans les commencements, ces pauvres oiseaux avaient beaucoup de peine à s'accoutumer à la gêne que leur occasionnaient et le portefeuille et les rubans qui leur serraient le ventre. Ils se débattaient et cherchaient avec le bec, en agitant les ailes, à se débarrasser de ce fardeau incommode. Mais enfin les jeunes pigeons en contractèrent l'habitude et en vinrent à porter des messages qui pesaient jusqu'à quatre onces.

Fort de son invention, l'intelligent propriétaire passait une grande partie de son temps à la campagne et y faisait sa correspondance commerciale, comme s'il ne fût pas sorti de la ville. Une lettre arrivait-elle chez lui à Milan, elle lui était expédiée par un pigeon domicilié à la maison de campagne. Quinze ou vingt minutes suffisaient : la réponse était renvoyée par une colombe de Milan, qui la portait dans le même laps de temps. Venait-on pour voir notre homme à sa maison de ville, sa femme ou son commis répondait : « Monsieur est à sa campagne de Lodi ; il n'en reviendra que dans quelques jours. Si vous avez quelque chose de pressant à lui faire savoir ou à apprendre de lui, écrivez d'ici, avant trois quarts d'heure vous recevrez la réponse. »

La personne qui me donnait ces détails avait fait elle-même une pareille épreuve. Sachant que Lodi est à six grandes lieues de Milan, qu'il faut plus de quatre heures en poste pour les parcourir, que la campagne de ce particulier se trouvait sur un chemin de traverse qui n'était pas toujours très-praticable, elle crut d'abord que c'était une plaisanterie ; mais elle vit mettre son billet dans le portefeuille, elle vit attacher le portefeuille sur le dos du pigeon, et au bout de quarante-cinq à cinquante minutes, elle reçut la réponse par un pigeon différent.

Avant de quitter la ville de Milan, où je séjournai une seconde fois, je ne dois pas omettre un dîner que je fis pendant ce dernier voyage chez le général en chef de l'armée d'Italie, Bonaparte.

M. Monge avait reçu du vainqueur des troupes piémontaises et autrichiennes une invitation pour tous les membres de la Commission, avec prière à chacun d'engager un des savants et artistes les plus distingués de la ville, qui se réuniraient aux personnes que le général avait invitées lui-même. Notre choix tomba sur MM. le docteur Moscati, Razori, jeune médecin qui se livre particulièrement à l'anatomie; Franchi, sculpteur estimé; le père Pini, professeur au collége de Saint-Alexandre et directeur d'un beau cabinet de minéralogie; Amoretti, secrétaire perpétuel de la Société d'Agriculture et des Arts, et enfin l'architecte qui a construit le théâtre de la Scala.

Mes collègues, MM. Berthollet, Monge, Moitte, Berthelmy, Tinet et moi, accompagnés de ces six messieurs, nous nous rendîmes chez le général en chef, où nous trouvâmes MM. Oriani, astronome de l'Observatoire de Bréra; Appiani, Gros, peintres; Wicar, dessinateur, ces deux derniers Français et connus par un rare talent, et enfin sept ou huit autres artistes ou savants recommandables.

La table était de vingt-cinq couverts; le général Berthier, chef d'état-major, était du nombre des convives. Mme Bonaparte fit les honneurs du dîner avec autant de grâce que de prévenances; le général en chef fêta aussi beaucoup les personnes invitées, rappelant à chacune ce qu'elle avait produit de plus marquant, et parlant de leurs ouvrages en homme de goût.

Le dîner, à un seul service, sans profusion, sans ostentation, dura environ une heure et demie. Au lever de table, la conversation devint plus animée. Elle avait commencé sur les arts, elle continua sur les sciences, la chimie, la minéralogie; et quoique ces matières n'eussent pas un rapport direct avec l'objet des études du général, il les discutait d'une manière si judicieuse qu'il embarrassait quelquefois ses interlocuteurs. Après un entretien de deux heures, tout le monde se retira.

Dînant un jour, en maison tierce, avec le général Clarke, je fus témoin d'un fait qui honorait son cœur et prouvait l'énergie de son caractère. On venait de se lever de table; un capitaine de chasseurs entre, s'approche de Clarke et lui dit : « Général, mes traits sont sans doute effacés de votre souvenir; j'ai eu cependant le plaisir de vous voir souvent sur les bords du Rhin. — Je vous demande pardon, monsieur, il est des hommes et des choses qu'on n'oublie jamais, » répondit le général en lui tournant le dos. Adressant ensuite la parole à quelques personnes qui paraissaient étonnées d'un tel accueil : « Messieurs, leur dit-il, je vous prie d'excuser ma conduite envers cet officier. Je déteste les malhonnêtes gens. Celui-ci a été le délateur d'un homme qui lui avait rendu des services essentiels dans plus d'un genre, de mon compagnon d'armes, de mon ami, du général Beauharnais. Le général avait tiré cet individu de la boue pour en faire son aide de camp, et c'est sur sa dénonciation que Beauharnais a été jugé et condamné à perdre la vie. Il sait que je n'ignore point sa trahison, et il vient me demander si je le reconnais ! Je n'ai pas été maître de mon indignation ; je l'ai peut-être un peu trop manifestée dans une maison où je me trouve en qualité de convive : je vous en fais mes excuses. »

CHAPITRE V.

Pavie. — Université. — Jardin botanique. — Collége Saint-Charles-Borrhomée. — Église Saint-Michel. — Tours carrées. — Château. — Pont couvert. — Abbaye. — Colonnade. — Chartreuse. — Maison du marquis de Malaspina.

Pour se rendre de Milan à Pavie, on sort par la porte Saint-Laurent. La distance est d'environ six lieues. Une route très-unie, un peu sinueuse, y conduit. La chaussée est accompagnée en grande partie de trottoirs pour les gens de pied, bordés de fossés et de canaux d'irrigation avec des plantations de différentes espèces, telles que saules, peupliers noirs, aulnes, chênes têtards, chênes en futaie, ormes, frênes, mûriers, ypreaux. Les terres, le long du chemin, offrent des cultures de céréales, de maïs, de riz, de lin, et des prairies naturelles et arrosables. Il s'y trouve aussi des vignes dirigées en palissades, en treilles ou en tonnelles, surmontées d'arbres fruitiers ou de mûriers sous lesquels croissent des légumes.

Les champs de maïs sont semés irrégulièrement par planches souvent entremêlées de haricots.

Les rizières se font remarquer par la planimétrie du sol; elles sont divisées par planches de huit à dix pieds de large, couvertes d'eau à huit ou dix pouces de profondeur. Cette eau courante passe d'une pièce plus élevée dans une qui l'est moins, et s'écoule dans un canal qui la conduit à d'autres cultures placées à de grandes distances sur des sols plus bas.

Dès notre arrivée à Pavie, le directeur de l'université, M. Carminati, nous conduisit dans tout l'établissement après nous avoir présentés aux professeurs et conservateurs, entre autres à MM. Scarpa et Fontana.

Les galeries d'anatomie fixèrent d'abord mon attention. M. Scarpa me faisait examiner en détail les pièces les plus curieuses. Une figure de femme en cire, de grandeur naturelle et couchée sur un lit de repos, présente tous les viscères, imités avec beaucoup de précision. A côté est le cadavre naturel d'un homme, préparé avec autant d'intelligence que de soin, et sur lequel on étudie les muscles, les nerfs, les veines et le système des vaisseaux lymphatiques.

Dans les armoires du pourtour on voit des pièces isolées de l'anatomie humaine, les unes injectées, les autres séchées. Cet assortiment, sans être considérable, est précieux par le choix et surtout par la préparation. Celle-ci est due au travail d'un homme qui, sans étude préliminaire et par un goût inné, s'est livré à cette partie, qu'il est parvenu à très-bien connaître et à enseigner aux élèves.

Un cabinet, voisin de la salle d'anatomie, renferme les outils, instruments et machines qui servent aux opérations chirurgicales, tous rangés par ordre de matières, formant des séries très-étendues et dans le meilleur état de conservation.

La bibliothèque pouvait contenir environ quarante mille volumes, théologie, droit public, médecine, histoire naturelle, voyages, mémoires des académies et sociétés savantes de l'Europe, quelques manuscrits en différentes langues et plusieurs ouvrages de Haller sur lesquels l'auteur a fait de sa main des notes et des additions intéressantes.

Je parcourus plusieurs cartons de l'herbier de ce naturaliste; il est relié en soixante-douze volumes. Les plantes, passablement desséchées, sont fixées sur les feuillets avec de la cire à cacheter et rangées suivant la méthode de Haller. Il a étiqueté de sa main presque tous les nombreux exemplaires de chaque espèce. C'est une très-belle collection.

Une salle très-vaste contient les instruments de physique, d'optique, de géométrie et d'anatomie. Toutes les pièces sont disposées le long des murs dans des armoires vitrées, fabriquées artistement et entretenues avec propreté. Les objets très-volumineux sont placés sur des tables au milieu de la salle.

Le cabinet d'histoire naturelle est divisé en galeries des trois règnes : animal, végétal et minéral.

Deux amphithéâtres, l'un de physique, l'autre d'anatomie, construits avec élégance, peuvent recevoir trois à quatre cents auditeurs commodément assis et en position de bien voir.

Quoique le jardin botanique ait plusieurs entrées, la principale s'annonce par une grille qui donne sur la rue. On se trouve d'abord dans un parterre d'une structure gothique ; il est formé de cailloux roulés qu'on a fixés sur le sol avec du ciment et qui figurent des compartiments bizarres et aussi désagréables aux yeux des gens de goût qu'à ceux du jardinier lui-même. A la suite de ce singulier parterre vient un bosquet composé d'arbrisseaux et d'arbustes placés dans des massifs entourés de palissades de deux pieds de haut et surmontés de petites pyramides. Ces pyramides sont faites avec l'*hibiscus syriacus*, L., qui se prête facilement à la taille la plus rigide et s'arrange en haies aussi serrées qu'un mur.

Du bosquet on passe dans les carrés destinés à l'école de botanique. Chacun d'eux se divise en planches de quatre à cinq pieds de large sur une longueur ordinairement de sept toises ; de larges tuiles, fabriquées exprès, entourent ces planches et les partagent par le milieu, afin de séparer les deux lignes de plantes dont chaque planche est garnie.

On ne place dans les carrés que les plantes qui peuvent croître en pleine terre ; celles qui sont plus délicates reçoivent, dans les lieux appropriés à leur végétation, une culture plus soignée. Les arbustes et plantes de serres sont conservés dans des vases disposés sur des banquettes le long des allées et des murs et autour des bassins.

Les serres chaudes sont petites et d'une construction particulière qui doit être très-propre à la conservation des végétaux, puisque tous ceux que j'y ai vus étaient vigoureux, même les plus difficiles à cultiver, tels que le *poinciana pulcherrima*, le *bixa aurellana*, le *bombax pentandra*, le *mimosa circinalis*, les *jatropha gossipiifolia et multifida*. L'hiver, on chauffe les serres par des fourneaux alimentés avec du bois.

En général ce jardin est tenu avec intelligence et mérite l'attention des voyageurs et surtout des botanistes.

Le collége Saint-Charles-Borrhomée n'inspire pas moins d'intérêt. C'est une vaste maison dont l'architecture extérieure, quoiqu'un peu lourde, présente un assez grand caractère. L'intérieur répond à cette première apparence. Dans une cour carrée s'élèvent des bâtiments accompagnés de deux galeries à jour, placées l'une au-dessus de l'autre et soutenues par des colonnes de granit et de pierre calcaire d'une belle dimension. Sur ces galeries aboutissent les portes de quarante petits appartements destinés à un pareil nombre d'étudiants en médecine qui sont logés, nourris et entretenus dans ce collége au moyen d'une fondation faite par saint Charles Borrhomée.

Dans une des salles principales, qui sert de lieu d'assemblée, on voit des peintures à fresque d'un beau style et d'une large composition ; elles représentent plusieurs traits de la vie du fondateur.

A cette maison est joint un jardin potager planté d'arbres et de légumes des meilleures espèces.

Pavie est une grande ville qui n'offre qu'un petit nombre de belles maisons. Elle n'était point éclairée la nuit. Ses rues, étroites et tortueuses, sont pavées de cailloux roulés gros comme le poing qui rendent le marcher pénible. On y comptait vingt-cinq mille habitants ; elle pourrait en contenir le double. Lorsque les écoliers de l'université sont absents, elle est peu vivante.

L'église de Saint-Michel, dont on attribue la construction aux premiers rois lombards, atteste en effet le goût de ces anciens temps par la structure de son portail et la bizarrerie des ornements qui le décorent. Ce portail, tout uni, se termine par un fronton triangulaire et s'appuie sur des piliers carrés qui montent dans toute la hauteur de l'édifice. Autour des portes et des fenêtres, un grand nombre de bas-reliefs représentent des animaux cornus et des figures fantastiques aussi grossièrement ébauchés les uns que les autres.

On rencontre dans toutes les parties de la ville des tours carrées construites en briques, et dont quelques-unes ont près de cent pieds de haut ; leur largeur est d'environ quatre toises ; elles n'ont pour fenêtres que de fort petites ouvertures de loin en loin. Il existait autrefois cent de ces tours. Elles appartenaient à de grands seigneurs qui seuls avaient le droit de les édifier. On prétend qu'elles remontent à une époque antérieure aux rois lombards. Les antiquaires n'ont pu découvrir à quel usage elles pouvaient servir, si ce n'est à marquer la puissance de leurs possesseurs. Il en reste encore une vingtaine qui font partie des maisons auxquelles elles sont jointes, et qui n'ont qu'une destination peu utile.

Le château est un grand bâtiment carré construit en briques, flanqué de tours très-élevées et entouré de fossés. Il servait en même temps de résidence aux anciens ducs et de citadelle. Il est situé sur une vaste place qui pourrait devenir pour les habitants une promenade aussi saine qu'agréable; avec peu de dépense, des plantations d'arbres la débarrasseraient de la poussière épaisse dont elle est couverte et qui la rend pour ainsi dire inaccessible les trois quarts de l'année. C'est sur cette place que donne la porte de Milan, hors de laquelle un aqueduc fournit des eaux qui font le tour de la ville, et desquelles un volume assez considérable peut la traverser par la grande rue et en laver le pavé tous les jours à volonté.

La porte du Tessin communique à un pont de pierre sur cette rivière. Il est composé de six arches et n'a guère plus de douze pieds de large; sa longueur est au moins aussi considérable que celle du pont Royal, à Paris. Dans toute son étendue il est couvert d'un toit que soutient une charpente en bois supportée par des poteaux de même nature. Cette construction offre un aspect d'autant plus singulier qu'on n'est point accoutumé à voir de pareilles couvertures sur les ponts; et comme celui-ci est très-long pour sa largeur et que le toit est très-bas, la vue n'en est point agréable, mais l'usage en est commode.

Au delà d'un faubourg qui s'étend le long du chemin, sont des terrains submergés par les eaux du Tessin. Ils forment de vastes marais qui, en se desséchant vers l'automne, répandent des miasmes putrides; aussi cette partie est-elle fort malsaine. A un quart de lieue de distance, une autre branche du Tessin établit la limite entre la Lombardie et le Piémont.

En tournant d'un autre côté, au dehors de la ville et aussi à un quart de lieue de ses murs, on trouve l'abbaye de Saint-Salvador. L'église n'offre rien de remarquable que deux inscriptions qui annoncent que ce lieu a servi de sépulture à deux des premiers rois lombards. Je montai dans un des endroits les plus élevés du couvent, afin de jouir de la vue des environs. Je revis d'abord, à peu de distance, le Tessin, dont le lit était en ce moment à pleins bords. Il circule dans un pays plat, couvert d'arbres, du milieu desquels il semble sortir. Plusieurs îles s'entremêlent dans son cours. L'œil se prolonge par dessus une espèce de petit lac et découvre quelques maisons situées sur les rives du

Pô. Enfin l'horizon est borné par les montagnes de l'Apennin.

Du côté opposé, le site change d'aspect. On aperçoit un ancien couvent devenu la propriété d'un particulier; c'est là que François Ier resta pendant trois jours, après avoir été fait prisonnier à la bataille de Pavie. Aussi loin qu'elle peut porter, la vue s'étend sur un pays également plat, couvert de cultures et d'arbres de toute espèce qui en cachent la surface ainsi que les habitations. On découvre dans le lointain des nuages bleuâtres qui ne sont autre chose que les montagnes des Alpes.

Le jardin de l'abbaye est extrêmement agreste; il ne contient que des légumes, des arbres fruitiers et des cultures semblables à celles qu'on rencontre en rase campagne. Il offre cependant une chose assez remarquable : c'est une allée de colonnes d'environ cinquante pas de long sur douze de large, et autant d'élévation, qui n'a pour objet que de former une treille. Cette colonnade, précédée d'un portique, se termine par une perspective. Chaque colonne pose sur un piédestal; une corniche surmonte et reçoit des soliveaux de bois équarri qui supportent le treillage sur lequel la vigne est palissée. Il est singulier qu'on ait fait une telle dépense pour n'avoir qu'une treille dont le vin est de fort médiocre qualité.

Je ne fus pas moins étonné de la manière dont je vis couper les seigles. Les moissonneurs, armés de faucilles, abattaient les épis à environ un pied de leur extrémité, et laissaient sur place le chaume à dix-huit pouces ou deux pieds de haut. Je demandai la raison d'une pratique si nouvelle pour moi. On me dit qu'immédiatement après la récolte des épis on arrose les champs qui les ont portés; que bientôt le chaume se remplit de plantes adventices qui croissent avec une grande promptitude; que lorsqu'elles sont assez élevées, on les fauche en même temps que le chaume, aussi bas qu'il est possible, et que cette coupe, séchée à la manière du foin, devient un fourrage très-utile pour la nourriture des bœufs pendant l'hiver.

Sur la gauche du chemin de Milan à Pavie, à deux ou trois milles de distance de cette dernière ville, se trouve la Chartreuse, où me conduisit le marquis de Malaspina, homme de lettres aussi distingué par ses connaissances que par sa fortune. Il avait voyagé en France et s'y était lié avec plusieurs de nos illustres savants.

C'était un dimanche; nous rencontrâmes sur la route beaucoup de villageois, proprement vêtus, qui se rendaient à la ville pour y entendre les offices divins. Les femmes étaient plus nombreuses que les hommes, et chaque sexe marchait de compagnie sans se mêler. Ces campagnards sont de haute taille, bien faits, forts et agiles; leur teint est un peu basané. Avec des formes à peu près semblables, les femmes ont des traits plus délicats, et les jeunes filles ne sont pas sans agréments.

La Chartreuse s'annonce du chemin par une allée de peupliers d'Italie d'un mille de longueur. Les arbres, qui ont de deux à trois pieds de diamètre sur quatre-vingts d'élévation, font deux palissades qui, par l'effet de la perspective, semblent se rapprocher et ne laissent entrevoir qu'une petite partie du bâtiment auquel ils servent d'avenue. On assure qu'ils sont âgés de cent ans. Leur forme pyramidale était un peu gâtée par l'élagage des grosses branches et par leur trop grand rapprochement. C'est une chose extraordinaire que je n'aie encore rencontré qu'ici ce peuplier pyramidal si commun chez nous, et qu'on y appelle peuplier d'Italie ou de Lombardie. Quelques personnes m'ont dit qu'il croissait aux environs du lac de Côme. Le peuplier noir ordinaire est très-multiplié dans ces contrées, et on l'y cultive de préférence.

Mais entrons dans la Chartreuse; elle consiste :

1° En un corps de bâtiment à deux étages, placé autour d'une cour carrée et destiné à recevoir les étrangers qui viennent visiter la maison, ou à loger les personnes attachées à son service;

2° En magasins, granges, écuries, étables propres à l'exploitation des terres qui appartiennent au couvent;

3° En la maison conventuelle, formée de vingt-six petits bâtiments construits sur le même modèle, placés autour d'un cloître dont le milieu est un cimetière couvert d'une belle pièce de gazon. Ces petits bâtiments sont des cellules composées de deux pièces par bas, l'une servant de chambre à feu pour l'hiver, l'autre de chambre à coucher : il n'y a dans cette dernière qu'un lit de planches recouvert de spart de maïs. Les deux chambres supérieures servent de bibliothèque et de lieu de travail; au-dessus un grenier; sous le bâtiment une cave. Chaque cellule a son petit jardin de quatre à cinq toises carrées, dont les allées, fort larges proportionnément à l'espace du terrain, sont pavées de grands carreaux de briques. Dans les carrés croissent quelques arbres à fruit, des plantes d'ornement et des fleurs; les murs sont tapissés de vignes et d'arbres en espalier. Ces jardins renferment aussi des volières pour des oiseaux privés, et où, l'hiver, on rentre les orangers et autres plantes délicates;

4° En un clos qu'on me dit avoir trois milles de circonférence, fermé par de bonnes murailles en briques. Il est planté d'arbres fruitiers en plein vent, de vignes palissées en treilles, en tonnelles et en espalier; on y cultive des légumes de tout genre et des céréales;

5° Enfin en une église très-remarquable par sa construction et surtout par sa richesse. Comme c'est la seule chose qui soit vraiment intéressante, j'en parlerai avec détail.

Ce monument, commencé depuis des siècles, n'est point encore fini. Le portail a une grande élévation et occupe toute l'étendue de la face de l'église. Construit en marbres de différentes espèces et de tous les pays, l'édifice offre dans son architecture un mélange de grec et de gothique. Il est tellement couvert de sculptures qu'on aurait peine à placer le doigt sans en rencontrer. Au bas sont des médaillons qui représentent en relief des héros de l'antiquité et des empereurs romains placés sans ordre. On voit Nabuchodonosor à côté de Titus, Alexandre près de Néron, etc. Au-dessus, des groupes de bas-reliefs retracent des scènes de l'Écriture Sainte assez bien exécutées. Viennent ensuite des rangées de saints et de saintes, des rosaces, des moulures, des cannelures et des niches qui contiennent des figures de toute grandeur, jusqu'au haut du portail, dont un quart seulement reste inachevé.

L'intérieur de l'église est fini. Deux rangs de gros piliers qui le partagent soutiennent la voûte et supportent des statues en marbre blanc, de grandeur naturelle, placées à environ dix pieds de haut. Elles représentent des saints et des patriarches. Le pavé forme une mosaïque en marbre de différentes couleurs. Des peintures à fresque couvrent toute la voûte. Les bas côtés sont éclairés par les fenêtres des chapelles qu'on y a pratiquées; on compte seize de ces chapelles, huit de chaque côté. Rien de plus riche que les ornements dont elles sont décorées. Chacune peut avoir quinze pieds en carré et se trouve séparée de la nef par une grille de fer. La matière en est ouvragée comme le bois, polie comme l'acier, garnie de cuivre aussi luisant que l'or. Au-dessus de l'autel, le tableau du saint auquel est dédiée la chapelle; dans le reste de l'espace, des peintures relatives à l'histoire de ce patron; le tableau principal, encadré dans une niche artistement sculptée, ornée de colonnes de divers marbres, entre autres de lumachelle, de vert antique, de portor; le devant de l'autel, aussi en marbre incrusté, dessinant des vases de fleurs ou de fruits, des oiseaux; le cadre qui entoure ces dessins est garni de plaques de lapis-lazuli, de cornalines, d'agates, d'albâtre, de porphyre et de pierres fines les plus estimées.

Indépendamment de ces seize chapelles, il en est une beaucoup plus grande qui se distingue par ses peintures, par la sculpture de sa boiserie, par les fresques du plafond et par tous ses ornements.

A côté du chœur s'élève le mausolée de Galéas, premier duc de Milan, lequel a été enterré dans ce lieu, ainsi que Sforze et sa femme, dont on voit les statues incrustées dans le mur. Ce mausolée, d'un genre gothique, est en marbre blanc.

Mais ce qui surpasse tout le reste en magnificence, en travail et en rareté, c'est le chœur. Il faut l'avoir vu pour s'en faire une idée. Les carreaux qui couvrent le sol, les balustrades, les chandeliers de bronze, le devant d'autel et surtout le tabernacle, tout est de matière précieuse, le chef-d'œuvre de l'art, le comble de la richesse.

Enfin, dans un endroit voisin du chœur, on remarque le modèle d'un portail d'église, d'environ dix pieds carrés, fait en ivoire d'hippopotame et sculpté avec une délicatesse et un précision étonnantes.

Je ne dois pas oublier deux établissements intéressants que renferme Pavie, non plus que la maison du marquis de Malaspina. Je commence par cette dernière. On a donné le nom de son propriétaire à l'impasse au fond de laquelle elle est située. De chaque côté de la porte sont des inscriptions qui annoncent, l'une, que les restes de Pétrarque reposent dans ces lieux ; l'autre, que Boëce, consul romain, y a été détenu prisonnier. La décoration extérieure est de bon goût ; mais le jardin, d'ailleurs assez joli, offre l'empreinte d'une bizarrerie bien ridicule : ce sont des genévriers taillés en figures d'oiseaux, de chiens, de béliers et autres animaux. M. de Malaspina est un homme trop éclairé pour se plaire à de telles mutilations des arbres. Je ne les attribue qu'à son jardinier.

Les deux établissements qu'il me reste à citer sont ceux des orphelins de l'un et de l'autre sexe.

La maison des orphelines est destinée à recevoir quarante pauvres filles ; elles y sont logées, nourries, vêtues et entretenues. On leur apprend à lire, à écrire, à travailler à l'aiguille, à préparer les aliments. Lorsqu'elles trouvent à se marier, on leur donne un trousseau et une somme d'environ quatre cents francs qu'on leur a ménagée sur le produit de leur travail. Cette maison est dirigée par une supérieure et plusieurs filles âgées qui paraissent fort attachées à leurs fonctions. Je visitai la cuisine, les ateliers, le réfectoire et les dortoirs : tout est aéré, propre et parfaitement sain. Les élèves couchent seules, dans des lits dont les châssis sont en fer. Une paillasse de spart de maïs, un petit matelas, deux draps de toile blanche, une couverture et un oreiller composent le coucher. Une chose aussi utile que rare sont des bains construits en rotonde à l'extrémité d'un petit jardin. On y communique par une galerie couverte accessible en tout temps. L'intérieur offre un bassin de huit à dix pieds de diamètre, autour duquel circulent des gradins en pierre où l'on s'assied, avec de petits cabinets à côté. L'eau est belle et vive. Cette maison fait honneur à son fondateur et aux personnes qui la dirigent.

Il en est de même de celle des orphelins, placée tout auprès, construite sur le même modèle et administrée d'après les mêmes principes : celle-ci a été fondée pour cinquante élèves, à la tête desquels sont des religieux. On apprend aux enfants à lire, à écrire, à compter et on leur donne un métier. Ils restent jusqu'à l'âge de seize ans. Leur nourriture est saine et abondante; ils boivent du vin à leurs repas. Ils ont aussi des bains particuliers comme les orphelines. Voici de quelle manière on leur enseigne à lire. Dans la classe où ils se rassemblent est un tableau en gros caractères où sont tracées des lettres, des syllabes, des abréviations et des mots. Le maître, une longue baguette à la main, indique le mot qu'il veut que les élèves prononcent. Alors tous ensemble le disent à haute voix et l'accentuent avec force. Ces enfants m'ont paru bien portants, doux, caressants et joyeux.

CHAPITRE VI.

Marignan. — Lodi. — Plaisance. — Pont de bateaux sur le Pô.—Borgo San-Donino. — Parme. — Théâtre. — Jardin botanique. — Rivière du Taro.

Je retournai à Milan, et ce fut de cette ville que je continuai ma route vers l'Italie méridionale, en sortant par la *porta Romana*. La première poste où l'on s'arrête est celle de Marignano, village considérable, illustré par la victoire qu'y remporta François Ier. C'est un très-bel endroit.

Les femmes ici portent les cheveux nattés et contournés derrière la tête en cercle, qu'elles garnissent de longues épingles, de fibules et autres petits ornements disposés en forme de rayons. Cette coiffure, qu'on retrouve dans plusieurs statues de femmes romaines, est vraiment pittoresque.

L'abord de Lodi s'annonce par quelques maisons de plaisance; les boulevards extérieurs sont plantés d'arbres dont les contre-allées servent de promenade aux habitants. On entre dans la ville par une porte qui ressemble à celle de Saint-Martin à Paris. Les rues, droites et assez larges, sont pour la plupart pavées de dalles de pierre comme à Milan. On montre encore sur la grande place les trois fenêtres de la chambre où fut gardé François Ier après la bataille de Pavie. J'allai voir le pont et les environs qui avaient tout récemment servi de champ de bataille aux armées française et autrichienne, et où le général en chef Bonaparte avait remporté une victoire si mémorable. Ce pont est construit sur l'Adda, dont les rives sont très-peu élevées. Le terrain, à une très-grande distance, est occupé par des prairies naturelles, coupées de fossés bien plantés d'arbres.

La route, belle, unie, ombragée, parait comme une allée de jardin. Des canaux multipliés, de toutes les grandeurs, à tous les niveaux, concourent, avec d'innombrables massifs de saules et de peupliers noirs, à donner à ces campagnes l'air du plus riant bocage.

A peine a-t-on récolté le lin qu'on laboure les terres pour y semer du maïs quarantain, du millet, du sarrasin, etc. Le labourage se fait avec des bœufs. Ces bœufs ont la couleur jaune-blanc, tandis que les vaches sont brunes et noires.

Les prairies naturelles sont arrosées toute l'année, même pendant l'hiver ; elles produisent jusqu'à six récoltes de fourrage. On les établit sur un plan incliné de 45 à 60 degrés. Un ruisseau les domine dans la partie la plus élevée, et un autre reçoit le superflu des eaux à la partie inférieure. L'eau courante, qu'on entretient perpétuellement dans le petit canal supérieur, déborde en nappe mince et se répand également sur toute la surface du pré. Arrivée au bas, elle trouve un écoulement dans le fossé pratiqué pour la recevoir et qui est planté de saules. Par ce moyen, elle ne se corrompt pas, et les herbages poussent avec une rapidité sans exemple. L'herbe est fine et douce, parce qu'on a soin de l'épurer. Cette culture, extrêmement intéressante, prouve l'état de perfection auquel est portée en Lombardie une des principales branches de l'économie rurale.

Presque toutes les propriétés territoriales sont entourées de ces fossés étroits, bordés de deux lignes de grands arbres, tels que peupliers noirs, qu'on élague à des retours périodiques, et de saules têtards très-rapprochés les uns des autres. L'intérieur est cultivé, soit en prairies naturelles, soit en céréales. On laboure avec des charrues sans roues, attelées de deux bœufs ou de deux chevaux : les deux espèces d'animaux sont indistinctement employées à ce travail.

Dans tout le pays situé en deçà du Pô, les canaux d'irrigation regorgent d'eau sans interruption. Elle se ramasse pendant l'hiver dans le lac Majeur, dans ceux de Côme et de Garde. Les neiges, qui sont permanentes sur les hautes chaînes des Alpes, ne fondant superficiellement qu'au temps des grandes chaleurs, fournissent encore aux plaines du Milanez l'eau nécessaire à leur arrosement.

La route traverse dans sa longueur, et en faisant un coude assez considérable, Zurlesco, gros bourg bien peuplé, qui renferme beaucoup de belles maisons.

Avant d'arriver à Plaisance, on passe le Pô sur un pont de bateaux établi par l'armée française. Le fleuve en cet endroit est plus large que la Seine à Paris; il coule presque sous les murs de la ville, qui se présente d'une manière agréable. Quelques-unes des rues de Plaisance sont grandes et bordées d'assez belles maisons; les autres sont étroites, tortueuses, avec des bâtiments très-bas et des boutiques obscures. Le pavé de toutes ces rues, formé de cailloux roulés, offre un marcher difficile.

Sur une grande place, pavée en dalles de pierre, domine un vieux palais de structure gothique, devant lequel on voit deux statues équestres des premiers Farnèse. Elles sont en bronze, ainsi que les bas-reliefs, dont les figures, détachées sur différents plans, représentent les exploits de ces princes. En face des statues s'élève un bâtiment neuf d'une belle architecture et décoré d'un fronton.

Cette ville est remplie d'églises, de couvents et de chapelles surchargés de mauvaises sculptures. Mais dans la cathédrale, ancien édifice gothique, on remarque de belles peintures à fresque et de bons tableaux.

L'église de *San-Agostino*, bâtie par Vignole, servait en ce moment d'hôpital militaire. Celle de la *Madona-del-Campo* présente une profusion de peintures, sculptures et ornements de toute espèce. Ces productions, malgré le mauvais goût dont elles sont souvent empreintes, ont pourtant contribué à former des artistes très-distingués. Comme elles en occupaient un grand nombre, elles fournissaient aux hommes de talent l'occasion de porter leur art à la perfection.

Fréquemment on rencontre dans les rues de vastes maisons dont les portes et les fenêtres sont ornées de sculptures bizarres, d'autres décorées de différents ordres d'architecture peinte à fresque. Parmi ces dernières décorations, il s'en trouve quelquefois d'assez bonnes, parce que la peinture a toujours été supérieure à la sculpture dans ce pays.

La noblesse et les gens riches étalent un grand faste, beaucoup d'hôtels, de voitures, de domestiques à livrée, des coureurs même devant les carrosses. En revanche, le nombre des mendiants est immense; ils vous assiégent aux portes des églises, dans les rues, jusque dans les cafés.

On cultive en champs d'une vaste étendue le chou dit *de Milan*. La graine qu'on en recueille s'envoie dans cette dernière ville, à Côme, à Turin, dans le reste de l'Italie, en Suisse et dans toute l'Europe. Ainsi le chou de Milan vient de Plaisance, comme le fromage de Parmesan vient de la Lombardie.

Les boutiques des fruitiers abondent en fruits de toute espèce.

Le boulevard qui entoure la ville est planté de mûriers dans presque toute sa circonférence. S'il était mieux entretenu, il serait très-agréable, car il domine sur une riche campagne. J'y ai trouvé l'*anthemis*, le *scrophularia canina*, l'*ægylops ovata*.

La route de Plaisance à Parme, large au moins d'environ 50 pieds, ferrée avec des cailloux roulés, monte d'une manière insensible vers l'Apennin. Quoique la terre soit plus forte ici que de l'autre côté du Pô, la culture est moins bonne qu'en Lombardie. La vigne croît en palissades et en tonnelles. Elle a pour tuteurs l'érable champêtre planté en lignes; les branches qui s'écartent de l'arbre servent d'échalas pour la soutenir en forme de guirlandes. On passe sur des ponts, on traverse à gué plusieurs torrents presque sans eau, quoique leur lit ait de deux à trois cents toises de large. Il est en général couvert de bancs de sable fin et de galets de marbre de différentes couleurs.

On rencontre sur cette route des chariots à flèche courbe, traînés par des bœufs. Cette forme paraît une suite nécessaire de la fréquence des ponts établis sur les torrents; la flèche, ingénieusement imaginée, offre aux animaux un point d'appui et empêche les voitures de descendre trop rapidement.

Un large et vilain torrent, qu'on nomme Landi, précède le village assez beau de Fiorenzola. Dans l'intervalle qui le sépare de Borgo San-Donino, je vis un grand nombre de noyers étêtés à six ou huit pieds de terre; de leur tronc, qui forme une couronne, sort une quantité de branches que l'on coupe à la troisième ou quatrième année. On en fait du bois de chauffage. Je ne croyais pas que le noyer se prêtât à cette opération. Il est vrai qu'elle vicie promptement l'intérieur de l'arbre.

San-Donino est un lieu considérable qui renferme plusieurs couvents, des églises et d'assez belles maisons disposées le long d'une grande rue.

On arrive ensuite à Castel-Guelfo, hameau bâti près d'un vieux château flanqué de quatre tours carrées, plus larges par le haut que par le bas et dont l'ensemble produit un effet pittoresque.

Quelques habitations agréables et des maisons de plaisance répandues dans la campagne annoncent le voisinage de Parme. On y entre après avoir traversé la Parma sur un pont de pierre avec trottoirs; mais cette rivière, comme les précédentes, n'a que très-peu d'eau, excepté en hiver et dans les fortes pluies.

Parme se présente comme une grande ville, dont la rue principale est longue, large et belle en plusieurs endroits.

Les peintures des Carrache décorent le dôme de la cathédrale. Quoique un peu dégradées, on y reconnaît la touche de leurs auteurs.

Une autre église, fort petite, renferme une cuve baptismale de huit pieds de diamètre d'un seul morceau de marbre.

La bibliothèque publique pouvait contenir cinquante mille volumes.

Le grand théâtre est une fort belle salle dont les gradins offrent un amphithéâtre à l'antique d'une forme gracieuse. On y entend très-bien, même les acteurs parlant presque à demi-voix. Ce théâtre, construit par Vignole, n'avait pas servi depuis soixante ans.

A l'une des extrémités de la ville, du côté du midi, se trouve le jardin botanique, bordé par le boulevard, qui fait partie des promenades. Il peut avoir un arpent et demi d'étendue, en carré long et de forme régulière. Diverses plates-bandes sont occupées par les plantes vivaces et les végétaux herbacés, classés d'après le système de Linné. Rien n'y offre une série bien complète. Les serres et orangeries, construites dans l'ancien genre, c'est-à-dire avec un toit couvert de tuiles et des châssis perpendiculaires sur le devant, contiennent un bon nombre de plantes étrangères, parmi lesquelles on en remarque de très-rares; elles viennent pour la plupart du Pérou, du Mexique et des autres possessions espagnoles du Nouveau-Monde. M. Pascal, professeur de ce jardin, les a reçues de Madrid, d'où elles lui ont été envoyées par le docteur Ortega et l'abbé Cavanilhes. Voici les noms des principales :

Salvia violacea, *Mexicana*, *Chia*, *ex-Mexico*, quatre espèces intéressantes manquant à notre Muséum.

Langunoa rhuyss, arbrisseau du Pérou, qui forme un nouveau genre.

Fruticans ex-Chili, arbrisseau qui n'a point encore fleuri en Europe.

Ruellia lactea, L., plante vivace herbacée de serre chaude.

Tagetes chinche, jolie espèce nouvelle du Pérou.

Cosmos bipennata, genre nouveau établi par Cavanilles.

Ximenesia, idem.

Psoralea dalea, plante herbacée très-jolie et d'orangerie.

Ayenia magna, L., belle espèce formant un arbrisseau toujours vert, de serre chaude.

Schinus huingana ex-Peru ; il existe à Pavie.

Polinia bipennata, joli arbuste toujours vert, de serre chaude.

Mimosa phylicoïdes, Cavanilhes, charmante espèce ligneuse.

Dans les serres chaudes il ne se trouve point de couches à tannée. Cependant j'y ai vu le *plumeria rubra* et *alba*, le *musa paradisiaca*, le *kempheria galanga* et plusieurs autres végétaux de la zone torride.

Le cours de botanique était établi dans une salle où l'on apportait les plantes en fleur, que l'on mettait sous les yeux des élèves pendant le temps de la leçon ; mais ces plantes, étant disposées dans les différentes parties du jardin, ne présentaient pas cet ensemble méthodique si nécessaire et si commode pour le progrès des études.

M. Pascal, fils d'un Français du Dauphiné, établi à Parme depuis longtemps, était un jeune homme de vingt-quatre ans, essentiellement attaché à la botanique, plus par goût que par devoir. Il paraissait avoir médité l'ouvrage de M. Laurent de Jussieu et en faire un grand cas, comme tous les botanistes de ce pays, et s'en servait dans son cours. Il connaissait assez bien les plantes de son jardin; mais il n'avait pas à sa disposition les ouvrages des auteurs modernes, tels que Cavanilhes, Jacquin, Lhéritier, Lamarck, etc. Je lui donnai les noms véritables de plusieurs espèces qu'il ne connaissait que sous des noms impropres, ou qu'il regardait comme nouvelles.

Le Taro, que l'on passe à peu de distance de Parme, est une des rivières ou plutôt un des torrents les plus considérables de l'Italie. Son lit a près d'un mille d'étendue, dont une grande partie reste à sec. Il se divise en cinq branches qu'on traverse, l'une dans un bac, les autres à gué; mais en certaines saisons, il faut qu'un guide marche en avant des chevaux, et que quatre hommes soutiennent la voiture sur les côtés pour l'empêcher d'être renversée par la rapidité des courants. Je fus obligé de prendre cette précaution. Les cinq hommes avaient les jambes et les cuisses nues. Ceux qui ne connaissent pas le climat d'Italie peuvent croire, en voyant le tableau des Horaces par David, que le peintre, usant de la liberté accordée à son art, a exagéré la couleur en rembrunissant la peau de ses guerriers, et pourtant il est dans la vérité. Les gens du pays qui vont nu-jambes ont précisément la teinte que David a donnée à ses Horaces. Chez les Italiens dont je parle, un rouge ocreux colore la peau des jambes, des cuisses, des mains et d'une partie des bras.

Ce torrent fait perdre à l'agriculture, sur la route qu'il parcourt, une immense quantité de terrain précieux. Avec plus de moyens de la part du gouvernement, plus de constance et d'industrie de la part des habitants, le Taro, tout fougueux qu'il est, eût été depuis longtemps contenu par des digues, et au lieu d'être une cause de désolation par les ravages qu'il occasionne, il fût devenu au contraire une source de fécondité pour le pays. Comment n'est-il venu à l'idée d'aucun de ses princes d'employer les eaux qui descendent de l'Apennin de la même manière que les Milanais emploient celles qui descendent des Alpes, pour fertiliser la terre et lui faire produire le double au moins de ce qu'elle rapporte? Les Alpes, il est vrai, fournissent des eaux toute l'année, en raison des lacs qui en sont comme les réservoirs, tandis que l'Apennin ne donne que des eaux de passage qui s'écoulent subitement par les torrents. Mais il ne serait pas très-difficile de faire ici à main d'hommes ce que la nature a fait dans les Alpes. Il ne s'agirait pas de creuser à grands frais un lac Mœris, comme dans la Basse-Égypte ; seulement il faudrait choisir un bassin tout fait dans les montagnes, barrer d'une estacade l'issue par laquelle les eaux s'écoulent, les retenir jusqu'à l'époque où l'agriculture les prendrait pour ses besoins.

Le lit des torrents servirait de passage au superflu de ces eaux.

En parcourant les Apennins, j'ai vu de ces bassins naturellement formés, qui, au moyen d'une estacade de cinq ou six mille toises cubes de terre et de pierres, pourraient former un lac susceptible de fournir tout l'arrosement nécessaire aux États de Parme et de Modène. Quel avantage n'en résulterait-il pas pour l'agriculture ! L'exemple en est sous les yeux ; il suffit de passer le Pô pour en reconnaître les résultats.

Le goût ou le besoin des manteaux est si impérieux pour les habitants du pays, que ceux qui ne peuvent s'en procurer de drap en font avec du jonc. A peu de distance du Taro, je n'aperçus pas sans étonnement, sur l'un des côtés du chemin, une machine verte, pyramidale, haute de six pieds au moins, qui semblait venir à ma rencontre. Je ne savais ce que ce pouvait être. Cependant, à mesure qu'elle approchait, je distinguai des pieds qui se plaçaient l'un devant l'autre, et lorsque j'en fus plus près, je ne doutai plus que ce ne fût un homme revêtu de son habit de voyage pour la pluie. Sa casaque, faite, à ce qu'il me parut, de *scirpus palustris*, lui prenait au cou et descendait jusqu'au-dessous du mollet, sans autre ouverture que celle du devant pratiquée du haut en bas. Le tissu de ce singulier vêtement était assez serré et dans une direction perpendiculaire qui empêchait l'eau de pénétrer à travers. Sur le chapeau rond s'ajustait un couvercle de la même étoffe que le manteau et imitant parfaitement la forme du chapeau chinois ; il se terminait en pointe et descendait, en s'arrondissant à la circonférence, du sommet de la tête au niveau du nez. Un tel vêtement, très-propre à garantir de la pluie, doit être un peu lourd et craindre surtout le danger du feu.

CHAPITRE VII.

Carpi. — Novi. — San-Benedetto. — Abbaye. — Orgue. — Digues. — Lac. — Largeur du Pô. — Bac. — Manière de fouler le blé. — Huile de marc de raisin. — Moyens pour conserver les fruits de la vigne.

Obligé de me transporter à l'abbaye de San-Benedetto, dans les environs de Mantoue, je me détournai de la route de Modène, pour suivre celle de Carpi. Après une assez courte marche dans une direction, il faut traverser, sur un pont de bois, la Secchia, rivière, ou plutôt torrent enfoncé d'environ vingt-cinq pieds au-dessous du niveau du terrain. Le chemin est tracé dans un sol gras qu'on laboure avec une charrue qui ressemble à notre araire, mais à laquelle on a adapté deux petites roues : trois à quatre paires de bœufs meuvent cette charrue. Le canton est fertile en truffes noires, qu'on découvre dans le voisinage des haies et des grands arbres dont la route est bordée. Entre Modène et Carpi, on ne rencontre point de villages; les habitations, dispersées sur la surface du territoire à peu de distance les unes des autres, sont des métairies composées de deux ou cinq bâtiments, suivant l'étendue des terres à exploiter, servant de logement au métayer, à ses bestiaux, de magasins à ses récoltes. Parmi ces habitations, on en distingue de jolies, même d'élégantes. Il est assez remarquable que très-peu soient accompagnées de jardins. Cet abandon du jardinage prive les cultivateurs de beaucoup des jouissances qui font l'agrément de la vie rurale.

Carpi est une grande ville fort ancienne, entourée de fortifications et de fossés, et fermée de portes. Ses rues, en général assez larges, sont pour la plupart bordées de pauvres maisons de briques à un étage, ayant peu de croisées de façade, ce qui produit un aspect extrêmement triste. Il y a cependant une vaste place où l'on voit d'un côté des bâtiments uniformes avec des galeries supportées par des colonnes au rez-de-chaussée : cela ressemble beaucoup à l'architecture de Vignole; de l'autre côté se trouve un palais, et en face une grande église; le tout fort anciennement construit.

La population, qui ne monte pas à plus de quatre à cinq mille âmes, est pauvre; son commerce ne consiste que dans la fabrication de chapeaux de feutre et de paille. Les hommes sont d'une assez haute taille, mais secs et voûtés; les femmes ont le teint jaune et la figure peu agréable. Du reste, beaucoup d'aveugles, de gens estropiés et contrefaits.

Novi n'est qu'un village nouvellement bâti, traversé par la grande route et entouré de lagunes assez considérables. Cette partie du pays rappelle quelques endroits de la Hollande dans les provinces qui avoisinent la mer.

Le bourg de San-Benedetto, composé d'une centaine de maisons, tire son nom d'une abbaye de bénédictins qui se trouve au milieu et dont les bâtiments sont vastes, d'une construction fastueuse, ornés d'avant-cours, de cours, de galeries et de jardins très-étendus.

Accompagné du prieur et du bibliothécaire, je me rendis d'abord à la bibliothèque, beau vaisseau de vingt-cinq pieds de long sur six de large, voûté et éclairé par une multitude de croisées. Les livres, proprement reliés, étaient placés sur des tablettes de bois de noyer supportées par des armoires. Le nombre des volumes contenus dans ce dépôt pourrait s'élever à vingt mille. Deux petits cabinets latéraux renfermaient, l'un les manuscrits, l'autre les éditions *princeps*. Cette bibliothèque était décorée de quelques copies de tableaux d'après Léonard de Vinci et Paul Véronèse. Le réfectoire n'offre rien de remarquable; l'église, ancienne et petite, est décorée de marbres étrangers, d'ornements en stuc, de peintures à fresque, de tableaux, de statues et de bustes; il s'y trouve aussi deux tombeaux, mais tous ces objets d'art sont au-dessous du médiocre. J'y remarquai cependant un buffet d'orgue qu'on dit excellent et qui me parut fabriqué avec goût et parfaitement entretenu.

On monte aux appartements des religieux par un escalier très-beau pour la partie de l'architecture, mais surchargé de sculptures assez mauvaises. Les logements, composés de deux pièces, régnent le long de grands corridors, et dans les espaces vides que laissent les bâtiments sont pratiqués des cloîtres carrés bordés de galeries supportées par des colonnes d'un marbre du pays, couleur de chair tirant sur le rouge et qui prend un beau poli.

Sur le côté du monastère, un potager, d'environ douze arpents, produit les meilleures espèces de légumes, et derrière, sur une vaste pelouse, croissent des lignes d'arbres fruitiers sans autre secours que celui de la nature. Les possessions de l'abbaye s'étendaient à plusieurs lieues; il n'y avait pour ainsi dire que les religieux qui fussent propriétaires dans ce canton; presque toutes les terres leur appartenaient ainsi que les maisons du bourg.

Pendant mon séjour à San-Benedetto arriva la fête de Saint-Maur, patron du couvent et du village qui en dépend. J'assistai à la messe; l'orgue était touché par un artiste habile. Je ne crois pas avoir entendu en France d'instrument dont le son fût plus agréable. Celui-ci était clair, mélodieux et bien articulé. L'organiste exécuta avec beaucoup de talent des morceaux de musique faits par d'excellents compositeurs. L'église contenait au moins trois cents personnes, tant du bourg que de la campagne, se tenant toutes avec autant de recueillement que de décence, debout ou s'agenouillant sur un pavé humide et froid, toutes les fois que le cérémonial l'exigeait.

Les hommes sont en général grands, bien faits, taillés en force. Leur figure me parut sérieuse et leur regard sévère, à cause des sourcils noirs et épais qui accompagnent leurs yeux. Les campagnards ont les cheveux noirs, tressés et retenus par derrière la tête par un peigne courbe; d'autres les ont coupés en rond. Ils portent de grandes vestes et de courts habits boutonnés par devant dans toute la longueur de la taille qui ne passe pas le genou, et par dessus cet habillement un manteau, le tout de laine manufacturée dans le pays.

Le vêtement des femmes a plus d'élégance. Leur linge est blanc, bien plissé et assez fin. Elles se couvrent la tête d'un mouchoir triangulaire de mousseline, ouvragé et même brodé à l'aiguille. Un bout du triangle pend par derrière, tandis que les deux autres sont noués sous le menton et forment une rosette. Leurs cheveux, nattés et roulés en spirale, sont fixés par deux épingles d'argent de six pouces de long et dont la tête a la grosseur d'une cerise. Ce mouchoir n'est d'usage que pour les cérémonies : chez elles, dans les rues, à leurs travaux, elles vont tête nue. Elles se parent encore de colliers, de boucles d'oreilles, de rubans à la ceinture et aux bras. Plus grasses que maigres, elles ont le teint peu coloré, les traits peu réguliers. On les dit douces, rangées et laborieuses.

Comme San-Benedetto se trouve très-rapproché du Pô, les digues sont très-multipliées dans ses environs. Les unes servent à circonscrire le fleuve lui-même, d'autres à retenir les eaux d'une vaste lagune qui y communique. Cette lagune forme un lac profond, de plusieurs milles d'étendue, voisin de l'abbaye, dont il menace d'envahir les possessions, et renfermant de grandes îles cultivées en céréales, en vignes et plantées d'arbres. Les digues peuvent avoir cinq toises de large dans la partie supérieure, et plus de vingt pieds d'élévation au-dessus du niveau des terres.

Le Pô, comme on sait, circule dans toute la longueur d'une vallée formée par deux chaînes de montagnes, les Alpes d'un côté, l'Apennin de l'autre. Cette vallée, de largeur moyenne d'environ trente milles, est coupée par une multitude de ruisseaux, de torrents et de rivières dont les eaux tombent dans le Pô. Durant l'hiver, les rivières qui descendent des Alpes fournissent peu d'eau, parce que les glaces et les neiges qui couvrent ces hautes montagnes ne fondent pas en cette saison, et qu'au contraire elles s'y accumulent. Il en est à peu près de même pour l'Apennin. Mais dès que le printemps arrive, la neige commence à fondre et bientôt remplit le lit des torrents, qui vont grossir le fleuve. Dans les grandes chaleurs de l'été, l'Apennin, dont les neiges sont fondues, n'alimente le Pô que par les eaux pluviales; mais alors le fleuve est abondamment entretenu par les Alpes, où les glaces et les neiges sont obligées de céder à la force du soleil.

La largeur du Pô, aux environs de San-Benedetto, est au moins quadruple de celle de la Seine avant son entrée dans Paris. Ses flots, clairs et limpides, coulent plus rapidement; mais ses bords, circonscrits par de hautes digues, ne laissent voir aux voyageurs qui descendent son cours qu'une continuité de talus arides pendant l'été, verts dans les autres saisons. C'est une monotonie bien différente de l'aspect que présentent les rivières à fleur de terre, d'où l'on voit au loin la campagne et des paysages aussi riches que variés.

Il existe sur le fleuve, en cet endroit, un bac dont le mécanisme ne ressemble pas aux nôtres. Au lieu de se diriger d'un bord à l'autre par une corde fixée aux deux rives, ce bac suit une corde, longue de deux à trois cents toises, arrêtée par une ancre au fond de l'eau, dans le milieu de son lit et dans la partie haute du courant. Elle est supportée par quatre ou cinq petits bateaux qui suivent la direction du bac; de sorte que le bac, se trouvant à un des bords, il ne s'agit que de lui donner avec des crocs une impulsion qui lui fasse gagner le courant dont la force le fait arriver à l'autre bord en décrivant une portion de cercle.

Les terrains derrière les digues, quoique plus bas que le niveau des eaux, sont cultivés comme un jardin. De nature argileuse, humide et compacte, ils sont froids et ne donnent qu'une récolte par année. Il n'est pas rare qu'ils soient submergés par les eaux qui débordent ou qui filtrent. On a vu fréquemment s'élever des jets d'eau de canaux souterrains qui venaient du fond du fleuve. Pour arrêter cette sorte d'inondation, on bouche ces jets d'eau par le moyen d'un cône de sacs remplis de terre, bien serrés les uns contre les autres et fortement battus.

En revenant des digues, j'aperçus, devant un groupe de quatre ou cinq maisons, une soixantaine de villageois des deux sexes, rassemblés sur une aire et formant cercle autour d'une danse singulière. Toutes les danseuses, au nombre de huit ou dix, étaient placées sur une ligne; les garçons, moins nombreux, se tenaient sur une autre ligne en face des femmes. Ceux-ci trépignant sur le talon, le corps penché en arrière, gesticulant des bras, allaient devant une des danseuses qui se mettait alors en mouvement et sortait de son rang pour se placer au milieu. A une certaine mesure, le danseur la prenait par la main, la faisait tourner, puis, lui prenant les deux mains, tournait rapidement avec elle, la reconduisait à sa place, retournait à la sienne, et recommençait le même pas, soit avec la même danseuse, soit avec une autre.

Ce bal avait pour objet la noce d'une fille du bourg avec un jeune homme du voisinage. La danse durait depuis le dîner et ne devait finir qu'à l'heure du souper. Deux violons et un timpanon composaient l'orchestre, qui jouait fort juste, et les danseurs montraient aussi beaucoup de justesse et de précision. Les femmes paraissaient prendre plus de plaisir que les hommes.

Pour jouir du coup d'œil de la campagne environnante, je montai par une belle journée sur le clocher du couvent. C'est une fabrique carrée d'environ cent vingt pieds d'élévation. Un balcon extérieur est à peu près aux deux tiers. De là je vis les montagnes du Tyrol, le mont Baldo et toute cette chaîne qui fait la continuation des Alpes. Celles-ci étaient couvertes de neige, et le soleil, dorant leurs sommets, y répandait des teintes de couleur pourpre, aurore, brune et grise, qui formaient un magnifique spectacle. A travers les lignes d'arbres qui donnent à tout le pays l'apparence d'un bosquet, on distingue le dôme, les tours, les clochers et les églises de Mantoue, les fabriques d'une multitude d'autres villes, bourgades ou villages. Sur un point plus rapproché, le Pô serpente dans cette riche vallée, se montre, se cache et reparaît encore, toujours beau, grand et majestueux. S'il occasionne souvent des ravages par ses débordements, il en dédommage bien le pays par la fertilité qu'il y porte, par les communications qu'il procure au commerce.

Indépendamment du cours principal du fleuve, on aperçoit dans une vaste étendue plusieurs de ses bras, des îles nombreuses, d'immenses lagunes qui proviennent de l'exhaussement de son lit. Qu'on juge de la richesse et de la beauté d'une vallée dont la largeur peut avoir vingt lieues sur une longueur de plus de soixante, depuis la base du Mont-Cenis jusqu'à la mer, dans la marche d'Ancône.

On emploie ici les chevaux pour fouler les gerbes de blé. A cet effet on a pratiqué une grande aire carrée, de dix toises, pavée en briques sur champ et bombée au milieu de manière à empêcher que les eaux n'y séjournent. Les gerbes, placées sur l'aire par un temps sec, sont étendues de l'épaisseur de sept à huit pouces; les chevaux tenus en laisse passent dessus et en font sortir le grain. La paille enlevée, le grain reste sur l'aire, amoncelé en pyramide; ensuite avec des pelles on le jette très-haut et en l'éparpillant contre la direction du vent, le grain se sépare des balles, de la menue paille et de tous les corps légers avec lesquels il se trouve mêlé. Pour le séparer des corps durs, on se sert de crible [1].

L'abbaye de San-Benedetto possède des vignes d'une grande étendue. La fabrication du vin et de l'eau-de-vie entre pour beaucoup dans la masse de ses revenus. On tire même parti des pepins de raisin pour en extraire de l'huile. Comme ce procédé n'exige que des machines fort simples et peu dispendieuses, et qu'il pourrait être utile à nos pays vignobles, je voulus prendre à cet égard tous les renseignements nécessaires. Je les consigne ici dans l'espérance qu'ils ne seront pas perdus pour l'avantage de l'économie rurale.

[1] La même méthode est en usage en Languedoc, notamment dans le département de l'Aude. On appelle cela *dépiquer le blé*.

Lorsque le marc de raisin sort du pressoir, on le divise et on l'étend sur une surface unie, dure et à l'exposition du soleil. On le remue à différentes reprises pour que l'humidité surabondante s'en évapore.

Ce marc est jeté ensuite avec des pelles sur un crible suspendu que deux hommes agitent dans tous les sens pour séparer les pepins, qui tombent sous le crible, d'avec les rafles et les pellicules, qui restent dessous.

Les pepins sont mis dans une auge; on les lave à grande eau pour les nettoyer des parties visqueuses, puis on les étend sur une aire, où on les retourne souvent jusqu'à ce qu'ils soient parfaitement secs. Alors on les renferme dans des sacs ou des futailles pour en tirer l'huile : opération pratiquée d'ordinaire dans les trois mois qui suivent les vendanges.

Sous une meule horizontale, mue par l'eau ou le vent, on réduit d'abord ces pepins en une poudre un peu grosse que l'on jette, en proportion de trente livres de cette poudre pour trois pintes d'eau, dans une bassine de cuivre rouge non étamé, placée sur un feu clair. Ce mélange, agité sans interruption avec une spatule de fer, rend une vapeur aqueuse dont l'odeur, peu agréable, tient de l'huile et du vin. Lorsqu'il est assez chaud pour qu'on ne puisse le garder dans la main sans courir le risque de se brûler, la torréfaction est à son point.

On retire de la bassine la poudre de pepin et on

l'enferme dans une pièce d'étoffe faite de poil de chèvre d'un tissu épais et serré, mais qui cependant laisse un libre passage à la liqueur qu'on en doit extraire. On porte ce paquet sous la vis d'un moulin à bras et à levier.

Un homme armé d'un levier de huit pieds de long, dont un bout est embarré dans une lanterne fixée au sommet de la vis, la fait descendre par son bout inférieur sur des plateaux qui couvrent le paquet de poudre de pepins contenu lui-même dans une forme ronde. A cette première pression en succède une seconde beaucoup plus forte : on adapte une corde au bout du levier, à la place qu'occupaient les mains de l'homme. Cette corde, par son autre bout, est arrêtée à un poteau à hauteur d'appui, traversé par quatre bâtons faisant l'office d'un moulinet mu par quatre homme. Cette seconde pression, portée au maximum de la force combinée des quatre ouvriers, suffit pour exprimer l'huile, qui coule d'abord en filet mince et augmente ensuite de volume pendant quelques instants, jusqu'à ce qu'elle ne tombe plus que goutte à goutte et enfin plus du tout. Trente livres de poudre de pepins donnent deux livres d'huile, poids de Milan.

Le *caput mortuum* engraisse les cochons; les chevaux n'en veulent point, quoiqu'ils mangent avec avidité les pepins quand ils sont entiers.

L'huile de pepins de raisin est blanche, plus fluide que l'huile d'olive; son odeur est un peu vineuse et légèrement empyreumatique. Fraîche, elle entre dans les différentes préparations d'aliments; vieille, elle brûle dans les lampes et sert à d'autres usages d'économie.

On a trouvé le moyen de conserver le raisin jusqu'après Pâques. Pour cela, il faut le cueillir dans sa plus parfaite maturité, au milieu d'un jour sec et chaud. Posées avec précaution dans des paniers par lits que séparent des feuilles de vigne, les grappes sont rangées doucement sur des tablettes disposées en étage le long des murs d'un local percé de plusieurs fenêtres aux quatre points cardinaux. Ce local ne doit être ni trop sec ni trop humide. Les tablettes sont couvertes de paille bien sèche, à l'épaisseur d'un pouce; sur cette paille on place les grappes de raisin et, en les retournant de temps en temps, on a soin de couper avec des ciseaux les grains viciés.

Il est un autre procédé qui réussit à beaucoup de cultivateurs; il ne diffère du précédent qu'en une seule chose : au lieu de coucher les grappes de raisin à plat sur un lit de paille, on les suspend isolément à l'air dans une serre à fruit, non par la queue principale, mais dans le sens contraire. Il résulte de cette disposition que les petits rameaux s'écartant, les grains s'éloignent les uns des autres et facilitent entre eux la libre circulation de l'air. Si ce procédé est moins commode et tient plus de place que le premier, il est plus sûr pour la belle conservation du raisin.

Il faut dire pourtant que, dans les deux méthodes, le déchet est de plus des deux tiers de la récolte lorsqu'on arrive au mois d'avril.

Les raisins, qu'on nomme à San-Benedetto, le blanc *bramesta*, le noir *baljamino*, font l'objet d'un commerce assez considérable. Les habitants de ces campagnes ont transformé en serres à fruits les locaux où ils élevaient des vers à soie, ou plutôt ils les font servir à ce double usage, parce que de ces deux objets d'industrie l'un se pratique en automne et pendant l'hiver, l'autre n'a lieu qu'à la fin du printemps et durant l'été.

CHAPITRE VIII.

Mantoue. — Palais du T. — Habitation des ducs de Mantoue. — Bibliothèque. — Collection de modèles en plâtre. — Faubourg Saint-Georges. — Le Dôme. — Église Saint-André. — Mantegna, peintre. Église de la Trinité. — Maison de Jules Romain. — Palais de Colloredo. — Virgilia.

De San-Benedetto, pour me rendre à Mantoue, j'allai traverser le Pô sur un bac composé de deux bateaux joints ensemble par un plancher qu'ils supportent. Je longeai la digue en remontant le cours des eaux l'espace d'un mille environ. Le sol, sur cette rive, est de même nature que celui de l'autre côté et distribué de la même manière; seulement il m'a paru plus sablonneux, moins humide, et la tige des arbres moins élevée.

Jusqu'à Mantoue, le chemin est très-irrégulier dans sa direction : il fait des circuits, des crochets et des sinuosités qui prouvent qu'il a été construit, non d'un seul jet, mais partie par partie et à des époques différentes.

On approche de la ville par une très-longue chaussée qui traverse des marais pleins d'eau stagnante. De ce chemin, Mantoue se présente avec une sorte de grandeur. On présume son étendue par le nombre des clochers, des tours, des dômes et des édifices dispersés fort loin les uns des autres. Après avoir dépassé la porte d'entrée, je me trouvai dans une rue très-large dont les maisons n'ont qu'un étage au-dessus du rez-de-chaussée. Je parcourus ensuite des rues plus étroites où je vis des maisons plus élevées, plusieurs églises, des palais décorés de colonnes et de galeries inférieures. Vers le centre sont d'autres belles rues, quelques places publiques intéressantes et des fabriques modernes. Malgré tout cela, cette cité n'est qu'une grande villace, bâtie sans plan, de pièces et de morceaux, et qui m'a semblé triste et ennuyeuse.

Il est vrai que j'y arrivais au moment où elle venait de se rendre au général Bonaparte, après tous les malheurs qui sont la suite d'un long siége, d'une résistance opiniâtre et d'une guerre meurtrière. L'artillerie la plus formidable remplissait une des plus belles places de la ville, indépendamment de toutes les bouches à feu qui bordaient les fortifications dans toute leur circonférence. Presque toutes les maisons à double portée de canon avaient été abandonnées par leurs habitants; d'autres brûlées ou démolies. Partout s'offraient les traces des ravages les plus affreux.

Le palais du T, situé à l'une des extrémités de la

ville, près des remparts, a été construit sur les dessins de Jules Romain. Il forme un carré au milieu duquel se trouve une grande cour. Le style en est simple, beau et régulier. Décoré à l'extérieur de colonnes et de sculptures, il ne montre dans les appartements que des peintures à fresques du même maître. La salle des bas-reliefs donne par sa richesse la plus haute idée de l'art qui a présidé à ses ornements. Celle où sont représentés les Géants que foudroie Jupiter est effrayante par la chaleur de la composition et par la vérité des détails. On dirait que ces rochers énormes qui s'écroulent de toutes parts vont vous atteindre et vous écraser. Mais rien de plus aimable et de plus gracieux que la peinture des amours et des malheurs de Psyché. La pureté des formes, le choix des accessoires, le charme du coloris, tout y atteste le génie du peintre. Il est malheureux que des ouvrages si parfaits ne soient pas sur toile. Et les circonstances n'étaient pas propres à diminuer mes regrets. En effet, occupé par les Autrichiens pendant le blocus, le bâtiment avait beaucoup souffert ainsi que les jardins, dont les arbres étaient abattus pour la plupart. Les éclats d'une bombe, plusieurs boulets, avaient également endommagé les constructions et les ornements de ce beau palais, qui servait de maison de plaisance aux ducs de Mantoue.

Celui dans lequel ils faisaient leur résidence habituelle se trouve sur la grande place. Extérieurement, cet édifice ressemble à un magasin de farine :

sa face est toute lisse, sans architecture aucune. Mais il est imposant par sa masse et offre dans son intérieur une multitude d'appartements de toutes les dimensions, meublés, les uns avec simplicité, les autres plus richement, tous d'une extrême propreté. On y remarque particulièrement :

1° Une salle de bal, dont la voûte est ornée de peintures à fresques de Jules Romain, représentant Apollon sur son char, traîné par quatre chevaux blancs, l'assemblée des Dieux de l'Olympe, et plusieurs autres sujets de la fable. Ces peintures ont été retouchées et ont perdu beaucoup de leur valeur.

2° Une galerie carrée à côté de laquelle est un cabinet où l'on venait prendre le café. Cette galerie, portée sur de jolies colonnes accouplées, est l'ouvrage de Palladio.

Le muséum, ou galerie des Antiques, consiste en deux pièces dont l'une sert d'antichambre à l'autre. Celle-ci, qui peut avoir trente-six pieds de long, est garnie d'épitaphes incrustées dans les murs, d'inscriptions et de pierres sépulcrales. On y voit aussi des tombeaux. Presque tous ces restes de l'antiquité ont été trouvés dans le voisinage de Mantoue.

La galerie proprement dite est longue de vingt-cinq à trente toises et large de vingt pieds. Les objets de sculpture sont placés des deux côtés des murs, et il s'en trouve encore une rangée dans le milieu de la pièce : ce sont des bustes, des torses, des masques et des statues.

A cette galerie communique la bibliothèque qui contenait environ vingt mille volumes, parmi lesquels on comptait les collections des mémoires des différentes académies et des sociétés savantes de l'Europe.

Un cabinet de physique occupe une grande pièce et ne renferme guère que des machines anciennes et des instruments qui sont bien loin de la perfection de ceux que nous possédons.

L'académie des sciences et des arts possède, dans un local très-vaste, la collection la plus considérable et la plus complète de plâtres. On y voit, modelés d'après l'antique et avec une parfaite exactitude, tous les chefs-d'œuvre de la Grèce et de Rome. Une des salles de cette société contient deux armoires consacrées à l'économie rurale et domestique. Parmi les objets qui en font partie sont deux petits modèles de machines, l'une pour briser le chanvre, l'autre pour faucher les prés. Elles m'ont paru trop compliquées pour être employées en grand avec utilité. On y conserve aussi quelques substances textiles dans leurs différents états de préparation.

Le faubourg Saint-George est lié à la ville par un pont qui a près d'un demi-mille de longueur, sous lequel passent les eaux du lac dont elle est entourée. Je ne savais pas que Mantoue possédât un port et une marine, l'un et l'autre fort petits, à la vérité. Le port est formé par le Mincio qui se décharge dans le Pô et celui-ci dans la mer. Rempli de barques de soixante à quatre-vingts tonneaux, il formait un joli spectacle sous les murs de la ville et dans l'enceinte des fortifications.

L'église cathédrale, ou le Dôme, est un beau vaisseau richement décoré et dont les plafonds sont couverts de rosaces dorées. Sa construction présente une singularité. La nef, qui est fort large, est accompagnée de deux bas côtés à droite et à gauche; les chapelles sont placées dans les murs de fond, d'où elles font saillie en dehors du bâtiment; elles sont éclairées par deux croisées latérales.

Toutes ces chapelles sont ornées de tableaux de différents maîtres des écoles florentine, vénitienne, lombarde et romaine; mais il en est peu qui justifient leur réputation, à l'exception d'un saint Pierre et saint André à qui Jésus-Christ commande de quitter leurs filets et de le suivre : cette composition n'est pas de Jules Romain, comme on le croit communément, mais d'un de ses élèves, nommé Fermo Guisoni, dont on a peu d'ouvrages, parce qu'il mourut jeune.

S'il est un tableau qui semble également peu digne de son auteur, c'est celui où Guerchin a représenté saint Éloy coupant la jambe d'un cheval pour ferrer le pied plus commodément dans son atelier, et la remettant à sa place. Mais la salle du chapitre en renferme un très-beau de Paul Véronèse : c'est la *Tentation de saint Antoine.*

Après le Dôme, l'église de Saint-André est une des plus grandes et des plus belles de la ville. Parmi les peintures dont elle est enrichie, on distingue celle qui représente la naissance de saint Jean-Baptiste, par François Mantegna, sous qui étudia d'abord Le Corrége. André Mantegna, son père, est enterré sous le maître-autel de la chapelle de Saint-André, et son buste en bronze est un des meilleurs morceaux qui se trouvent dans cette église.

L'ouvrage le plus précieux d'André Mantegna est le tableau dans lequel il a peint la Vierge tenant l'enfant Jésus sur ses genoux. Elle est assise sur un berceau d'arbres chargés de fleurs et de fruits. Au nombre des personnages sont le duc François de Gonzague et sa femme, agenouillés et rendant grâce du gain d'une bataille. On admire dans cette composition l'ordonnance et la pureté du dessin, la délicatesse des carnations, le brillant des armures, la variété des costumes et la fraîcheur du coloris. Elle décore l'oratoire de l'église des Philippines.

Mantegna n'était pas seulement un grand peintre, il était également habile et comme sculpteur et comme architecte. L'église de Saint-Sébastien a été construite d'après ses plans, et le portail est orné de bas-reliefs qui sont de sa main. Une observation qui ne doit point échapper, c'est que la plupart des anciens peintres les plus célèbres ont aussi excellé dans les deux autres parties de l'art; tels les Léonard de Vinci, les Michel-Ange, les Raphaël, les Jules Romain, etc. Ce qui prouve que c'est moins la main que le génie qui forme les grands artistes.

Les Gonzague, souverains de Mantoue, avaient

leur sépulture dans l'église de San-Francesco, remarquable par le grand nombre de tombeaux gothiques qu'elle renferme, les uns dans la terre, les autres à sa surface, quelques-uns supportés par des colonnes à huit ou dix pieds de hauteur.

L'église de la Trinité, desservie anciennement par les jésuites, possédait trois grands tableaux faits par Rubens pendant son séjour en Italie. Le premier représente la famille ducale en contemplation : Rubens s'est peint dans un coin de ce tableau ; le second est le *Baptême de saint Jean*, et le troisième une *Transfiguration de Jésus-Christ*. Celui-ci a vingt pieds de long sur treize de haut. Raphaël ayant traité le même sujet, il paraît que Rubens a cherché à lutter contre le chef-d'œuvre de l'art ; s'il ne l'a pas égalé, il n'en a pas moins produit un superbe ouvrage.

Non loin de l'église Saint-Barnabé, on voit la maison construite et habitée par Jules Romain. L'architecture extérieure en est simple et noble tout à la fois. Ce bâtiment n'a que cinq croisées de face, un rez-de-chaussée et un étage au-dessus. Une niche au milieu de la façade est occupée par une statue de Mercure, ancienne, mais non pas antique. Dans l'intérieur, les appartements sont distribués avec beaucoup de commodité et plus de goût qu'on n'en rencontre d'ordinaire dans les maisons d'Italie. C'est Jules Romain qui en a fait toutes les peintures à fresque : quelques-unes ont été restaurées, d'autres supprimées entièrement. Les deux cheminées principales sont d'un travail extrêmement curieux et qui mérite d'être pris pour modèle.

Je ne ferai pas le même éloge du monstrueux palais de Collorédo, qui se trouve dans le voisinage de cette maison. C'est un exemple du mauvais goût de l'architecte autant que du faste et de l'ostentation du propriétaire. Qu'on se figure une masse presque effrayante en élévation et en largeur, où l'œil ne se repose sur rien; une profusion de frontons, de sculptures, de colonnes, de chapiteaux surchargés d'ornements lourds et contournés; un entablement qui fait saillie de plus de six pieds, qui porte à faux et qui est couvert de moulures du genre le plus bizarre. On prétend que cette architecture est de Jules Romain. Mais comment croire, comment supposer que la petite maison du peintre et ce palais soient du même auteur? il n'y a pas la moindre similitude dans la conception de ces deux fabriques. Quant à l'intérieur, le palais Collorédo présente des enfilades de pièces immenses, chargées aussi de peintures et de sculptures grotesques : tout y est vaste et ce qu'on appelle ici *grandiose*, mais il n'y a rien de logeable.

Le jardin botanique de Mantoue n'offrant rien qui mérite une attention particulière, je me borne à dire qu'il occupe environ un arpent et demi de terrain, de forme irrégulière, divisé par carrés à compartiments qu'entourent des palissades de tuya de la Chine sévèrement tondus à hauteur d'appui, avec des pyramides du même arbuste de distance en distance. Ces carrés sont eux-mêmes partagés en planches bordées de briques debout. Les plantes, classées suivant la méthode de Linné, sont communes partout, ainsi que celles que l'on conserve dans une orangerie et des serres assez mal entretenues. Ce que j'ai vu de mieux dans ce jardin est une sorte de bassin en triangle où l'on fait arriver des eaux courantes et où l'on cultive les plantes aquatiques pendant l'été.

J'aurais eu beaucoup de regret de quitter Mantoue sans aller à Virgilia rendre hommage au lieu où est né le prince des poëtes latins, où il a passé une partie de sa vie, où il a composé la plupart de ses immortels ouvrages. Ce voyage n'est pas long quand on connaît le chemin; il le fut beaucoup pour moi, parce que je pris une fausse route.

Je sortis de la ville par la porte de Cerese, et je suivis dans toute son étendue la chaussée qui traverse les marais jusqu'à ce village, et j'arrivai à Pietoli, hameau de douze ou quinze maisons avec une église de peu d'apparence, mais entouré d'un grand nombre de fermes et d'habitations de plaisance éparses dans la campagne. Les colons paraissent pauvres et misérables, et le sont en effet, parce que les propriétés sont entre les mains de gros fermiers et que le cultivateur ne gagne que douze à quinze sous par jour.

Virgilia, qui n'est guère qu'à un quart d'heure de distance de Pietoli, est également un hameau composé de quelques maisons, parmi lesquelles figure un petit château accompagné d'une ferme, de vastes granges, de hangars et d'écuries susceptibles de contenir plusieurs centaines de chevaux. Sur le devant il y a un grand jardin avec habitation du jardinier. Le chemin passe au travers d'une cour fermée par des murs et des portes. En tout, cette possession a l'air d'une ferme renforcée et est ce qu'on appelle ici *grandiose*. Elle appartient, avec les terrains qui en dépendent, au comte Zenari.

J'entrai par la maison du jardinier dans un potager de plusieurs arpents d'étendue, et l'on me conduisit à une espèce de niche enclavée dans un mur de briques. C'était, me dit-on, tout ce qu'il restait de la grotte de Virgile et des bâtiments qui lui avaient appartenu.

Cette portion de grotte peut avoir quinze pieds de haut et dix de large; elle est voûtée à sa partie supérieure et arrondie dans son élévation. Au-dessus se trouve un écusson de dix-huit à vingt pouces de diamètre dans lequel sont sculptés quatre oiseaux qui ressemblent à des cigognes ou à des aigles. Rien n'atteste d'ailleurs que cette bâtisse ait été faite du temps de Virgile ni qu'elle ait servi à ce poëte célèbre; il existe au contraire de fortes présomptions pour croire qu'elle est de construction plus moderne.

Je questionnai mon conducteur pour savoir s'il ne restait pas autre chose de l'habitation de Virgile et quelle était l'opinion des gens du pays sur ce grand homme. Il me répondit à plusieurs reprises qu'à l'exception de cette partie de la grotte, tout avait été détruit. Cependant, ajouta-t-il, il y avait environ cinq ans que le jardinier, étant un soir dans son enclos, aperçut une espèce de lumière ou de flamme qui s'élevait de la terre dans la partie du jardin qui avoisine la grotte : il fit part de sa vision à quelques-uns de ses amis qui lui conseillèrent de fouiller à cette place. Ayant creusé jusqu'à la profondeur de cinq pieds, il trouva, au milieu des restes de deux portes ou voûtes, une grande pièce carrée de marbre. Mais dépourvu des outils nécessaires pour continuer un travail qui ne lui faisait découvrir ni or ni argent, il abandonna l'entreprise et se contenta de rejeter les terres dans la fosse pour la combler. — Le merveilleux de cette narration ne me donna pas beaucoup de confiance dans la véracité du fait.

Quant à la tradition établie sur ce qu'était Virgile, je ne sais si elle était générale ou si elle ne tient qu'à l'opinion particulière du conducteur. La voici, on en fera le cas qu'elle mérite.

Virgile, dont le nom est parfaitement connu dans le canton, était un grand génie ou même un magicien qui avait le secret de faire de l'or et qui battait monnaie pour les puissances voisines, notamment pour l'empereur et pour les Espagnols. Il vivait dans un temps très-reculé et était très-riche. Quel était cet empereur? Était-ce celui de Rome? celui-là seul existait alors. C'est ce que ce conducteur ne sut pas me dire.

Le pays qui environne Virgilia est plat, marécageux et souvent inondé par les eaux du Mincio, que le Pô y fait refluer, à l'époque de la fonte des neiges sur les Alpes. Il est planté de lignes d'arbres et disposé pour des cultures de céréales et de mauvaises prairies naturelles. Sans doute il a changé de nature et de forme depuis Virgile, et on y fait des travaux d'art, soit pour l'écoulement des eaux, soit pour le nivellement du terrain.

On assure qu'on avait trouvé dans le voisinage de ce hameau quelques monuments antiques, tels que des pierres sculptées et une portion de statue d'homme vêtu à la romaine; mais aucune de ces choses ne prouvait qu'elles eussent appartenu à la demeure de Virgile.

Les procédés agricoles qu'il indique dans ses ouvrages ne sont relatifs qu'au sol qu'il habitait, et les pratiques qu'il décrit sont pour la plupart encore en usage dans ce canton; mais il s'est introduit dans son agriculture des plantes inconnues à ce poëte, le tabac, la pomme de terre et plusieurs autres.

CHAPITRE IX.

Reggio. — Rubiera. — Modène. — Tremblement de terre. — Château de Bell'Aria. — Jeu de l'amour.

Après cette excursion, j'avais repris la route qui conduit de Parme à Modène. Tout le pays jusqu'à Reggio est coupé par de grandes lignes d'arbres, quelques rivières, un petit nombre de canaux d'irrigation.

Reggio est une ville moins étendue que Parme; elle a quelques belles rues, mais la plupart des autres sont étroites, sinueuses. Aux fenêtres de beaucoup de maisons le papier remplace le verre.

Le marché aux cocons de vers à soie se tient sous les galeries du théâtre, où le spectacle a lieu pendant l'hiver.

Grand nombre d'églises, presque toutes peintes, mais jolies et bien décorées; affluence de peuple qui s'y porte à cause du dimanche. Les femmes ont la tête couverte d'un voile, blanc pour les personnes peu aisées, noir pour celles qui le sont davantage; celles-ci sont vêtues d'une jupe noire avec un corset de couleur. Les femmes de la campagne s'habillent de toiles peintes et portent des colliers et des pendants d'oreilles d'or ou d'argent. Mais en général il y a peu de richesse dans cette ville.

J'eus à Reggio une longue conversation avec Spallanzani, célèbre par ses voyages et ses expériences sur la fécondation artificielle. C'était un homme d'une haute taille, âgé de soixante-huit à soixante-dix ans, parlant français avec assez de grâce et de facilité.

Aux portes de la ville on trouve de jolies maisons de plaisance avec des jardins. La campagne est boisée de grands ormes disposés par lignes de soixante ou quatre-vingts pieds de distance, et à douze ou quinze pieds entre chaque arbre. Ces ormes soutiennent la vigne; on les ébranche de temps en temps pour qu'ils donnent moins d'ombre.

Les terres sont fortes et un peu argileuses. On laboure par sillons profonds d'un pied et par planches de cinq à six pieds de large. Chaque champ est séparé par un fossé planté d'arbres des deux côtés. Les fossés se remplissent d'eau pendant l'hiver et sont à sec en été. Le nombre des canaux d'irrigation diminue sensiblement.

Route toujours droite, large, unie, bordée d'étroits fossés avec une haie et des lignes de grands arbres, tels que chênes, érables, ormes, peupliers, saules, mûriers.

On arrive ainsi à Rubiera, place forte de cent toises de diamètre, entourée de murs tombant en ruines et de fossés presque entièrement comblés. Elle n'a qu'une assez belle rue bordée de galeries qui supportent des appartements d'un ou deux étages.

De là on traverse le lit d'un torrent à sec sur un très-beau pont presque neuf, accompagné de trottoirs étroits et terminé par des pyramides d'assez bon goût. Une belle chaussée y aboutit.

Les oreilles sont frappées d'un bruit considérable occasionné par le chant des cigales répandues en grand nombre dans les guérets.

La vigne qui vient sur les arbres s'y élève de douze à quinze pieds. Elle pend en girandoles et forme des guirlandes d'un orme à l'autre. Cette décoration est agréable à la vue; les grappes abondent, mais elles donnent du vin de très-médiocre qualité.

Les vendanges se font d'une façon singulière, et, tandis qu'en France les vendangeurs sont obligés de se courber vers la terre pour couper les grappes, ici on se sert d'une échelle pour cueillir le raisin. Cette échelle a dix à douze pieds de haut; elle est d'un bois si léger qu'un homme la porte aisément sur son épaule, en tenant à la main son panier. Chaque panier est de la capacité d'un boisseau. Lorsqu'ils sont remplis, on les vide dans des tinettes de bois ou dans de grands baquets disposés les uns ou les autres sur des voitures que traînent des bœufs.

On rencontre, le long de la route et près des habitations, des *rouissoirs* pour le chanvre et le lin. La construction en est faite avec assez d'intelligence pour éviter l'inconvénient grave que nous éprouvons en France, celui de corrompre l'eau des ruisseaux, de faire périr le poisson et d'occasionner des fièvres aux habitants des campagnes. Ces rouissoirs sont des fossés de vingt-quatre pieds de large sur une longueur de huit, dix et quinze toises, en proportion des besoins. Des planches en garnissent les parois et empêchent l'éboulement des terres. Le fond, naturellement glaiseux, retient les eaux qui tombent du ciel dans les temps pluvieux. Il paraît que les habitants préfèrent les eaux stagnantes aux eaux vives, car il se trouve de ces dernières dans le pays, et on ne les emploie point à cet usage.

De Rubiera à Modène, on côtoie l'Apennin à la distance de deux ou trois lieues. Ses montagnes semblent s'abaisser.

Tout le terrain compris entre cette chaîne et le Pô est plus argileux que celui de la Lombardie, et meilleur sans doute, mais beaucoup moins fertile, parce qu'il est trop arrosé dans les saisons pluvieuses, trop sec pendant l'été. Aussi les maïs, les prairies naturelles souffrent et donnent un produit inférieur.

Modène est située au milieu d'une plaine découverte ; cette ville a des murailles en assez bon état, deux belles rues avec des bâtiments d'importance ; les autres sont petites et bordées de galeries couvertes dans le genre des piliers des halles à Paris.

Le palais du duc de Modène est très-vaste et tout rempli de tableaux. La galerie étroite, qu'on nomme le Muséum du prince, contient quelques pièces remarquables par leur beauté, leur volume et leur belle conservation, mais confondues dans un amas de bustes, de bronzes, d'estampes, de dessins, de pierres, de métaux, de végétaux, de fruits, de coraux, de madrépores, de coquilles, de poissons et d'oiseaux. La bibliothèque, susceptible de renfermer soixante mille volumes, est décorée de bustes des hommes qui ont illustré l'Italie moderne par leurs travaux littéraires.

Je vis dans la salle d'armes un assez bon choix d'anciennes armures de toutes les espèces, cottes de mailles, hallebardes, lances de guerre et de tournois, sabres, carquois, flèches ; une collection d'armes à feu. Ce qui me parut le plus extraordinaire fut de voir un pistolet placé dans un parapluie, un autre dans un missel.

Un jardin botanique d'un demi-arpent, séparé du palais par une rue, présente environ quinze à seize cents plantes rangées suivant le système de Linné. Il n'a d'ailleurs rien de bien intéressant, sauf le *cosmia bipinnata*, genre nouveau de l'Amérique espagnole. Ses fleurs radiées sont grandes, d'une belle couleur purpurine, avec un disque d'un beau jaune.

Pendant mon séjour dans cette ville, un tremblement de terre assez violent se fit sentir à quatre heures quarante minutes du matin. Je ne dormais pas. Je fus tout à coup surpris d'un mouvement que j'attribuai, le premier moment, à une voiture lourdement chargée passant dans la rue; mais bientôt les vacillations devenant plus fréquentes, graduellement plus fortes et se dirigeant dans le même sens, il ne me fut plus possible de douter que ce ne fût en effet un tremblement de terre. Il dura de vingt-cinq à trente secondes. Placé à quarante-cinq pieds environ au-dessus du sol, dans une grande chambre qui n'était séparée du comble de la maison que par un plancher, et la nuit étant très-calme, je pus suivre les effets du phénomène. Mon lit, d'abord doucement agité, remua ensuite avec force, puis la secousse cessa insensiblement. Le plâtre du plancher de la chambre voisine de la mienne se fendit dans la longueur de deux toises; les charpentes qui soutiennent le comble de la maison craquèrent avec beaucoup de bruit; les portes et les fenêtres remuaient comme si on eût voulu les ouvrir de force; une personne réveillée en sursaut s'étant levée de frayeur fut jetée sur son lit sans pouvoir se tenir debout. La direction dans laquelle le mouvement fut imprimé et se continua pendant la durée du météore me parut être de l'est à l'ouest.

CHAPITRE IX.

Cette commotion fut précédée de deux autres beaucoup plus faibles, la première vers une heure du matin, la seconde sur les trois heures. On en éprouva encore une quatrième, mais presque insensible, entre six heures et six heures et demie. Je n'ai pas entendu dire que ce tremblement de terre ait produit d'accidents, soit dans la ville de Modène, soit dans ses environs. Tout le mal qu'il a fait s'est réduit à quelques vases rompus et à des plafonds lézardés.

Pendant la plus forte secousse, le temps était couvert de nuages très-épais ; il avait plu abondamment quelques heures auparavant et toute la journée précédente, c'est-à-dire durant l'espace de trente-six heures. Elle fut suivie de huit ou dix minutes d'un temps calme, après quoi il s'éleva un grand vent précurseur d'une pluie qui tomba par torrents. L'air s'échauffa pour quelques heures, et enfin le froid humide reprit le dessus.

J'appris depuis que ce tremblement de terre avait été bien plus violent à Bologne et qu'il était produit par un volcan presque éteint qui se trouve sur le chemin de cette ville à Florence.

On évalue à vingt-quatre ou vingt-cinq mille habitants la population de Modène. Elle n'a presque d'autre commerce que le produit de son agriculture. Les juifs, dont le nombre s'élève de mille à douze cents, sont en possession de faire tout le négoce.

Les impositions n'admettent aucune sorte de privilége. La noblesse les paye en raison de sa fortune, comme les autres citoyens : elle est peu nombreuse, ne jouit pas d'une grande prépondérance, et le faste italien la met mal à l'aise.

L'agriculture de ce pays est fort inférieure à celle du Milanez ; on attribue cette défaveur au manque d'eau pour les irrigations pendant l'été, à la mollesse et à la nonchalance des habitants, et à la qualité de la terre, qui est d'un travail difficile dans les temps de sécheresse et de grande pluie.

A quatre milles environ, et au levant de Modène, est une maison de plaisance bâtie par le duc dans sa jeunesse. Elle porte le nom de château de *Bell'-Aria*. Situé dans une plaine assez éloignée de toute habitation, ce château, petit, mesquin, de mauvais goût, ressemble, par son plan, son ensemble et la distribution de ses jardins, à un plateau de dessert ou à une gothique décoration de théâtre. Pavillons, chapelle, perspective, parterre, boulingrin, arbres tondus en boule, charmilles en berceaux à losanges, volières, tout annonce une prétention dispendieuse, mais sans élégance. Le luxe des figures y est porté à l'excès. On en compte plus de huit cents placées le long des allées ou dispersées dans les différentes parties d'un vaste jardin. La plupart de ces figures, demi-grandeur, quoiqu'en marbre, n'ont rien de remarquable.

Une des manies du duc de Modène était de placer partout des inscriptions ou des sentences latines. On en trouve sur les bâtiments, sur les portes des appartements, au-dessus des tableaux, qui sont en profusion, et au bas de chaque statue.

Je vis au théâtre la représentation d'un drame en italien. La seule chose qui me frappa fut le peu de mémoire ou la paresse des acteurs. Aucun ne savait son rôle, et le souffleur était obligé de le dire tout entier aussi haut que l'acteur le prononce, ce qui fait une espèce d'écho par le moyen duquel on a l'ennui d'entendre la pièce deux fois. C'est, pour ces sortes de spectacle, à peu près la même chose dans tous les théâtres d'Italie.

La ville de Modène est entourée de remparts élevés au-dessus du sol d'environ douze pieds, et circonscrite, du côté de la campagne, par un fossé dans le milieu duquel coule un petit canal d'eau vive qui forme cinq ou six lavoirs publics où les femmes viennent blanchir le linge. Ces fossés sont couverts d'un beau pâturage où paissent un grand nombre de bêtes à cornes, de belle race. Au delà se trouvent de vastes prairies dépourvues d'arbres ; plus loin, les terres cultivées, avec des plantations d'ormes auxquels la vigne est suspendue. Cette perspective rappelle la Hollande, surtout dans les temps humides et froids, et lorsque le ciel est obscurci par les nuages. Du côté de la ville, on aperçoit le derrière des maisons habitées par les pauvres gens ; elles sont petites, éclairées par des carreaux de papier huilé, et malpropres comme les personnes qui s'y retirent.

Le boulevard est planté de mûriers dans toute sa

circonférence. J'y ai rencontré le *momordica elaterum* et le *verbascum sinuatum*, espèces différentes de celles que nous possédons en France, et qui ne sont pas non plus les mêmes que Tournefort a trouvées dans le Levant. Cette promenade est garnie de bancs d'où l'on voit les principales rues de la ville, d'un kiosque en treillage et de deux pavillons, dont l'un renferme quatre belles fontaines d'eau courante.

Quoique placée hors de la ville, la citadelle s'y lie par ses fortifications, qui m'ont paru en bon état.

A l'extrémité d'une grande rue, en face du palais, se trouve un canal de navigation fort utile au commerce et qui se rend à la mer au moyen des fleuves avec lesquels il communique. Comme il est encaissé profondément, il ne peut servir à l'arrosement des terres.

L'intérieur de la ville offre, dans le voisinage des portes, d'assez belles places publiques, de larges rues bien bâties, et, sous les maisons, des galeries supportées par des colonnes, les unes de marbre, les autres de pierre. Le pavé, petit et anguleux, n'est pas commode à la marche; mais les pieds trouvent souvent à se reposer sur des trottoirs construits en grandes dalles.

Le nombre des églises, des couvents et des oratoires est très-considérable. On n'y voit que des tableaux médiocres, les plus beaux en ayant été enlevés pour former la galerie du prince.

Les habitants de cette ville s'amusent d'un divertissement assez singulier et qui tient aux mœurs du pays. Ils l'appellent le *Jeu de l'amour*. On est deux pour y jouer. L'un, tenant ses deux poings fermés, regarde en face son partner; il ouvre ses poings en levant à sa volonté un certain nombre de doigts. Son adversaire cherche à deviner dans ses yeux les nombres qu'il indiquera par ses doigts, et toutes les fois qu'il devine juste, il gagne. Il est des hommes qui lisent si bien dans les yeux la pensée de leur partner, qu'ils devinent trois coups sur cinq. On attribue l'invention de ce jeu à Germanicus, qui l'imagina pour désennuyer ses soldats lorsqu'il les tenait renfermés dans son camp pendant la guerre de Germanie.

J'ai dit que le commerce de cette ville ne consistait que dans les produits de son agriculture : ce sont les grains, le vin et les bestiaux. Le vin de ce canton est abondant, mais de mauvaise qualité, épais, doucereux, avec un goût de terroir désagréable; il ne se garde pas plus d'une année; on le consomme dans le pays et dans les environs. Il pourrait devenir assez bon si les habitants le faisaient avec plus d'intelligence et s'ils profitaient des procédés employés ailleurs.

On est ici dans l'usage de battre le marc de raisin qui a passé sous le pressoir, pour en tirer les pepins. Le marc étant bien purgé de la partie humide qu'il contenait, on le brise avec des fourches et on l'étend sur le pavé à l'exposition du soleil. Lorsqu'il est un peu sec, on le prend par petites portions et on le jette sur un grand crible qu'on remue en différents sens. Comme les pepins sont plus pesants que la rafle du raisin et que la peau de sa baie, ils descendent au fond du crible et s'échappent par les trous qu'on y a pratiqués. On rejette la rafle et les pellicules; les pépins restent réunis en petits monceaux. On en tire une huile qui sert à la lampe et à d'autres emplois d'économie domestique.

CHAPITRE X.

Route de Lucques. — Volcan. — Pistoia. — Lucques. — Élection d'un doge. — Costume des habitants. — Oliviers. — Pietro-Santo.

En partant de Modène, par la Strada-Mora, pour se rendre à Lucques, on entre dans une route ferrée, assez large pour six voitures de front, sinueuse, mais unie. Le pays est boisé à la manière du Milanez, c'est-à-dire planté de lignes d'ormes auxquels la vigne se marie. Les terres sont fortes, jaunes et subtantielles. On rencontre successivement les villages de Formigino, de San-Venassio et de San-Paolo. Peu de chemins de montagnes sont aussi beaux que celui que je parcourais. Construit avec beaucoup de dépenses, tant en terrasses qu'en maçonnerie, il est bordé de parapets en briques dans tous les endroits où il pourrait y avoir du danger pour les voyageurs. Comme il pleuvait, les habitants qui passaient près de moi étaient munis de parapluies très-propres, avaient sur le corps un bon manteau, mais les pieds et les jambes nus. Il paraît qu'ils craignent moins le froid et l'humidité aux pieds qu'à la tête et au corps.

Après Monte-Cendere, les montagnes deviennent pelées et arides. Elles sont couvertes de la *carlina caulescens*, H. P., dont Linné ne semble faire qu'une variété de la *carlina acaulis*, quoique ce soit une espèce aussi distincte qu'il puisse en exister. La première forme des touffes de dix-huit à vingt pouces de circonférence ; elle est glabre dans toutes ses parties, au lieu que la seconde se couvre d'un duvet lanugineux. La *carlina acaulis* n'a point de tiges, et ses bractées sont pinnatifides ; les bractées de la *carlina caulescens* sont peu découpées, et elle a des tiges qui s'élèvent jusqu'à deux pieds.

Les autres végétaux qui croissent sur ces montagnes sont les genévriers, les *rhamnoïdes*, quelques plantes et arbustes communs partout.

On voit aussi de la route quelques jolis vallons, bien verts, bien cultivés, meublés d'habitations isolées ou en groupe. Un peintre y trouverait matière à des tableaux de scènes pastorales.

A Borgasso, lieu de poste sans village, on me parla d'un volcan situé à quelques portées de fusil. Je fus curieux de l'observer. Conduit par un guide, je gravis une côte assez rapide de laquelle descendaient plusieurs ruisseaux. Après un quart d'heure de marche assez pénible, j'arrivai au volcan. C'est un trou rond de six à sept pieds de profondeur et d'autant de diamètre, sur le penchant d'une haute montagne, environ à cent toises de son sommet. Un ruisseau y dégorge ses eaux; elles en remplissent la capacité inférieure et y occasionnent un bouillonnement sensible. Il s'en exhale une vapeur qui a l'odeur du soufre et du bitume. Sur les bords du ruisseau se trouvent des cendres, des pierres calcinées, des scories volcaniques, mais en petite quantité.

On me dit que ce volcan jetait quelquefois des tourbillons de fumée, plus rarement des flammes qui s'apercevaient au loin, surtout pendant la nuit; qu'il avait plus d'activité quand le temps était pluvieux que lorsqu'il était sec et chaud. Il est facile d'expliquer ce phénomène. La montagne contient un grand amas de pyrites; l'eau les décompose et excite une masse de chaleur d'autant plus forte qu'il entre plus d'eau dans le dépôt; lorsqu'elle se retire, il cesse d'avoir son action. Il ne manque à ce volcan, pour devenir fameux, que le voisinage de la mer.

Quoique tout ce canton présente l'image du chaos, qu'on ne reconnaisse que faiblement les couches pierreuses des montagnes, parce qu'elles ont été bouleversées en tout sens et que les éboulements des rochers, en rapprochant les matières les plus disparates, ont dénaturé toute organisation régulière, il est cependant habité; on y rencontre quelques villages, des hameaux en plus grand nombre, et beaucoup de maisons éparses çà et là le long de la route et dans l'intérieur des terres. C'est ainsi que de Pievre-Pelegrini, petite ville ou bourg qui a de l'apparence, on arrive à Boscolongo en tournoyant par les sinuosités de montagnes très-rapprochées les unes des autres, coupées d'une multitude de ravins et presque toutes boisées soit en châtaigniers et en chênes, soit en hêtres et en sapins. Ceux-ci sont assez abondants pour fournir à la marine, et il s'en fait un commerce considérable; mais ils ne valent pas ceux du nord de l'Europe; leurs fibres sont beaucoup plus grosses, et d'ailleurs ils ne peuvent se transporter sans des frais énormes.

Cette partie de l'Apennin produit aussi en abondance l'aulne à feuille blanche en dessous. Cet arbre croît dans les terrains humides, sur les pentes des coteaux, vers leur base, ou dans des lieux plus élevés dont le sol est glaireux. On le remarque de loin par l'écorce blanche de son tronc et par l'extrémité pendante de ses rameaux. Comme on ne voit point d'autre aulne dans le canton, il semblerait que c'est une espèce, car si c'était une simple variété, il est à croire que ses graines, se semant sur place, auraient fait naître l'espèce ordinaire en même temps que celle-ci.

Les habitants du pays que je traversais paraissent pauvres, quoiqu'ils ne demandent pas l'aumône. Les hommes sont vêtus d'une veste de gros drap et coiffés de chapeaux d'un feutre très-grossier. Leur linge est également gros. Les femmes portent des habillements de laine dont la couleur varie suivant l'âge des individus : brune ou bleue, quelquefois verte ou rouge pour les personnes âgées; pour les jeunes, rouge avec des jupes à grand ramage et à fond blanc, bariolées de fleurs de différentes couleurs. Les deux sexes se parent de boucles d'oreilles en or. La plupart marchent pieds nus, mais avec des manteaux et des parapluies.

En général, l'espèce humaine, dans ces montagnes, est assez bien conformée. Les hommes sont trapus, forts et nerveux; leur figure n'a rien de désagréable. Les femmes, peut-être moins bien, sont aussi constituées vigoureusement et paraissent laborieuses. Je n'ai vu là qu'un seul goîtreux, c'était un enfant de dix à douze ans.

Non loin du village de Peanasiantico, on passe un torrent sur un pont à trois arches remarquable par son architecture florentine; il est décoré de marbre et d'une noble simplicité. Un autre pont, sur le même torrent, construit avec prétention, conduit à une montée rapide au haut de laquelle se trouve le bourg ou la petite ville de San-Marcello, composée d'une soixantaine de maisons réunies autour d'une église dont le clocher est assez élevé. On entre ensuite dans plusieurs vallées spacieuses, et de la dernière, après Lespiastre, lieu de poste accompagné de deux ou trois pauvres maisons, l'on aperçoit à l'improviste Pistoia, Florence et la belle plaine de Toscane. Cet aspect est très-agréable pour des voyageurs qui ont passé trois jours dans des montagnes âpres et sauvages.

Le bassin dans lequel se trouve Pistoia est vaste et

fertile. Cette ville, à laquelle on arrive par un long faubourg, renferme, dans une assez grande enceinte, des places publiques, des fontaines, plusieurs églises assez belles et quelques hôtels bien décorés. Les rues sont carrelées en larges pierres proprement assemblées. L'industrie et le commerce ne vivifient pas cette ville ; elle n'est pas aussi peuplée que le comporterait son étendue.

Dans le faubourg par lequel continue la route de Lucques, je vis des fabriques de poteries propres à la culture des citronniers ; je remarquai des amphores, sortes de grandes jarres de terre dans lesquelles on conserve le vin et l'huile ; elles étaient placées au soleil pour sécher avant d'être mises au four.

Sur cette route, les terres sont travaillées avec autant de soin que celles d'un jardin. Les cultures consistent en lin, en vignes suspendues à l'érable champêtre, en oliviers et toute sorte d'arbres fruitiers.

Le chemin recommence à devenir montueux jusqu'à Borgolongo, d'où l'on descend enfin dans la plaine de Lucques.

Cette ville est fortifiée à la manière ancienne. On y entre par des ponts-levis. Ses rues sont étroites, mais pavées en carreaux de pierre dure ; ses maisons élevées et d'une architecture peu agréable. Elle renferme plusieurs places publiques assez régulières. Le Dôme, ou l'église principale, est un vaste vaisseau très-élevé, meublé de statues de saints et de tableaux dont un petit nombre méritent l'attention. Le palais du gouvernement n'offre rien de remarquable à l'extérieur. C'est un grand bâtiment d'une ancienne architecture, au milieu duquel se trouve une cour carrée, bordée de galeries au rez-de-chaussée. Ce palais était la résidence du doge, qu'on n'élisait que pour deux mois; il l'habitait pendant le jour et y était nourri. Il retournait le soir dans sa maison et passait la nuit avec sa famille.

Au moment où j'arrivai à Lucques, on procédait au renouvellement du doge. Cette cérémonie avait attiré un grand nombre d'habitants des campagnes. Trois drapeaux flottaient aux fenêtres de la salle où s'assemblait le conseil; les soldats en uniforme blanc à revers rouges, les domestiques en grande livrée, beaucoup de personnes en manteaux noirs, étaient rassemblés dans le palais et aux environs.

L'habillement des hommes ressemble au nôtre; celui des femmes en diffère. Dans la classe du peuple, elles ont pour coiffure une pièce de linge carrée bordée de dentelles grossières. Les femmes d'un état plus relevé sont mises comme les bourgeoises de nos petites villes de France. Le noir est la couleur de cérémonie. Les boucles, les pendants d'oreilles, les croix et les colliers d'or sont très-communs dans leur parure.

Cette ville fourmille de mendiants des deux sexes. Misérablement vêtus, ils demandent l'aumône avec ténacité dans les rues et à la porte des églises.

Lucques est située dans un bassin uni qui peut

avoir cinq à six milles de diamètre. Les terres, fertiles, profondes, un peu sablonneuses, présentent un état de culture très-florissant. Des montagnes qui entourent ce bassin descendent une multitude de torrents, dont les lits sont contenus par des travaux d'art destinés à empêcher le ravage des eaux. Des lignes de grands arbres soutiennent les vignes et donnent un ombrage également salutaire contre la violence des vents et l'extrême chaleur du climat.

Pour aller à Massa-Carrara, on quitte le bassin de Lucques et l'on entre de nouveau dans les montagnes par le lit d'un torrent qui en descend, et par un chemin difficile. A droite et à gauche, les collines, quoique d'une pente rapide, sont plantées d'oliviers au midi, de châtaigniers aux autres expositions, de chênes et de hêtres par le haut jusqu'au sommet. Le myrte romain croît à la base de ces collines et forme des buissons touffus qui ne s'élèvent pas à plus de quatre à cinq pieds, parce qu'on les coupe de temps en temps pour le chauffage des fours. L'arbre consacré à Vénus et aux Amours destiné à chauffer le four! On trouve aussi aux mêmes endroits le *cistus salvifolius*, l'*euphorbia characias*, le *punica granatum*, qui sont employés au même usage.

De la cime d'un coteau où l'on arrive après deux heures de marche, on découvre, au delà d'une vaste plaine bien cultivée et parsemée d'habitations, la mer, une chaîne de montagnes qui dépendent de l'Apennin et plus loin les côtes de l'île de Corse. Après avoir joui de cette perspective, qui, en effet, me sembla ravissante, on descend par un chemin diabolique et l'on entre dans une antique forêt d'oliviers qui se prolonge de plusieurs milles dans la plaine. Ces arbres ont généralement de vingt-cinq à trente pieds de haut et un pied de diamètre ; il y en a même dont le diamètre est de trente pouces. Ni leur port ni leur feuillage de couleur argentine ou plutôt cendrée ne les rendent agréables à la vue. Ils ont au contraire quelque chose qui vous attriste.

Les oliviers sont plantés en quinconce, autant que la localité le permet, à environ vingt pieds de distance les uns des autres. La terre, qui a peu de profondeur, est garnie, sous les vieux arbres, d'une pelouse où les bestiaux vont chercher leur pâture. On laboure le pied des jeunes plants dans une circonférence de deux toises. Il se rencontre par intervalles de petites pépinières d'oliviers dont on étête la tige lorsqu'elle atteint quatre ou cinq pieds de haut ; on laisse croître les quatre ou cinq branches qui repoussent du sommet, pour en faire un baliveau arrondi et évidé intérieurement en forme de vase. C'est à cette espèce de taille qu'il faut attribuer l'excavation des troncs dans un âge avancé.

Cette partie du chemin offre un singulier contraste : d'un côté, une montagne à pic, taillée en terrasse à pierres sèches et plantée d'oliviers dans toute sa hauteur ; de l'autre, un mauvais marais divisé par pièces de terre bordées de fossés pleins d'eau et de canaux qui reçoivent les eaux de ces fossés ou rigoles pour les conduire à la mer. Ces pièces de terre font d'excellentes prairies naturelles sur lesquelles paissent de nombreux troupeaux de bêtes à cornes. Ainsi l'on peut se croire tout à la fois en Provence et dans la Nord-Hollande. Il est étonnant que dans un pays qui annonce la fertilité, les habitants aient l'air si misérable; ils sont mal vêtus, mal logés, et leur figure ne dit que trop qu'ils sont mal nourris.

A Pietro-Santo, jolie petite ville composée d'une longue rue, bien bâtie et bien pavée, on est sorti de l'État de Lucques pour entrer dans celui de la Toscane. On traverse une longue terre qui appartient au Milanez, et l'on se trouve sur le territoire de Massa-Carrara. Ici la population est plus industrieuse. Les eaux des torrents sont circonscrites dans un lit qu'elles ne peuvent pas franchir, et ce sont les torrents eux-mêmes qui apportent sur place les matériaux dont on forme les digues élevées pour leur servir de barrière. Toujours des forêts d'oliviers sur les montagnes et dans la plaine. A leur pied croît en quantité l'*arum arisarum*. Je fus enchanté de rencontrer dans son lieu natal cette plante, que je n'avais encore vue que dans les jardins. Sa fleur est remarquable, elle a la forme d'un petit capuchon fermé.

CHAPITRE XI.

Massa. — Palais du duc. — Carrières de marbre. — Points de vue. — Population. — Mœurs et usages. — Culture. — Plantes. — Villa de la duchesse de Massa. — Pain de châtaignes.

L'aspect de Massa est pittoresque : l'ancienne ville est accolée à un rocher élevé que domine une forteresse qui me parut en fort bon état; la ville neuve, située dans un lieu plus bas, consiste en une assez belle rue, large, bien pavée, accompagnée de trottoirs sur les côtés et au bout de laquelle s'élève le palais du duc, en face d'une grande place carrée; quelques-unes des maisons qui l'entourent ont leurs murs extérieurs peints à fresques. A côté de cette rue principale deux autres rues divergentes aboutissent à une petite place qui forme un demi-cercle devant la porte par laquelle on arrive de Lucques. Ces trois rues s'aperçoivent de la porte et donnent à l'entrée de Massa une grande similitude avec celle de Rome par la porte du Peuple.

Le palais est un bâtiment considérable et imposant par sa masse ; il présente un grand carré à trois étages, dont les fenêtres, ainsi que l'entablement, sont surchargées de sculptures tant en ornements de marbre qu'en bustes d'un fort mauvais travail. On entre dans une cour carrée, bordée d'une double galerie au rez-de-chaussée et au premier étage, supportée par des colonnes. La seconde galerie est ouverte du côté de la mer et laisse apercevoir une étendue de terre et d'eau qui se perd dans un horizon immense. Cette partie, la plus belle du palais, est la seule qui ne soit pas habitée. Les logements d'importance, la salle du trône, le salon de compagnie donnent sur une place publique assez régulière; les appartements particuliers du prince n'ont vue que sur une petite rue étroite qui semble un cloaque. Les meubles sont surchargés de broderies et de dorures fausses. Toutes les pièces, remplies d'ailleurs de statues et de peintures, communiquent les unes dans les autres ; il faut les traverser sans exception pour arriver jusqu'à la dernière.

L'objet de ce voyage était de voir les carrières de marbre. Je fis la route à pied de compagnie avec M. Moitte. Après avoir passé le faubourg de la ville, du côté du nord, on entre dans une gorge étroite, creusée par un torrent qui coule dans le fond et ne laisse que l'espace d'un petit chemin pratiqué sur l'un des côtés. Ce chemin passe sous des châtaigniers plantés au bas des collines, tandis que des oliviers croissent dans les parties supérieures et à l'exposition du midi. Pour exécuter ces plantations, il a fallu couper le roc en terrasses, les soutenir avec des murailles et y rapporter des terres. Ces travaux donnent l'idée de la patience et de l'activité des habitants.

On fait ainsi quatre milles en circulant dans les montagnes. Le *lycopodium complanatum* est très-commun sur la route ; il tapisse les rochers humides et à pic du côté qui est à l'abri du soleil : cette plante forme d'élégantes ramifications. J'y rencontrai aussi beaucoup d'autres cryptogames, tels que lichen, mousse, agaric, etc.

En examinant les marbres tirés des carrières, nous en reconnûmes, M. Moitte et moi, trois variétés. La première qualité se nomme marbre statuaire : transparent comme le verre lorsqu'il est en feuilles de trois lignes d'épaisseur, il est d'un grain très-fin, blanc comme le sucre le mieux raffiné, sonore si on le frappe avec un corps dur, et quand on l'égraine, il ne se réduit pas en particules sablonneuses.—Le second marbre se rapproche beaucoup du premier pour la couleur et la transparence; mais il s'en distingue en ce que ses particules ont peu d'adhérence entre elles, qu'elles sont friables même sous les doigts et qu'il ne peut se travailler avec autant de délicatesse. — La troisième variété est un marbre veiné propre à faire des tables, des socles, des carrelages et autres travaux d'architecture et d'ornement; il ne convient point pour les statues.

On nous fit voir un bloc de marbre de première qualité extrait de la carrière depuis plus de dix ans;

telle était sa dimension qu'on l'évaluait à plus de trois cents pieds cubes, et on nous affirma qu'on en pourrait trouver de plus volumineux encore. Mais ce bloc avait été avarié, au moins à la surface, par les pluies, les gelées et le soleil. Le chemin existant alors ne permettait pas le passage à cette masse énorme, et il aurait fallu bien des dépenses pour le faire arriver jusqu'à la mer.

Les carrières de Massa n'étaient encore exploitées que très-superficiellement. Elles sont riches en marbre qui peut le disputer en qualité à celui de Carrare ; des montagnes entières en sont composées, et si les blocs de leur surface ont déjà ce degré de mérite, il est présumable que leur intérieur en recèle de supérieur encore. D'ailleurs, Carrare étant seule en possession d'approvisionner l'Europe de marbre statuaire, le défaut de concurrence en met le prix à l'arbitraire des entrepreneurs ; le nombre des ouvriers suffit à peine aux commandes lorsque la mer est libre et que le commerce jouit de son activité ordinaire : au lieu qu'à Massa, la population excédant les besoins de l'agriculture, les prix sont naturellement plus modérés.

On objecte la longueur et les difficultés du chemin qui conduit aux carrières de Massa : cependant on y charrie des morceaux de marbre de six pieds de long sur trois pieds d'équarrissage, et les arts en emploient très-peu au-dessus de cette dimension. Il est donc utile de faire des acquisitions de marbre à Massa pour augmenter la circulation d'une substance nécessaire, pour favoriser le commerce, pour faire tomber à sa juste valeur, par la concurrence, le prix de cette belle matière, enfin pour étendre les progrès d'une nouvelle branche d'industrie dans un pays peuplé d'hommes laborieux, mais pauvres et misérables.

La population entière des États de Massa et de Carrara ne s'élève guère qu'à vingt ou vingt-quatre mille âmes. Tout leur commerce se réduit à celui de l'huile, des châtaignes et du marbre, à la fabrication de chapeaux grossiers et de souliers. Le produit de ce négoce sert à acheter du grain, dont on recueille à peine de quoi nourrir les habitants pendant huit mois. Encore est-il beaucoup de montagnards qui ne vivent que de châtaignes durant la plus grande partie de l'année.

Revenu à Massa, je me promenai sous la galerie du palais, d'où l'on découvre la mer à trois milles de distance. On distingue le petit fort de Lavenza et le golfe de la Spezzia, plus loin quelques montagnes dépendantes de la chaîne des Apennins, mais qui, s'enfonçant dans la Méditerranée, ne laissent voir que leurs sommets coniques. L'aspect d'une si grande surface unie, de couleur argentine, contrastait agréablement pour moi avec la portion de territoire que j'avais traversée et dont les bouleversements m'avaient donné l'idée du chaos.

La ville de Massa renferme environ deux mille habitants. Ils sont d'un caractère doux, patient et sociable : cette population se compose de bourgeois vivant de leurs rentes, de quelques nobles peu riches, d'artisans et d'agriculteurs. Ils se nourrissent principalement de légumes, de racines, de fruits et de châtaignes : le peuple ne mange de la viande que quatre ou cinq fois par an. La mise est peu coûteuse; ils sont vêtus d'habits d'une grosse étoffe de laine noire fabriquée dans le pays. Les femmes surtout se montrent dans un état de délabrement qui fait peine à voir. Presque toutes vont les jambes et les pieds nus; elles ne portent de bas et de souliers que les jours de fêtes. Elles ont alors pour coiffure un morceau de toile carré, pour habillement du gros drap noir et un tablier blanc; les plus élégantes attachent le haut de leurs manches par des rubans rouges ou bleus. Quant aux femmes d'une condition plus relevée, elles se costument comme celles de nos villes de France. Bien peu m'ont paru jolies. Leur embonpoint annonce de la santé; elles sont petites et semblent vieilles dès l'âge de trente-cinq ans. Les hommes sont en général assez maigres; ils craignent le froid et l'humidité; les grandes chaleurs les affectent plus que nous. Je ne leur crois pas beaucoup de vivacité; mais je me suis convaincu qu'ils sont extrêmement curieux.

On tire de l'étranger la laine qui sert à la fabrication des chapeaux; comme ils sont d'une texture grossière, ils se débitent aux habitants des campagnes. La fabrication des souliers occupe assez de monde; ils ont une réputation de bonté qui les fait rechercher des paysans; on en fait même des envois au dehors. La filature du lin et du chanvre, pour la toile de ménage, emploie les loisirs des villageois et des citadins peu aisés.

La culture des terres est très-soignée ; elle se fait en partie à la bêche, parce que les propriétés sont très-divisées : elle consiste en oliviers, châtaigniers, lins, céréales et plantes potagères.

Pour se rendre au bord de la mer, il faut moins d'une heure en se promenant. On descend modérément à travers une plaine couverte d'oliviers, de vignes, de petites pièces de terre labourable et de quelques prairies naturelles. Mon attention fut partagée agréablement entre l'imposante perspective des flots dorés par le soleil couchant et plusieurs plantes que je voyais pour la première fois dans leur lieu natal. La première que je rencontrai sous mes pas fut le *seseli tortuosum*, L., non pas grand, touffu, comme il se trouve dans les jardins, mais petit, bichonné et tout gentil. Il n'a que quelques feuilles radicales d'un vert glauque et d'une texture ferme. Ses tiges, qui se divisent en plusieurs rameaux raides et placés irrégulièrement, sont terminées par de jolies ombelles dont les fleurettes ont la couleur carnée.

Le même endroit m'offrit en assez grande abondance l'*echinophos maritima*, L., plante fort singulière, dont toutes les extrémités, qui sortent de terre, se couvrent d'épines très-acérées. Feuilles, tiges, bractées, calices, semences, tout finit par une pointe aiguë. On ne sait par quel bout toucher ses touffes arrondies; c'est un véritable *noli me tangere*. J'en ramassai des graines, ainsi que de celles d'un *solidago* que je ne connaissais pas. Il se trouve par pieds isolés sur de petites buttes de sable au bord de la mer. Ses racines sont vivaces et traçantes; elles poussent quelques feuilles radicales, larges, spatulées, un peu charnues et couvertes d'un léger duvet blanchâtre; du milieu s'élève une quenouille de fleurs d'un beau jaune et assez grandes, qui peut avoir huit pouces de haut et deux de diamètre.

Une promenade dirigée vers une autre partie de la côte me présenta une variété fort remarquable du *bellis perennis*, L. Ses hampes sont d'un tiers plus élevées que celles de la plante ordinaire, ses fleurs plus grandes dans la même proportion; mais leurs rayons, au lieu d'être blancs, sont de couleur rose; aussi, rien de plus agréable à l'œil que ces prairies qui forment un tapis vert émaillé de fleurs purpurines.

Près du rivage, des genévriers qui y croissent me parurent d'abord de l'espèce ordinaire; mais en les considérant, je vis qu'ils en diffèrent; et à la grosseur de leur fruit, à leurs feuilles blanches en dessus, vertes en dessous, larges, aiguës, verticillées trois à trois, je reconnus le *juniperus oxicedrus*, L. C'est un arbuste de huit à dix pieds de haut, très-touffu dans sa partie supérieure. Selon toute apparence, il a été planté sur ces dunes sablonneuses pour retenir les terres et les empêcher d'être emportées par la mer. Il remplit parfaitement son objet, surtout lorsque, abandonné à lui-même, il peut étendre ses branches : non-seulement il arrête le sable où il croît, mais il retient celui que la mer charrie et augmente ainsi l'épaisseur des digues. On tire de ce végétal intéressant l'*huile de cade*, qu'on emploie utilement contre la gale des moutons.

Sur les bords de quelques marais d'eau saumâtre, se rencontrent aussi : le *linum maritimum*, L., plante grêle, peu apparente, que ses grandes fleurs d'un jaune doré font seules distinguer au milieu des herbages ; le *ciclanum europœum*, L., dont les fleurs sont plus grandes, plus colorées que dans l'espèce ordinaire. J'en vis une touffe sur une motte de terre sablonneuse, ombragée par de grands arbres. Elle était garnie d'une vingtaine de fleurs dont les pétales couleur de chair se retournaient en arrière à leur extrémité. Les parties voisines du nectaire, le nectaire lui-même, étaient teints d'une belle couleur pourpre foncé. Ces fleurs n'avaient pas d'odeur. J'observai de nouveau l'habitude de cette plante prévoyante : pour assurer le succès de la germination de ses semences, elle contourne en tire-bouchon les pédoncules qui soutiennent ses fruits, les place dans la terre et les met à portée de germer sans crainte d'être la proie des oiseaux. Mais elle ne peut sauver sa progéniture de la dent du sanglier, qui lui fait la guerre et qui lui a valu le nom de *pain de pourceau*.

La pente des montagnes contre lesquelles est adossée la ville de Massa donne naissance, dans les haies et parmi les buissons, au *laurus nobilis*, variété dont les fleurs très-entières n'ont point d'ondulations sur les bords; à un *therebinthus* qui ne me parut pas être le *vulgaris;* au *smilax aspera*, L., à feuilles maculées de blanc et de vert; à une autre espèce de *smilax* à feuilles non maculées, qui s'élève assez haut en s'accrochant avec ses vrilles aux branches des arbres; — ces deux derniers arbustes sarmenteux, chargés de longues grappes de fruit couleur de corail, produisent le plus aimable aspect; — à une variété de *myrtus communis* dont les feuilles sont plus petites que celles du *myrtus romana;* — elle forme de jolis buissons touffus, arrondis et d'un vert brillant; — à la *rosa sempervirens*, P. M., qui s'entrelace parmi les buissons, les couvre et les lie les uns aux autres, de manière à empêcher le passage des plus petits animaux; à la *garance*, dont les feuilles sont aussi grandes, dont toute la plante est aussi forte que celle de l'espèce cultivée; à la *centaurea paniculata*, au *dianthus carthusianorum* et à plusieurs jolies plantes peu connues, telles que l'*arum arisarum*, qui fait gazon sous les oliviers, etc., etc.

Si dans le nombre des cultivateurs que je rencontrais au travail, hommes, femmes, enfants, aucun ne demandait l'aumône, leur mise délabrée, l'état de dégradation de leurs maisons n'en annonçaient pas moins une profonde misère. J'en demandai la cause; on l'attribue : 1° au défaut de commerce; 2° à l'exiguïté du territoire cultivable relativement à sa population; 3° à la nature et à la quotité des impôts ; 4° à l'extrême division des propriétés, d'une part, et de l'autre, à l'étendue de quelques-unes circonscrites entre peu de mains. Ces pauvres montagnards sont d'une taille au-dessous de la médiocre ; les femmes sont encore plus petites ; les uns et les autres trapus, de figure agréable, sales sur leurs vêtements comme sur leurs corps ; mais ils paraissent doux, prévenants et hospitaliers.

Je ne dois pas oublier qu'en promenant mes regards de dessus la terrasse du palais, où tous les matins j'allais contempler le spectacle de la mer, j'aperçus avec surprise dans un petit jardin des citronniers et des orangers en pleine terre, et qui y restaient toute l'année sans couverture et sans aucun abri. Plusieurs de ces arbres avaient leur tronc gros comme le genou, haut de vingt-cinq pieds, la tête arrondie et une verdure très-foncée. Ils étaient chargés d'une grande quantité de fruits qui commençaient à jaunir, tandis que d'autres étaient encore verts et de toutes les grosseurs. En outre, les mêmes individus se couvraient aussi de fleurs. Ainsi, ces arbres portent à la fois des fleurs, des fruits naissants, des fruits adultes et des fruits mûrs. C'est un magnifique présent que la nature a fait à l'homme des climats chauds.

La *villa* de la duchesse de Massa est extrêmement intéressante par sa position. Située sur le penchant d'une colline qui domine la ville, la plaine et la mer, elle se compose de jardins en terrasses les uns au-dessus des autres, et de pavillons ou belvédères ornés de colonnes, de statues, de bustes, de figures d'animaux et de parties d'architecture; le tout exécuté avec plus de dépense que de goût. Mais ce qui a le plus attiré mon attention dans cette villa, ce sont ses cultures et sa belle vue.

Tous les murs de terrasse sont couverts par des espaliers de citronniers et d'orangers d'un rapport considérable en fleurs et en fruits ; sur les terrasses on a planté des lignes de ces mêmes arbres, de différentes espèces et variétés, abandonnés isolément et en plein vent. Parmi les orangers, on distinguait un superbe individu de l'espèce qui produit le fruit rouge à l'intérieur, qu'on appelle vulgairement *orange de Malte*. Il avait environ trente pieds de haut; sa tête, presque sphérique, pouvait avoir trois toises de diamètre ; celui de son tronc était de dix à douze pouces. Ce bel arbre portait une telle abondance de fruits que, pour empêcher ses branches de rompre sous le poids, on avait été obligé de les soutenir. Les citronniers, soit en espaliers, soit en plein vent, étaient également couverts et de fleurs et de fruits de tous les âges et de toutes les grosseurs.

Le long d'un mur au midi se trouve un pied d'*acacia farnese*, qui forme une palissade de plus de dix toises carrées. Cet arbre était alors embelli de ses houppes de fleurs jaune-citron, dont l'odeur parfumait au loin l'atmosphère. Rien de plus élégant que cet arbrisseau par son feuillage délié, par sa belle verdure, par ses fleurs d'une si jolie couleur

Peut-être, lorsqu'elles sont aussi multipliées, leur odeur serait-elle nuisible aux personnes délicates si elles la respiraient longtemps. Il fleurit en plusieurs saisons de l'année et porte à la fois des gousses presque mûres.

Depuis mon arrivée à Massa, j'entendais parler sans cesse de la vie sobre que mènent les habitants des montagnes. Ils ne se nourrissent que de châtaignes et d'un peu de chair de loin en loin, plutôt comme régal que comme aliment. J'ignorais comment ils préparaient et conservaient ce fruit pour subvenir aux besoins de l'année et suppléer au temps où il y a disette. Voici ce que j'appris :

Les châtaignes ne se cueillent point; on ne bat point l'arbre pour les avoir : on les ramasse à mesure qu'elles tombent par suite de leur maturité; puis on les fait ressuyer en les plaçant à l'épaisseur de deux à trois pieds sur un plancher, dans un lieu sec et bien aéré. Lorsqu'elles ont atteint le degré de perfection convenable, il s'agit de leur faire perdre l'eau de végétation qui pourrait les empêcher de se conserver. Des claies de bois à jour les reçoivent par lits épais de deux à trois doigts, et sont suspendues dans un endroit fermé, les unes au-dessus des autres. Au milieu de la pièce, on allume un feu qui produit beaucoup de fumée, et on l'entretient autant qu'il est nécessaire pour la dessiccation, non-seulement de l'écorce, mais même de la substance farineuse. Une autre opération consiste à les jeter à la pelle dans une auge, ou plus simplement dans un tonneau. Alors un homme chaussé de sabots entre dans le vase et triture avec ses pieds les châtaignes, dont l'enveloppe extérieure, non plus que la pellicule intérieure, ne résiste pas à la force de cette pression. Elles se brisent par parties et quittent leurs amandes.

Cette opération terminée, on se sert du crible et du van pour séparer les pellicules et les écorces. Cet ouvrage va vite, et un homme peut en faire beaucoup en un jour. Après cela, la substance nutritive, réduite en farine, est portée dans des sacs au moulin, qui achève de lui donner le degré de finesse que l'on désire. Ces bons montagnards se contentent pour l'ordinaire d'un blutoir, assez grossier.

On pétrit cette farine, comme celle des céréales, pour en faire du pain, mais sans y mettre ni levain ni sel; on en forme des galettes de deux doigts d'épaisseur. Pour avoir une idée du point où l'art de la boulangerie est parvenu dans ces montagnes, il suffit de connaître la manière dont les habitants font cuire leur pain de châtaignes : ils chauffent des pierres plates un peu plus grandes que la galette préparée. Ils enveloppent celle-ci de feuilles sèches de châtaigniers et la placent entre deux pierres chaudes, et voilà le pain cuit et bon à manger.

Le pain n'est pas la seule préparation que l'on obtienne de la farine de châtaignes : on en fait des crêpes, des beignets, de la bouillie; elle entre dans la composition de plusieurs mets. Bien battue dans des tonneaux fermés avec soin et garantis de l'humidité, elle se garde pendant deux années.

On dit que les gens qui vivent de châtaignes ont le sang épais, qu'ils perdent une partie de leur vivacité, qu'ils sont lents et comme endormis, surtout après avoir mangé l'espèce de mortier auquel ils donnent le nom de soupe; qu'ils se baissent difficilement, qu'enfin ils sont paresseux. J'ignore jusqu'à quel point cela est vrai pour les hommes; mais j'ai vu que les femmes étaient assez vives, qu'elles avaient la démarche alerte, qu'elles travaillaient continuellement.

CHAPITRE XII.

Carrare. — Caractère des habitants. — Académie des arts. — Antiquité des carrières. — Leur description. — Qualité des marbres. — Moulin à scie. — Église d'un faubourg. — Rivalité des villes de Massa et de Carrare.

On compte une poste et demie de Massa à Carrare. La route, quoiqu'en plaine, fait plusieurs circuits pour contourner les montagnes et passer les torrents qui en descendent. On en traverse deux sur des ponts de pierre longs, mais étroits. Le petit village de Lavenza, qu'on rencontre sur cette route, est composé d'une trentaine de maisons qui paraissent aussi misérables que les habitants. On avait eu le projet de construire un port de mer en cet endroit, mais il a fallu en abandonner l'entreprise, parce que la mer s'éloigne sensiblement de la côte; les travaux faits depuis peu d'années sont déjà ensablés et se trouvent dans les terres. C'est là pourtant qu'on embarque les marbres extraits des carrières de Massa et de Carrare.

Tout le pays qui sépare ces deux villes est cultivé comme un jardin : ce sont de grandes plantations d'oliviers, des vignes qui croissent au pied de peupliers noirs et qui se suspendent en guirlandes d'un arbre à l'autre, beaucoup de petits champs semés en lin qui donnent dans le printemps une verdure charmante.

Carrare est située dans une espèce de bourse formée par les montagnes de l'Apennin et au bord d'une plaine qui va jusqu'à la mer, dans une étendue d'environ trois milles. A l'entrée de la ville s'offre une belle place carrée avec une fontaine d'eau permanente et entourée de maisons assez propres, sous quelques-unes desquelles règnent des galeries couvertes supportées par des colonnes de marbre. Autour de la place sont disposées plusieurs rues bordées de maisons qui pour la plupart n'ont qu'un étage. La population qu'elles renferment s'élève à quatre mille âmes ; elle se compose de quelques nobles, de bourgeois, d'entrepreneurs de carrières, d'artisans sculpteurs, d'agriculteurs petits propriétaires ou fermiers et d'ouvriers travaillant journellement aux carrières, dans les ateliers ou à l'exploitation des terres. Le nombre des marchands débitants est proportionné à la population. Le territoire de cette ville, qu'on appelle État, ne renferme que onze mille habitants et ne produit du grain que pour les nourrir pendant trois mois.

Avec la vivacité italienne et la misère qui le talonne, le peuple de Carrare, inoccupé, est inquiet et remuant. Le principal négoce du pays consiste dans la vente des marbres dont ses montagnes sont remplies. Toutes les classes font ce commerce, nobles comme roturiers. Il ne s'agit pour cela que de choisir un local non exploité, de payer chaque année une rétribution très-modique et d'acquitter les droits imposés à la sortie des marbres.

Pour faire l'ouverture d'une carrière, disons mieux, pour découvrir le beau marbre qui se trouve enveloppé d'un autre marbre de nulle valeur, il faut payer de nombreuses journées d'ouvriers et employer beaucoup de temps; il en résulte que ce négoce est restreint entre les mains de quelques personnes riches; les habitants qui n'ont point de propriété ne s'occupent que de l'exploitation. Ceux-là sont malheureux toutes les fois qu'il éclate une guerre maritime, parce que le commerce étant interrompu, le travail cesse et les moyens de subsister leur manquent. Comme le territoire de Carrare jouit du privilége presque exclusif de fournir le plus beau marbre statuaire connu (car celui de Paros et des autres parties de la Grèce est maintenant épuisé), les habitants devraient être dans l'aisance; mais ils paraissent peu laborieux et peu intelligents.

Il existe dans la ville une académie des arts fondée par un duc de Carrare qui voulait, au moyen de cette institution, stimuler le zèle des artistes et augmenter la prospérité du pays en facilitant les études. Je vis dans une des salles de l'établissement une vingtaine de jeunes élèves depuis l'âge de douze ans jusqu'à celui de trente, occupés à travailler d'après un modèle humain et d'après une figure en plâtre. Les uns dessinaient, les autres modelaient en terre. Une pièce voisine contenait des statues, des bustes, des bas-reliefs, également en plâtre, exécutés d'après l'antique. Dans d'autres salles, des gravures, des dessins, des modèles d'architecture étaient exposés aux regards des étudiants. Cette petite école, déjà fort intéressante par elle-même, éveillait encore l'émulation de la jeunesse par les prix que les princes distribuaient annuellement aux élèves qui s'étaient distingués chacun dans sa partie.

Si l'on en croit les habitants de Carrare, leurs carrières ont été exploitées par les Romains sous le règne des empereurs. Ils prétendent que l'on reconnaît encore la trace de leurs chemins et que l'Apollon du Belvédère a été fait de ce marbre. Il ne s'ensuit pas, comme l'a dit M. Dolomieu, que ce chef-d'œuvre de sculpture soit une copie. Tout le monde sait que les Romains, après avoir conquis la Grèce, emportèrent une partie des monuments des arts dont elle était décorée et attirèrent à Rome ses artistes les plus célèbres. Pourquoi l'un d'eux n'aurait-il pu faire, dans la capitale de l'univers, avec du marbre de Carrare, cette sublime statue d'Apollon? Les marbres de la colonne Trajane ne sont-ils pas de Carrare? A-t-on jamais eu l'idée que les superbes bas-reliefs qu'on en a sculptés sur ce monument triomphal fussent des copies de l'antique?

Le chemin qui de Carrare conduit aux carrières est étroit, inégal et monte sensiblement sans être rapide. On y remarque un travail attribué aux anciens Romains : c'est une coupe de rochers de plus de vingt-cinq pieds de haut sur une largeur de plus de cent toises. Cette opération avait pour but de faciliter le passage aux transports des marbres depuis les parties supérieures jusqu'au lieu de l'embarquement. Lorsqu'on a dépassé ce chemin, les montagnes s'élèvent, leur cime commence à ne plus se couvrir de verdure. Sur la gauche on trouve une caverne naturelle, observée déjà par MM. Dolomieu et Spallanzani. Son entrée est si basse qu'on est obligé, pour y pénétrer, de ramper sur les pieds et sur les mains pendant un trajet considérable. Ensuite la galerie s'élargit, et l'on arrive à des espèces de chambres dont quelques-unes semblent voûtées, tandis que le sol s'affaisse en cavités remplies d'eau. Aux parois de la caverne et surtout aux voûtes pendent des stalactites calcaires, curieuses par leurs formes ou par leur grosseur. Le sol est également garni de concrétions pierreuses de différente figure.

A quelque distance de cette grotte se trouvent les carrières en exploitation ; devant soi et sur les côtés on voit des montagnes presque perpendiculaires dont les sommets, entièrement nus, sont coupés par de profonds sillons qui leur donnent un caractère de vétusté très-prononcé et de dégradation attristante pour l'imagination. Ces carrières, au nombre de huit ou dix, appartiennent à divers particuliers; elles se nomment Grestola dans le pays.

En gravissant sur des débris qui proviennent de la taille des blocs enlevés ou des mauvais marbres qu'on brise et qu'on abandonne sur place, on atteint d'autres carrières d'où se tire un marbre couleur d'ardoise nommé *bardiglio* : elles sont à peu près au quart de la hauteur de la montagne. Par de nouveaux circuits on arrive à des exploitations de marbre veiné. Ce n'est qu'à une élévation de plus de mille pieds au-dessus du fond de la vallée qu'on rencontre les mines qui donnent le marbre statuaire de seconde qualité et quelquefois, par hasard, des blocs de première ; mais celle-ci est abondante à quatre ou cinq cents pieds plus haut : on y parvient au moyen d'échelles de cordes suspendues le long des parois extérieures des rochers. Les ouvriers journellement occupés à l'exploitation mettent une heure et demie pour monter par ces échelles du bas de la montagne jusqu'aux carrières ; il leur faut le même temps pour en descendre, ce qui retranche trois heures sur le travail. Ils gagnent trente sous par jour. Chaque année huit ou dix individus périssent par les chutes qu'ils font ou par des éboulements inattendus.

Les couches de matières qui constituent cette portion des montagnes de Carrare ne sont point disposées en lits horizontaux ou en pentes légèrement inclinées ; elles sont au contraire bouleversées dans tous les sens et en général elles se rapprochent plus de la perpendicularité que de toute autre direction.

Il résulte de là qu'on ne saurait exploiter ces mines en galeries couvertes, comme nous le pratiquons pour nos pierres ordinaires, pour nos charbons de terre et autres substances rangées par couches horizontales ou à peu près ; il n'y aurait aucune sûreté pour les mineurs. L'exploitation doit donc se faire à ciel découvert, en commençant par les blocs supérieurs. On commence par attaquer le haut de la couche extérieure, on rejette tous les blocs de mauvaise qualité ; ils tombent avec un fracas proportionné à leur masse, se brisent en roulant et arrivent en parcelles au bas de la montagne. S'il se rencontre quelques beaux morceaux, on les fait glisser avec précaution sur des pentes plus douces en les retenant avec des cordages pour les empêcher de se rompre par une descente trop rapide. Les ouvriers observent que les blocs de marbre grossier annoncent presque toujours le voisinage du marbre le plus dur.

J'ai vu de ces blocs de première qualité qui pouvaient comporter de deux cent cinquante à trois cents pieds cubes de matière ; mais ils sont très-rares, l'extraction en est d'autant plus difficile qu'on manque des outils et ustensiles nécessaires pour de telles masses ; d'ailleurs, leur transport au lieu de l'embarquement éprouverait de grands obstacles en raison des mauvais chemins ; enfin, l'épaisseur naturelle des couches et les scissures qui les partagent ne permettent guère de trouver des pièces de cette dimension. Les scissures produites par le retrait qu'a subi la matière en se desséchant limitent la

CHAPITRE XII.

longueur commune des blocs à quatre, cinq et six pieds. Leur épaisseur varie de même; tels bancs ne sont épais que d'un pied et demi, quelquefois moins; tels autres ont l'épaisseur de quatre pieds, mais rarement davantage.

De la station la plus élevée et qu'on atteint par une marche extrêmement pénible, surtout si le soleil darde sur les copeaux de marbre blanc qu'on a sous les pieds, les regards plongent sur des points de vue bien différents : d'un côté, des montagnes arides et lacérées par les eaux présentent leur aspect triste et sauvage; de l'autre, une plaine fertile et qui ressemble au plus beau jardin; enfin, la mer dans une vaste étendue. Ce tableau vous dédommage de vos fatigues.

Mais la descente est encore plus difficile et plus dangereuse. Du moins, dans la montée, vous avez le corps courbé en avant; si vos pieds, mal assurés sur un sol hérissé de fragments anguleux, viennent à glisser, vous vous retenez sur les mains, et les chutes n'ont rien de bien grave. Mais en descendant, si vous portez le corps trop incliné et que les pieds vous manquent, vous risquez de tomber et de rouler à de grandes distances. Toutefois, lorsqu'on marche doucement, qu'on assure ses pieds, qu'on plie les genoux en avant et qu'on penche le corps en arrière, on n'est exposé qu'à faire de courtes glissades.

Ces carrières de Grestola contiennent trois espèces de marbre, le *blanc-statuaire*, le *veiné* et le *gris*.

Il y a trois variétés différentes dans le marbre blanc statuaire : la plus rare, la plus recherchée, celle dont est formé l'Apollon du Belvédère; on la nomme *marmo statuario di prima qualità.* En l'examinant à la loupe, on distingue une multitude de petits cristaux transparents présentant des facettes luisantes enveloppées dans une substance qui ressemble à de la neige pétrie. Ce marbre, lorsqu'il n'a qu'un demi-pouce d'épaisseur et qu'on le regarde à travers la lumière du soleil, est diaphane. Il est très-dur, se lève par écailles convexes au travail du ciseau. On le préfère pour ce qui exige des détails, la chevelure, les doigts, des bras isolés.

La deuxième variété, *marmo statuario di seconda qualità*, a la couleur blanc-mat; vu à la loupe, ses cristaux sont plus petits; à égale épaisseur, il est moins diaphane; il faut plus de précaution pour le travailler, parce qu'il se lève par écailles plates.

On nomme ici *marmo ordinario* la troisième variété. Il est opaque et de couleur cendrée; les facettes de ses cristaux sont plus petites et plus rapprochées; sa cristallisation est plus confuse; les éléments qui le composent sont moins purs; il se travaille avec plus de facilité que les deux autres; il est plus gras dans ses fractures.

La seconde espèce de marbre des carrières de Grestola est le bardiglio, couleur d'ardoise grise ou bleuâtre. Examinée à la loupe, celle-ci présente une agrégation de très-petits cristaux transparents. Elle est entièrement opaque, même à une épaisseur de trois lignes, et se casse par larges écailles plates et unies. On l'emploie pour faire des chambranles de portes, des marches d'escaliers, etc. Une variété de cette espèce, plus commune et qu'on appelle *bardiglio ordinario*, ne diffère de la précédente que par sa couleur moins ardoisée, plus blanchâtre ; elle a du reste les mêmes caractères et sert aux mêmes usages.

Le marbre veiné constitue la troisième espèce ; il se divise en deux variétés principales. C'est un marbre blanc qui paraît le même que celui de seconde qualité pour la forme et la grosseur du grain ; seulement il est parsemé de lignes brunâtres, qui figurent des losanges, des triangles, des carrés, des ovales, des cercles, etc. La première variété, qui est la plus rare, a des veines très-étroites et trace des signes d'une ligne au plus de largeur. Les veines de l'autre variété sont trois fois plus larges ; ses nuances tranchent d'une manière pittoresque sur la couleur blanche du marbre.

On exploite aussi par galeries en s'enfonçant dans la gorge des carrières, parce que les lits sont plus horizontaux ; quelques-unes sont ouvertes à une petite profondeur ; on enlève les blocs de marbre avec des moulinets.

L'examen de ces exploitations ne m'empêchait pas de donner aussi mon attention aux plantes. Je trouvai le *psolaria glandulosa*, le *satureia montana*, le *globularia vulgaris*, l'*hypericum coris*. Ce joli arbuste vient précisément dans les fentes des rochers presque sans terre ; il y pousse de petites touffes qui se terminent par des bouquets de fleurs d'un beau jaune. Je remarquai encore une scabieuse que je pris d'abord pour une sauge, tant par la forme de ses feuilles que par le duvet incane dont elles sont couvertes. Je ne crois pas cette espèce déterminée dans les ouvrages de Linné. Elle me paraît vivace, même un peu ligneuse par le pied. Ses feuilles sont presque entières par le bas, elles ont cependant quelques laciniures peu nombreuses ; la figure spatulée, arrondie ; le duvet qui les garnit les rend moelleuses au toucher. Les fleurs, de couleur violette, sont portées sur de longs pédoncules.

Sur le chemin qu'on prend pour retourner à la ville, on rencontre beaucoup de moulins à scier le marbre ; leur construction grossière est d'une grande simplicité : une roue, mue par un courant d'eau, fait agir quatre scies distinctes. Les pierres sont placées perpendiculairement, la scie se promène dessus en allant et en venant. Un petit roseau apporte un filet d'eau sur une planche inclinée et couverte d'un sable de mer très-fin, que l'eau délaie et fait entrer dans une rainure ouverte par la scie : le frottement qui en résulte lime insensiblement le bloc et le réduit en plaques d'un pouce d'épaisseur. Avec le volume d'eau que fournit la petite rivière, avec des moulins à plusieurs lames comme ceux qui scient les planches en Hollande, il serait facile de produire dix fois plus de travail.

Tout à côté de ces usines il en est une autre qui a

pour objet de polir des carreaux de marbre. Rien de plus simple. Les carreaux bruts et seulement dégrossis au pic sont placés et scellés sur une forme immobile dans l'étendue d'un cercle. Un rebord de bois les contient en même temps qu'il sert de conducteur à un châssis d'une dimension égale à celle du cercle inférieur. Ce cercle est divisé en quatre parties, dont trois sont vides; la dernière contient les carreaux. L'eau du ruisseau, tombant sur une roue à augets, la fait tourner et donne un mouvement de rotation au châssis. Les carreaux qu'il renferme dans un quart de son étendue frottent avec rapidité et se polissent les uns par les autres, à l'aide du sable de mer qu'on y jette fréquemment. Deux heures suffisent pour polir une trentaine de carreaux.

En visitant les ateliers de sculpture de l'un des faubourgs, j'entrai dans une église construite depuis peu d'années et dont l'intérieur doit être revêtu de marbres de tous les pays. Son architecture n'a rien de particulièrement remarquable; mais l'assortiment de beaux marbres qu'elle renferme déjà offre une chose intéressante à voir. Ils forment des tables, des bandeaux, des plinthes, des colonnes et des ornements bien symétrisés, qui produisent un effet agréable. Mais, n'en déplaise aux habitants de Carrare, au lieu de tous ces marbres étrangers dont plusieurs, par la vivacité de leurs couleurs, semblent dépriser le marbre du pays; j'aurais préféré qu'ils n'employassent que ce dernier dans la construction de leur monument. Cela eût été plus politique et eût servi d'échantillons de leur production indigène.

D'après tout ce que j'ai pu recueillir d'observations et de renseignements, je pense qu'en somme les États de Massa et de Carrare sont très-peuplés proportionnément à leur territoire, composé en grande partie de montagnes et réduit, pour la subsistance, aux produits des oliviers sur les coteaux exposés au midi, des châtaigniers dans la région du nord, et à la culture d'une petite plaine entre les Apennins et la mer. Le sol de cette plaine est très-fertile et donne habituellement deux récoltes par an, quelquefois quatre. Le voisinage de la mer et des montagnes, en mitigeant les trop grandes chaleurs comme les trop grands froids, rend le climat très-tempéré. Quoique pauvre, le peuple ne se livre pas à la mendicité ; il est doux, honnête et même civil à l'excès. Les habitants des campagnes aiment leur pays et ne le quittent point. Mais les hommes désœuvrés s'y ennuient, et s'ils y restent, c'est qu'ils ne peuvent faire autrement et que leur fortune ne leur permet pas d'aller chercher le séjour des grandes cités.

Suivant l'usage des agglomérations trop voisines, les habitants de Massa et de Carrare se détestent bien cordialement. Les derniers sont fâchés de ce que la ville de Massa est plus belle que la leur, de ce que les étrangers en préfèrent la résidence ; ils voient avec inquiétude que les Massarois commencent à exploiter leurs carrières. Ceux-ci, de leur côté, sont jaloux des profits que Carrare tire de ses marbres. Ce qui ne devrait exciter que l'émulation entre les deux peuples devient un principe d'envie, de haine et souvent de vengeance.

A dire vrai, le séjour de Massa, quoique cette ville soit moins grande, presque de moitié moins peuplée que celle de Carrare, est beaucoup plus agréable; l'air y est pur, la vue plus étendue, la terre plus productive, les habitants sont aussi plus tranquilles, plus économes et plus laborieux.

CHAPITRE XIII.

Bologne. — Cathédrale. — Promenade. — Théâtre. — M⁽ᵐᵉ⁾ Billington. — Institut. — Jardin botanique. — M. Galvani. — Observatoire. — Hospice de la Vie. — Galeries de tableaux. — Tours penchées. — Population.

De Massa j'étais retourné à Modène, où je ne m'arrêtai que le temps nécessaire pour me reposer d'un peu de fatigue. Cette ville a plus d'apparence au dehors qu'au dedans. La sortie par la porte qui conduit à Bologne est accompagnée de superbes peupliers d'Italie; ils font un effet très-pittoresque.

On rencontre fréquemment des voyageurs montés sur de fort beaux ânes, sellés et bridés, qui vont très-vite.

Lorsqu'on a traversé un pont de pierre flanqué de quatre pavillons, sous lequel est le lit d'un torrent presque sans eau, on se trouve sur les terres du pape; la limite qui les sépare du duché de Modène n'est marquée que par une borne portant les armes du saint-siége.

CHAPITRE XIII.

Le chemin passe le long des fossés d'un petit fort construit à la manière de Vauban et bien entretenu. On le nomme le fort d'Urbin.

Malgré l'inconvénient qui me semble devoir résulter de la plantation des ormes pour soutenir la vigne, on en plante une grande quantité dans les champs mêmes où il ne s'en trouvait pas. Il faut donc qu'il y ait une cause déterminante à cette pratique. Les lignes d'arbres sur les terres à blé sont plus rapprochées que sur la route précédente. On y rencontre des mûriers, des pommiers, des poiriers, des pruniers, des noyers, etc.

Ici, de plus nombreux canaux d'irrigation que dans l'État de Modène; plus d'habitations, de fermes, de maisons de colons dans les campagnes que dans celles du duché de Parme et même du Milanez.

Les premières montagnes de l'Apennin ne sont éloignées de la route que d'une portée de canon.

Il s'en faut de beaucoup que la ville de Bologne soit belle dans toutes ses parties. Ses rues ne sont point illuminées pendant la nuit, et comme la plupart sont étroites, accompagnées de galeries obscures, dont le sol est de différents niveaux et coupé d'escaliers, de marches et de bornes, on serait exposé à se rompre les membres ou à être volé, sans les *madones*, figures de Vierges très-multipliées sur les maisons, et devant lesquelles sont de petites lanternes toujours allumées.

La cathédrale, qu'on appelle le Dôme, comme dans presque toutes les villes d'Italie, est un vaisseau imposant par sa largeur et surtout par sa hauteur. Les habitants prétendent qu'il ressemble en petit à Saint-Pierre de Rome. Cette église renferme des tableaux estimés et des fresques qui produisent de l'effet. Son portail très-élevé, mais plat et sans relief, est du genre gothique moderne, ainsi que tout le reste de l'édifice.

Ce qui constitue la promenade publique est un terrain de trois ou quatre arpents, planté d'ormes et de mûriers en lignes sur un tapis vert brûlé par le soleil. On l'a décoré d'une pyramide et d'une statue, avec quelques bancs de pierre. Assez mal entretenue, cette promenade serait fort triste sans sa position sur une éminence qui domine une partie de la ville, et du sommet de laquelle on a, au midi, la vue des collines environnantes. Ce sont les petites montagnes de première ligne de ce côté des Apennins. Elles offrent un site tourmenté, cultivé jusqu'à la cime et meublé de jolies maisons de campagne. En se tournant vers la ville, on aperçoit plusieurs de ses hautes tours de briques, de ses clochers et de ses fabriques les plus intéressantes. C'est un agréable coup d'œil.

Au bas de cette promenade se trouve un emplacement destiné au jeu de ballon et formé par une enceinte de planches; on y entre en payant une modique rétribution. Des chaises placées sur des gradins de terre, aux deux extrémités et sur un des côtés latéraux, reçoivent les spectateurs. Le vêtement des joueurs consiste en un gilet blanc et des caleçons justes au corps. Les ballons sont de buffle, et on les chasse avec des brassards de bois garnis de grosses pointes de même nature. Cet exercice demande de l'habitude, de la force et de l'agilité.

Dès le jour de mon arrivée à Bologne, j'allai au théâtre, où m'attirait la réputation vraiment extraordinaire d'une cantatrice anglaise, Mme Billington. On donnait Mérope. La salle est grande et belle et a six rangs de loges. L'usage en Italie est de ne commencer le spectacle qu'à une heure de nuit, c'est-à-dire une heure après le coucher du soleil, de sorte qu'en été il a lieu depuis huit heures du soir jusqu'après minuit. Je fus frappé de la richesse des décorations et du talent de deux acteurs; mais rien ne me parut plus étonnant que la cantatrice. Elle était jeune et d'une beauté ravissante; l'étendue de sa voix, la grâce de son chant, me parurent supérieures à tout ce que j'avais entendu. Les habitants ne l'écoutent qu'avec un enthousiasme qui tient de l'ivresse. Je fus presque aussi surpris de leur engouement et de leurs cris d'admiration que des charmes et du mérite de l'actrice.

Le lendemain toute la commission se rendit à l'Institut de Bologne pour en visiter les différentes parties. Il s'annonce d'une manière imposante à l'extérieur. C'est un vaste bâtiment au milieu duquel se trouve une cour carrée entourée de galeries que supportent des colonnes. Le local a été divisé en un grand nombre de pièces.

La première est une salle affectée à la tenue des

séances de l'Académie des Beaux-Arts. A côté, un cabinet garni de tableaux composés par les membres de l'Institut, parmi lesquels on remarque une tête de jeune fille, ouvrage agréable de Mme Lebrun.

Des instruments de mécanique et des modèles occupent la salle voisine, qui précède un laboratoire pour l'art du tourneur.

Vient ensuite l'amphithéâtre destiné aux jeunes artistes qui dessinent d'après nature ou sur la pose du modèle. Il est formé de gradins susceptibles de recevoir une trentaine d'élèves. Ce lieu nous parut mal éclairé et peu propre à sa destination. Trois autres pièces en enfilade sont garnies de statues, de bustes et de bas-reliefs qui servent de but au travail des étudiants.

La chimie a son local particulier fourni de toutes les substances et de tous les instruments nécessaires à ses expériences.

Un cabinet bien intéressant est celui où l'on se forme à l'art des accouchements. Il renferme plus de cent cinquante modèles en cire, indiquant d'après nature les différentes manières dont les enfants sont placés au moment de venir au monde. Je crois qu'on a épuisé toutes les combinaisons de position : il en résulte que les démonstrations faites aux élèves sur ces pièces et par un habile professeur doivent être extrêmement utiles.

La salle où se réunissent les sénateurs qui président l'Institut est accompagnée d'un salon et d'une chapelle, les séances ayant lieu les jours de fêtes; mais du reste il n'offre de remarquable que quelques tableaux dont un, de l'année 1450, avait du moins le mérite de l'ancienneté.

Les antiquités sont mises en ordre dans trois pièces qui communiquent entre elles. L'une est consacrée aux statues, dont plusieurs ne sont que des fragments découverts dans des ruines; aux bronzes grands et petits; aux inscriptions hébraïques, égyptiennes, grecques et romaines; aux urnes cinéraires, aux amphores, aux lampes sépulcrales et aux médailles. La seconde est remplie de petits bronzes de toutes les nations, de fibules, de poinçons à écrire, d'anneaux, de bracelets, de compartiments de mosaïques, de vases étrusques d'une forme très-pure et d'une belle conservation, de vases de terre plus modernes, mais en usage chez les peuples étrangers à l'Europe. Dans la troisième, qui n'est qu'un petit cabinet, on voit des plats, des assiettes et des ustensiles de faïence peints de divers sujets et présentant quelques parties curieuses pour la forme, la matière, la composition ou les couleurs.

La bibliothèque est un grand vaisseau précédé d'un vestibule garni de portraits d'hommes célèbres et d'inscriptions antiques qui ont été scellées dans le mur. Les livres sont rangés par ordre de matières. La théologie, le droit, l'histoire y tiennent beaucoup de place. Une salle particulière est remplie de manuscrits. Ceux d'Aldrovande occupent peut-être la seizième partie du local. Si l'on y comprend ses notes, ses herbiers et les minutes de ses ouvrages imprimés, on conçoit à peine comment un homme, en lui supposant la vie la plus longue, a trouvé le temps d'écrire un nombre si considérable de volumes qu'il me paraît impossible de les lire dans le cours de dix années.

Cet Institut de Bologne est une sorte d'encyclopédie de presque toutes les connaissances humaines. On y trouve :

Cabinet de fortifications militaires avec soixante plans en relief, offrant les différents systèmes de défense des places fortes ;

Salle d'artillerie où sont rassemblés canons, fusils, mortiers, affûts, arcs, flèches, massues, casse-têtes et autres armes anciennes et modernes des nations civilisées et des peuplades sauvages ;

Collection de modèles relatifs à la marine, des vaisseaux, des frégates, des galères, etc. ;

Sept pièces assignées aux trois règnes de la nature ; tous les objets sont renfermés dans des armoires vitrées et fermées à clef. Des peintures à fresque décorent les plafonds et la partie du mur au-dessus des armoires. Si le bon goût n'a pas toujours présidé à ces accessoires, il faut convenir pourtant qu'ils sont grands, riches et bien entretenus ;

Six pièces pour le cabinet de physique, qui contient toutes les machines et tous les instruments propres aux démonstrations de cette belle science ;

Enfin réunion de tout ce qui concerne l'anatomie

de l'espèce humaine : figures d'homme et de femme en cire, grandeur naturelle; squelettes offrant l'imitation coloriée des muscles et de toutes les parties que recouvre la peau; grand nombre de pièces anatomiques qui sont l'ouvrage d'une dame dont le buste est placé au-dessus des armoires, dans lesquelles sont également déposés les modèles des outils dont elle s'est servie.

Les membres de l'Institut tiennent leurs séances dans une salle qui peut contenir cent vingt personnes sur des gradins en amphithéâtre. Un des tableaux dont elle est ornée représente le pape Benoît XIV, revêtu de ses habits pontificaux. C'est un ouvrage en mosaïque.

Plusieurs visites que j'ai faites dans cet établissement m'ont prouvé que ses collections sont aussi variées qu'étendues : il a fallu bien du temps et des dépenses pour les former. On assure que le gouvernement y a beaucoup moins contribué que le zèle et la bourse des particuliers. Quoi qu'il en soit, c'est un beau et utile monument élevé aux sciences et aux arts.

J'ai peu de choses à dire du jardin botanique de la ville. Le terrain qu'il occupe est à peine d'un demi-arpent. Sa forme est un carré long. Les fonds affectés à cette branche d'histoire naturelle sont tellement restreints que la culture des végétaux ne saurait être bien soignée. J'y ai pourtant vu quelques jolies plantes nouvelles pour moi, et des individus de certaines espèces peu communes. Derrière le palais du gonfalonier, premier magistrat du sénat de Bologne, il existe un second jardin de ce genre, mais encore plus petit et plus mesquinement doté que l'autre. C'est, à proprement parler, un parterre de plantes médicinales.

J'allai les voir tous deux avec le professeur adjoint à celui de la ville, M. Camillo Galvani, neveu de l'auteur de la découverte du fluide animal. Il m'apprit que son oncle et lui poursuivaient leurs expériences sur l'irritabilité des nerfs des animaux après leur mort; qu'ils étaient parvenus à produire des effets étonnants sur des membres de bœufs, sur des jambes et des bras d'hommes, et qu'ils pouvaient pour cela se passer de métaux. Je fis également connaissance avec cet oncle, M. Galvani, vieillard d'environ soixante-six ans, de petite stature et de physionomie spirituelle. L'un et l'autre firent devant moi plusieurs de leurs expériences avec autant de complaisance que de dextérité.

Les galeries couvertes sont de mode dans cette ville; tout près de la porte qui conduit au chemin d'Imola, on en rencontre une qui a cent trente arcades, chacune de deux toises d'ouverture, large de dix pieds, haute de quatorze à quinze. Elle se termine par un grand vestibule. C'est une espèce de promenade le long de la route et une issue pour arriver à des guinguettes et à des maisons de campagne.

Bologne possède un observatoire. Il est situé dans le Muséum et consiste en une tour divisée par étages très-élevés, contenant, ainsi que quelques pièces voisines, des instruments d'astronomie, nombreux et répétés dans les mêmes espèces, mais ou perfectionnés, ou fabriqués par divers mécaniciens habiles, ou offrant des différences en raison de la date plus ou moins éloignée de leur construction. Le sommet de l'observatoire forme une esplanade de quinze à vingt pieds de large. Elle domine de plus de moitié de sa hauteur les édifices les plus élevés de la ville, excepté quelques clochers et la tour des Azinelli. L'horizon n'a de bornes que celles de la vallée dans un coin de laquelle Bologne est bâtie. D'un côté, on touche du doigt la chaîne de l'Apennin; de l'autre, on voit les montagnes de Vérone qui font partie de la chaîne des Alpes.

A l'extrémité septentrionale de Bologne et sur le bord d'un petit canal dérivé du Reno, fleuve qui baigne les murs de la ville, est un hôpital qu'on nomme l'Hospice de la Vie, maison vaste, bien bâtie et susceptible de contenir à l'aise quatre cents malades. Les salles sont élevées d'environ quatre pieds au-dessus du niveau du terrain, larges de vingt pieds, haute de vingt-cinq. Elles sont voûtées; une petite galerie règne dans le pourtour et sert à ouvrir et fermer les fenêtres placées à cette élévation. Aux extrémités de chaque salle deux grandes portes établissent des courants d'air quand il en est besoin.

Les lits, construits en fer et placés des deux côtés des salles, le long des murs, se composent d'une paillasse de balles de maïs, d'un matelas de laine et de crin, d'un traversin et d'un oreiller, de draps de chanvre très-blancs et d'une couverture de coton. Auprès de chaque lit une table renferme les vases utiles à un malade. Tout m'a paru fort propre, et je n'ai senti aucune mauvaise odeur.

Chaque genre de maladie a sa salle particulière ; les femmes sont séparées des hommes. M. Molinelli, qui a été pendant douze ans médecin de cet hôpital, m'assura que le terme moyen des morts est de six sur cent et qu'il n'était que de quatre en certaines années.

Indépendamment de l'Hospice de la Vie, Bologne possède plusieurs autres hôpitaux dispersés en différents quartiers et destinés aux fous, aux incurables, aux maladies de la peau et aux femmes en couche : monuments de charité dus à des fondations faites par des particuliers, dont les noms sont inscrits sur des tables de pierre scellées au vestibule de chacune de ces maisons.

Deux galeries de tableaux jouissent de beaucoup de réputation dans cette ville. La première est celle de Sanpieri : elle contient, en cinq ou six pièces, des ouvrages de différents maîtres. Les plafonds et les devants de cheminée sont peints à fresque par Annibal Carrache et Guerchin. Ils représentent des sujets de la mythologie d'une beauté remarquable pour l'exécution. Parmi les tableaux on admire saint Pierre et saint Paul conversant ensemble. C'est un chef-d'œuvre du Guide. La main de saint Pierre paraît sortir de la toile.

La seconde collection, celle de Zambeccari, est plus considérable que l'autre. Quelques sculptures garnissent la première pièce. Ce sont de petites statues, des bustes, des bas-reliefs, parmi lesquels il s'en trouve d'antiques. Les tableaux de cette galerie sont entretenus avec soin. On y distingue des compositions de Guerchin, des Carrache, d'Albane, quelques-unes de Raphaël. Mais il s'y rencontre aussi plusieurs copies qu'on veut faire passer pour des originaux. Il faut en général être en garde contre les custodes qui montrent les collections : ils ne se font point scrupule de vous tromper à cet égard. Souvent les Italiens vendent leurs tableaux à des étrangers et remplacent les originaux par des copies quelquefois assez médiocres.

Un édifice qui fixa mon attention est celui qu'on nomme Palazzo-Bentivoglio. C'est un très-grand bâtiment d'architecture florentine, décoré de colonnes et de sculpture. Il peut le disputer aux plus beaux palais d'Italie.

Parmi les curiosités que renferme Bologne, on remarque deux tours carrées d'une grande élévation. La plus ancienne est plus basse que l'autre de près d'un tiers. Elle penche du nord au sud, de telle manière que le surplomb paraît être de six à huit pieds ; on dirait qu'elle va tomber sur les maisons voisines. La seconde tour a plus de trois cents pieds de haut et penche dans le sens inverse.

En général le sang des Bolonais est fort beau ; l'espèce bien faite, grande, forte, de figure agréable et d'un caractère vif; mais le nombre des bossus, des bancales et des estropiés m'a semblé plus considérable que ne devrait le comporter la population, évaluée à soixante-dix mille âmes. Du reste, cette ville présente un contraste frappant de laideur et de beauté. A côté de vastes bâtiments, décorés avec plus d'ostentation que de goût, on voit de tristes masures encombrées d'artisans pauvres et de mendiants. Ces derniers sont d'une extrême importunité. Les rues semblent désertes, parce que les ouvriers travaillent dans les ateliers ou dans l'intérieur des maisons. Il y a journellement sur la promenade un grand concours de voitures et de gens à pied. Les hommes, surtout les jeunes gens, sont vêtus comme on l'est en France. Dans la classe inférieure, l'habillement des femmes consiste en une longue jupe noire et un corset blanc que recouvre en partie une espèce de voile noir qui s'ajuste sur la tête sans cacher le visage. Les dames du bon ton suivent les modes de Paris.

CHAPITRE XIV.

Suite du précédent. — Abbaye de Saint-Michel. — Couvent de capucins. — Grande tour. — Madone de *San-Lucca*. — Lupin blanc. — Vin du Bolonais. — Fenouil. — Cordes. — Charcuterie de Bologne.

A un mille au dehors de la ville, du côté du sud-ouest, et sur le plateau d'une des petites montagnes qui forment la première ligne de l'Apennin, il existe, sous le nom de Saint-Michel, un monastère de Bernardins que j'allai visiter avec MM. Moitte et Berthelmy. Le bâtiment est un carré assez régulier : d'un côté les granges, les magasins, les écuries et tout ce qui sert à l'exploitation; de l'autre l'église, les cloîtres et tout ce qui tient à l'habitation des religieux. L'église est petite, mais jolie et décorée de tableaux et de fresques des Carrache. Les boiseries du chœur sont remarquables par l'élégance de la sculpture et par les incrustations, également en bois, qui représentent toute sorte de figures et d'ornements. Des peintures à fresque, d'un grand mérite, remplissent aussi les cloîtres, mais l'humidité des plâtres a fait changer les couleurs et détruit en partie le dessin. Il y a trois cloîtres ; le plus rapproché de l'église est le plus précieux et le plus endommagé. Entre eux sont des espaces carrés garnis de vases de haute dimension, dont plusieurs contiennent des orangers et des citronniers de six à huit pouces de diamètre. Au milieu de chaque cloître, une citerne reçoit l'eau qui tombe de toutes les parties environnantes et la conserve pour les besoins de la maison. Cette eau se tire au moyen de seaux d'airain tenus par des chaînes de fer attachées à des pilastres de bronze très-bien sculptés. La bibliothèque, composée de deux pièces de peu d'étendue, peut contenir dix à douze mille volumes.

Les jardins et les clos occupent les flancs de la montagne et descendent jusqu'au terrain qui se lie à la plaine. Ils sont cultivés en légumes des meilleures espèces, ainsi qu'en arbres fruitiers, parmi lesquels le figuier tient le premier rang pour le nombre et la force des individus.

De ce monastère l'œil domine sur la ville de Bologne, située au pied de la montagne ; on en distingue les détails sans avoir besoin de lunettes d'approche. Elle est circonscrite par des murs qui servaient anciennement de fortifications et qui à présent ne sont qu'une enceinte fermée par des portes carrées plus volumineuses par le haut que par la partie inférieure. Entre les bâtiments qui s'élèvent au-dessus des autres, on remarque le dôme, le palais du sénat et plusieurs tours semblables à celles de Pavie. Cette vue n'offre d'ailleurs qu'une masse de toits couverts en tuiles rondes : les rues étant étroites, on n'en distingue ni l'étendue ni la direction.

A peu de distance de l'abbaye de Saint-Michel se trouve un couvent de capucins placé dans un site plus élevé et sur un monticule différent. Il était habité par quarante religieux, sans compter les frères et les gens de service. Fort rétréci dans son plan, il présente pourtant une jolie église.

De la terrasse de ce couvent la vue est plus étendue encore et plus magnifique. On plane sur tout le bassin formé par la chaîne des Alpes d'un côté, et de l'autre par celle de l'Apennin, depuis le Mont-Cenis jusqu'à la mer. C'est cette vallée immense et d'une extrême fertilité qui renferme le Piémont, le Milanez, le duché de Parme, celui de Modène, le Bolonais, le Ferrarais, la Romagne et autres pays très-cultivés. On n'aperçoit que des masses d'arbres qui semblent couvrir le terrain, parce qu'en effet elles forment des lisières et des lignes presque contiguës. Les habitations, les villages, les villes même ne sont sensibles que par leurs tours, leurs clochers et leurs fabriques un peu importantes.

Un aspect d'un autre genre et non moins étonnant est celui dont on jouit dans la ville du haut de la grande tour, sur laquelle je fus curieux de monter. Cette tour a douze pieds carrés dans œuvre. On y grimpe par un escalier (ou plutôt une échelle de bois) pratiqué le long des murs. On compte cinq cents marches, chacune de six pouces de hauteur. Les murs, épais de six pieds, sont construits en briques.

Voici la tradition populaire qu'on raconte sur l'édification de ce singulier monument. Un homme de la classe du peuple avait amassé une grande fortune, soit par le commerce, soit par la découverte d'un trésor. Il avait un fils, auquel il donna une excellente éducation; il voulut le marier à la fille d'un noble. Celui-ci répondit qu'une telle alliance ne pouvait se conclure avec un homme qui, tout riche qu'il était, n'avait point de tour, symbole et apanage de la noblesse. L'autre insista et dit que s'il ne fallait qu'avoir une tour pour obtenir la main de sa fille, il en ferait construire une qui n'aurait point son égale dans la ville. La proposition fut acceptée, et par suite on édifia la tour la plus élevée non-seulement de Bologne, mais de tout le pays circonvoisin.

Quoi qu'il en soit, lorsqu'on est parvenu au sommet, on plonge sur cette cité, et l'on en mesure le plan géographique. Sa configuration est un ovale arrondi dont le côté le plus long tend du nord au sud. Point de terrain vague; des jardins fort petits; peu de rues droites dans une certaine étendue. Une seule traverse la ville dans sa plus grande longueur; c'est celle qui aboutit à la porte Romaine. La route qui lui fait face est celle de Rome par Lorette. Elle semble avoir été tirée au cordeau dans une distance à perte de vue ; elle est garnie de maisons de plaisance, d'habitations rustiques et de villages très-rapprochés les uns des autres. Au soleil levant, on découvre Milan, les montagnes de Vérone, qui touchent à celles de la Suisse, la mer de Venise, les tours de Mantoue, et l'horizon s'arrête à la chaîne de l'Apennin.

Sans contredit, cette vue est une des plus riches de l'Europe ; on rencontrerait difficilement un pays plus fécond, mieux cultivé et sous un climat plus favorable.

Un autre monument religieux excita notre curiosité : c'est une petite église consacrée à la fameuse madone de *San-Lucca*. Elle est située, à deux milles de distance de Bologne, au sommet de la montagne de la Garde. On l'aperçoit de très-loin, de la vallée du Pô et de plusieurs endroits des Apennins. A peine a-t-on fait dix pas hors de la ville qu'on entre sous une galerie ouverte d'un côté et soutenue par des colonnes ou des piliers jumeaux qui supportent une voûte de dix-huit pieds de haut dans le milieu de son cintre. Cette galerie a neuf pieds et demi de largeur dans œuvre, ses murs sont épais d'un pied et demi ; les arcades ont neuf pieds d'ouverture. Le nombre de ces arcades est de six cent trente, indépendamment de huit ou dix espèces de chapelles qui servent de reposoirs, en même temps qu'elles offrent des représentations tirées de l'histoire de Jésus-Christ, depuis sa naissance jusqu'à son ascension. Toute cette construction est de briques recrépies de plâtre blanc. Sur le mur du fond, vis-à-vis chaque arcade, se trouvent des armoiries ou des cartels dans lesquels on lit les noms des personnes qui ont payé la dépense. Le sol est pavé en forme de mosaïque avec des galets tirés du Rheno ou des torrents voisins; dans d'autres endroits, il est couvert de briques placées de champ ou de carreaux de terre cuite.

Non-seulement les nobles, les sénateurs et les gens riches ont fait construire à leurs frais cette galerie, mais les marchands, les artisans, les domestiques mêmes se sont cotisés pour fournir à la dépense d'une ou de plusieurs arcades. C'est ce qu'annoncent des cartels plus ou moins fastueux. J'y vis avec surprise qu'une troupe de comédiens français, dont faisaient partie Deville et Aufrêne, a aussi contribué à l'édification d'une arcade. La légende qui accompagne le cartel est remarquable : elle porte en substance que les comédiens français au service de l'empereur (d'Allemagne), ayant été favorablement accueillis dans cette ville, ont érigé cette arcade en reconnaissance des bons traitements qu'ils avaient reçus des habitants de Bologne.

Destinée à conduire au sommet d'une petite montagne en forme de pain de sucre, laquelle touche à la lisière de la chaine des Apennins, cette galerie suit différentes directions, et, par la même raison, le niveau du sol est très-varié. Elle mène à un vestibule qui sert de porche à l'église à laquelle elle aboutit. Il est grand, supporté par des colonnes très-élevées; la vue passe au travers et de trois côtés sur un pays immense. L'église, de forme circulaire et décorée de colonnes, présente en face un autel très-riche, au milieu duquel est placée la madone, peinte, dit-on, en Grèce, par Saint-Luc et apportée ici du temple de Sainte-Sophie de Constantinople. Il se trouve dans la même église des tableaux modernes qui, sans être bons, sont infiniment supérieurs à celui de la *madona santissima*.

D'une pelouse verte située devant l'édifice, on peut promener ses regards sur la grande vallée où coule le Pô. Elle semble un vaste verger parsemé d'une multitude innombrable de maisons de plaisance, de fermes, d'habitations de paysans. On dirait une ville immense dont les maisons, écartées les unes des autres, sont environnées de jardins plantés symétriquement de lignes d'arbres à fruit.

Si l'âme est satisfaite à l'aspect d'un sol naturellement favorable à toutes les productions utiles et fécondé par l'industrie de ses heureux habitants, on est affecté d'un sentiment tout contraire lorsque, en tournant la tête, on a pour perspective les âpres et stériles montagnes de l'Apennin. Leur cime, dépouillée de toute végétation, n'offre à l'œil aucune trace d'organisation méthodique. Il n'aperçoit qu'un informe chaos.

La madone de Saint-Luc vient en procession tous les ans visiter les habitants de Bologne et habiter dans leurs murs pendant quatre jours. Elle se partage entre quatre des principaux couvents. On la porte avec une grande pompe sous un dais que suivent douze à quinze cents fidèles, dont les deux tiers sont des femmes de la campagne.

On vend dans les rues des graines de lupin blanc. Cette espèce de graine ne se trouve point à Paris ni dans nos provinces septentrionales. On s'en sert ici, soit comme aliment, soit comme engrais. Semée sur un sol sablonneux, après les récoltes d'été, elle croit à la hauteur de quinze à dix-huit pouces et fleurit quelquefois sur place. Alors, on la retourne dans la terre au moyen d'un labour à la charrue. Sa propriété est de fertiliser le sol et de le mettre en état de produire de nouvelles récoltes au printemps suivant. Ainsi, au lieu de suivre l'aveugle routine qui, chez nous, laisse une terre en jachère pour qu'elle se repose et fournisse de nouvelles productions, dans ce pays l'expérience prouve que plus une terre est cultivée, plus elle devient féconde, que rien ne la détériore comme de la laisser en repos. Le secret est d'alterner et de faire des semis propres à servir d'engrais. Le lupin, la moutarde et le lin sont employés à cet usage.

Pour manger les graines de lupin blanc, il faut leur faire subir une préparation, très-simple à la vérité. On les met tremper dans l'eau pendant douze ou quinze heures; puis, on les fait cuire en échauffant cette eau par degrés jusqu'à l'ébullition. Lorsque la semence s'amollit sous les doigts, on remplace l'eau bouillante par de l'eau tiède, et cette opération se renouvelle à deux ou trois reprises, après quoi les lupins sont cuits et ont perdu leur amertume.

On a l'habitude ici de faire manger l'avoine en vert aux bestiaux. Cette coutume est-elle plus profitable en ce qu'elle leur procure une plus grande masse de nourriture? L'est-elle moins en ce que cette substance est moins nourrissante, surtout dans une saison qui abonde en fourrages? N'offre-t-elle pas de l'avantage sous un autre rapport, parce que, sur la terre que la plante laisse vide, on a le temps de semer encore des productions qui peuvent fournir à l'homme d'utiles aliments, tels que le maïs, le sorgho, le millet ou panis, les haricots, etc.? Il faut connaître à fond les besoins des localités pour prononcer sur les bons ou mauvais résultats d'une telle méthode.

Le vin du Bolonais est en général d'une fadeur rebutante. Sous prétexte qu'il ferait rompre les tonneaux, les jarres et les bouteilles, on ne le laisse pas cuver; il en résulte que ce vin doux fermente dans l'estomac et devient très-indigeste pour les personnes qui n'y sont point accoutumées.

On fait ici une fréquente consommation de la plante de fenouil. Sa racine, ou plutôt le collet de sa racine, gros comme le poing, blanc, tendre et d'un aromate qui n'est pas trop fort, se mange cuit de diverses façons et se sert comme entremets.

Les boutiques d'instruments d'agriculture sont

en petit nombre et tenues par les marchands de fer. Ces instruments diffèrent peu de ceux dont nous faisons usage ou que j'ai vus en Belgique. Les faux, entièrement semblables aux nôtres, viennent également de la Styrie.

Un des objets de commerce sont les cordes qu'on fabrique avec une très-bonne qualité de chanvre. Elles ont un grand débit en Italie et même en France. Les corderies, en plein air, occupent de vastes terrains le long des murs intérieurs de la ville.

La charcuterie est un des objets de l'industrie bolonaise qui a le plus de réputation. Elle se compose de quatre espèces différentes connues sous le nom de *salame*, *mortadella*, *melone* et *samponi*. Voici en quoi consistent les procédés de fabrication :

SALAME.

1° On prend l'intestin recteur du cochon gras, bien lavé.

2° On choisit la viande maigre de la cuisse, qu'on sépare des nerfs et de la graisse de l'animal. On la hache très-menue.

3° Sur vingt-cinq livres de viande on ajoute une livre de sel, une once de poivre, moitié en poudre, moitié en grain, et une once de cannelle concassée. On mêle le tout ensemble. La livre d'Italie ne contient que douze onces.

4° A ce mélange on ajoute encore, pour vingt-cinq livres de viande, huit livres de lard qui a été préalablement pendant six heures salé dans la proportion d'un vingt-cinquième de son poids et coupé ensuite en lardons.

5° Quelques personnes mettent de l'ail dans ce mélange, surtout lorsque le salame est destiné pour l'hiver. Le jus exprimé d'une gousse d'ail suffit pour vingt-cinq livres, avec une chopine de très-bon vin.

6° Tout ce mélange s'introduit dans le boyau indiqué à l'article premier. A mesure qu'on l'y fait entrer, on le tasse, on le comprime avec force, et, pour que le salame ne risque point d'être corrompu par l'air qui pourrait y séjourner, on donne passage à ce dernier en piquant le boyau de distance en distance.

Les *salami*, ou saucissons de Bologne, se conservent très-bons pendant deux ans; mais le point le plus avantageux est une année révolue.

MORTADELLA.

On choisit le boyau nommé en italien *cieco*, ou aveugle en français; on le remplit des mêmes substances, mélangées dans les mêmes proportions, introduites de la même manière et avec les mêmes précautions que pour la composition du salame. La mortadella se conserve pendant une année.

MELONE.

Le mélange est parfaitement le même que pour

les deux compositions précédentes ; mais on choisit la vessie de cochon, au lieu des autres boyaux.

Le melone se mange en été.

On voit que la différence entre le salame, la mortadella et le melone ne consiste que dans la diversité des boyaux dont on les enveloppe.

Ces trois compositions se confectionnent dans la *stuffa*, ou étuve.

C'est une petite chambre large de six pieds, longue de douze, haute de huit. A l'un des angles se trouve le foyer où l'on fait le feu, sans cheminée, mais dans un trou de cinq pouces de diamètre pratiqué sur le plancher.

Avant que d'allumer le feu, on suspend les pièces à des bâtons placés horizontalement, de manière qu'elles ne se touchent pas et que les plus volumineuses soient le plus rapprochées du foyer.

Le feu dure environ seize à dix-huit heures; on se sert de bois très-sec, qui donne une chaleur vive et inodore.

Il faut que la porte de l'étuve n'ait que trois pieds de haut sur dix-huit à vingt pouces de large. On la tient tout ouverte pendant les trois ou quatre premières heures que le feu a été allumé; on la ferme ensuite par degrés et entièrement, lorsque les pièces laissent filtrer une liqueur jaune et claire. Six ou huit heures après la fermeture totale de la porte, les pièces sont à leur point de dessiccation. On les retire de l'étuve et on les suspend en plein air.

Ces préparations se font en hiver à l'époque où l'on tue les cochons.

Le salame qu'on veut manger en été et qui porte le nom de *salame crudo* ne passe point à l'étuve. On le place seulement dans la cheminée pour dessécher le boyau.

SAMPONI, en français PIED DE COCHON.

On choisit le maigre d'un cochon fait, de l'âge d'une année ou à peu près. On y joint un tiers de couenne ou peau du même animal. On hache d'abord la couenne séparément, à moitié de la finesse que doit avoir le mélange.

Ensuite on hache la viande maigre avec cette couenne qui a déjà été hachée, jusqu'à ce que les plus grosses parties du mélange ne soient pas plus fortes qu'un grain de riz.

On ajoute, dans des proportions variables, suivant le goût des amateurs, du sel, du poivre, de la cannelle et du girofle.

Ce mélange s'introduit dans la peau d'un pied de cochon dont a retiré la chair et les os; on l'y passe de la même manière que pour la mortadella et avec les mêmes précautions.

Les samponi ne passent point non plus dans l'étuve; on les place seulement dans la cheminée pour les faire ressuyer. Ils ne se conservent pas plus de quinze jours en les garantissant de l'humidité.

Lorsqu'on veut les manger, on les met, enveloppés d'un linge, dans une poissonnière toujours pleine d'eau, qu'on fait bouillir lentement et également pendant six heures environ. On reconnaît qu'ils sont cuits quand la fourchette les pénètre sans résistance. Ce mets doit être mangé chaud; réchauffé, il ne vaut rien.

Les meilleurs samponi se font à Modène.

CHAPITRE XV.

Route de Florence. — Aperçu général des Apennins. — Limite du territoire de Bologne et des États de Toscane. — Couvent. —Volcan de Pietra-Mala.— Castel-Faggiolo. — Costume des paysannes.— Fiesole.

Lorsqu'on fait, dans la belle saison, le voyage de Bologne à Florence et que, de grand matin, on parcourt à pied les montagnes sauvages dans lesquelles la route est tracée, on a souvent sous les yeux le plus beau spectacle. Les vapeurs qui s'élèvent de la terre se colorent en rouge à mesure que le soleil se montre sur l'horizon. Et quand cet astre paraît dans toute sa splendeur, son foyer de lumière éclaire tous les environs et leur prête des charmes ravissants. On découvre très-distinctement la mer Adriatique depuis Rimini jusqu'à Ravenne, ainsi que le superbe bassin qui se trouve entre ces deux villes. Du côté opposé on ne voit que la chaîne des Apennins, dont quelquefois les plus hauts sommets sont encore couverts de neige.

Après avoir joui de ce magnifique coup d'œil, regarde-t-on à ses pieds, on rencontre les plantes les plus curieuses : la *scrophularia canina*, le *thymus serpillum villosum maximum*, l'*orobus uniflorus*, le *thymus alpinus*, le *gallium pallidum*, les *cytisus hirsutus* et *sessifolius*, le *salix helix*, le *quercus humilis foliis tomentosis*, l'*orchis militaris major*, C. B.; le *rhinanthus christa galli*, variété peu différente de la nôtre; le *polygala rosea*, le *genista pilosa* et des variétés du *mespilus oxycantha*, à feuilles laciniées et petites fleurs, et du *cistus helianthemum*.

A mesure qu'on avance, la nature étale à vos yeux de nouvelles richesses. Ici, c'est la *clematis vitalba* qui croît le long des haies et sur les buissons; l'*astragalus monspeliensis*, deux variétés, l'une d'un rouge pâle, l'autre d'un rouge plus vif; l'*orchis conopsea?* dont les fleurs gris de lin émaillent les prairies, et l'*orchis moria*, qui s'y mêle; là, le *lotus corniculatus* présente ses variétés glabres, velues, à feuilles très-étroites, à très-larges feuilles; l'*ophris bipholia*, sa fleur d'un blanc citrin; le *juncus acutus*, ses grosses touffes dans les lieux marécageux, près des ruisseaux; l'*asphodelus ramosus*, ses têtes d'un vert tendre terminées par de longs épis de fleurs blanches.

Trois fois j'ai traversé ces montagnes qui semblent décrépites et dont les fronts ridés et chauves sont sillonnés par les eaux, et toujours mes regards avaient peine à s'en détacher. Les couleurs lilas, brune, noire et grise dont elles sont empreintes par

CHAPITRE XV.

les mines de fer qu'elles recèlent, rompent l'uniformité des masses. L'arrangement des lits de pierre dont cette chaîne est composée, leurs différentes directions, leurs brisures et l'espèce de désordre dans lequel ils se trouvent, tout vous force à la réflexion, tout vous invite à méditer sur les causes qui ont pu produire de si grands bouleversements.

On sort de Bologne par la porte à laquelle Florence a donné son nom, et l'on côtoie la barre des premières montagnes de l'Apennin. Le chemin serpente à travers des sinuosités garnies d'habitations, de maisons de plaisance, de châteaux de bon goût, de palmiers, de frênes à fleurs, de micocouliers, de chênes, de pièces de chanvre entourées de haies. Partout même culture dans les champs que de l'autre côté de Bologne; partout les terres coupées par des lignes de gros ormes auxquels des vignes sont suspendues.

Mais à peine est-on entré dans l'Apennin, la scène change de face : une route tortueuse qui monte et descend fréquemment; des torrents à sec pendant l'été; à droite et à gauche de petites montagnes encore cultivées; au milieu des masses d'arbres et des vignes mariées à l'orme, quelques groupes de cyprès pyramidaux d'un effet très-pittoresque.

Bientôt les montagnes s'élèvent, le chemin devient plus difficile; on est obligé d'ajouter des attelages de bœufs aux chevaux ou aux mulets qui traînent les voitures; les habitations sont plus rares et annoncent moins d'aisance ; la végétation est aussi plus retardée que dans la plaine. On monte encore, puis on commence à descendre, les vallées s'élargissent ; aux châtaigniers succèdent de nouveau les vignes, les figuiers, les oliviers. La nuit, on aperçoit une quantité de mouches phosphoriques qui volent dans l'air et y répandent une clarté singulière ; elles abondent sur les herbes et sur les blés.

La première poste est à Pianora, village situé sur le bord d'un torrent dont le lit, couvert de galets et de sable fin, peut avoir en largeur une portée de canon.

Les habitants de ces montagnes paraissent bien conformés, forts et robustes. Ils ont les dents très-blanches. Les femmes, sans être jolies, sont d'une belle carnation.

On descend, par une côte assez escarpée, à Lojano, village considérable, mais sale, mal bâti et situé, au midi, sur les bords d'un précipice effrayant.

A l'endroit qui sépare le territoire de Bologne des États de Toscane, se trouve un grand couvent de religieux. C'est là que commencent des chemins bien conçus, bien tracés et surtout bien entretenus : on leur fait suivre les pentes les plus douces et les directions les plus courtes. Partout où il peut y avoir du danger, on a construit des murs de terrasse, des ponts, des garde-fous et des bornes. Pour peu que la localité s'y soit prêtée, on a établi, sur le bord de la route, des fontaines pour désaltérer les hommes et les animaux. Souvent même il se rencontre de petits trottoirs pour les piétons et des arbres qui les ombragent pendant la chaleur du jour.

La poste de Filicajo n'est à proprement parler qu'une pauvre maison isolée qui sert en même temps d'auberge aux voyageurs.

On monte ensuite jusqu'au-dessus des nuages pour arriver à Piétra-Mala : c'est le lieu le plus élevé de cette route dans la chaîne des Apennins. Il prend son nom d'un trou volcanique qui vomit continuellement de la fumée, mais qui ne jette pas toujours des flammes. Pendant l'été ou dans les temps de sécheresse, on ne le reconnaît que par les vapeurs qu'il exhale. Mais s'il tombe de l'eau, la flamme éclate au dehors et devient d'autant plus considérable qu'il pleut davantage. Ce trou est peu profond; les eaux s'y engouffrent en bouillonnant. Il paraît que le volcan est alimenté par des pyrites sulfureuses. Le site dans lequel il se trouve placé, dénué de toute verdure, bouleversé par l'eau, le feu et le temps, montre cependant une certaine grandeur sauvage.

De Covigliajo à Monte-Carelli, le sol est encore plus tourmenté, l'aspect plus âpre et quelquefois hideux. Le chemin, pratiqué au milieu de hautes montagnes, passe entre leurs sommets et des précipices dont l'œil ose à peine mesurer la profondeur, quoique, dans les endroits les plus périlleux, on ait construit à grands frais des murs de terrasse fort solides. Deux de ces montagnes, voisines l'une de l'autre, sont d'une formation entièrement différente. La première, lacérée dans tous les sens, se compose de roches qui n'ont point de lits déterminés : ce sont des blocs gros comme des piles de pont, résultat de l'agrégation de pierres irrégulières qui se détachent de leur masse ainsi que les pyrites en décomposition. Ces blocs roulent de la cime des monts jusqu'au bord du chemin. Leur couleur et leur pesanteur spécifique semblent indiquer qu'ils contiennent du fer.

La pierre de la seconde montagne a des lits marqués distinctement. Feuilletée aussi mince que de l'ardoise, mais blanche, elle se délite par petits cubes comme l'argile devenue sèche. Ce rapprochement de deux montagnes de nature si opposée est un phénomène d'autant plus singulier qu'il n'y a point d'intermédiaire qui serve de passage de l'une à l'autre.

Après Monte-Carelli, la route descend à travers des plantations de châtaigniers. Là, recommencent aussi, sur les collines exposées au midi, les cultures d'oliviers. Le fruit de ce dernier arbre est petit, presque sphérique et d'un brun tirant sur le noir. On voit également, aux mêmes expositions, des pièces de vignes dont les ceps, soutenus par des poteaux, étendent de l'un à l'autre leurs branches en forme de guirlandes.

Sur une crête de montagnes, à dix-huit milles de Florence, on domine la charmante vallée de Boudillo, au milieu de laquelle se présente Borgo-San-

Lorenzo, qui a l'apparence d'une ville. C'est un bassin de deux à trois lieues de rayon, d'un terrain uni, entouré d'une haute chaîne de l'Apennin. Ses habitants semblent séquestrés du reste du monde. Des cultures de toute espèce, des habitations isolées ou groupées en corps de fermes, en hameaux, en villages et en petites villes, établissent un contraste remarquable entre cette plaine et les monts arides, nus et désolés dans lesquels elle est enfermée.

Je ne fus pas peu surpris de rencontrer à peu de distance et à une très-grande élévation une maison agréablement située avec une galerie couverte en avant, entourée d'antiques cyprès pyramidaux, et d'en voir sortir deux jeunes femmes, de figure gracieuse, coiffées de chapeaux élégants, avec des habillements parfaitement ajustés à la taille et une chaussure mince et légère. A la démarche de ces jolies personnes, on les eût prises pour les nymphes de ce lieu. Mon étonnement augmenta en apprenant que l'une était l'épouse, l'autre la belle-sœur du maréchal-ferrant de cette partie de la route. J'en conclus que, dans ces montagnes sauvages, il existait de l'aisance et du goût.

Rien de plus pittoresque et de plus agréable que la situation de Castel-Faggiolo, bâtiment carré, d'une architecture ancienne et imitant le style d'un château fort du temps de Charlemagne. Il appartient au grand-duc de Toscane. Léopold venait y résider dans la belle saison pour respirer le frais et prendre le plaisir de la chasse. Des chênes vigoureux, de jolis sapins, beaucoup de mûriers garnissent une suite de collines qui environnent ce château.

Ces plantations de mûriers prouvent que l'éducation des vers à soie est depuis longtemps établie dans le canton. En effet, elle convient mieux encore aux montagnards qu'aux habitants des plaines. Ceux-ci sont occupés de beaucoup d'opérations rurales, tandis que les premiers, ne faisant que de médiocres récoltes, ont du temps à donner à d'autres travaux.

De là aussi jusqu'à Florence on remarque une véritable coquetterie dans la mise des jeunes paysannes. Il est vrai qu'elles sont généralement jolies : des souliers à talons, une jupe d'étoffe de laine à grands ramages de fleurs blanches, rouges et autres couleurs ; un juste qui prend exactement la taille, des rubans de couleurs vives qui attachent les manches au corps et couvrent la poitrine, un tablier bien blanc ; des cheveux élégamment tressés et relevés derrière la tête ; un chapeau garni de plumes, de rubans et de fleurs ; des pendants d'oreilles en or, des colliers de différentes espèces, telle est la parure habituelle de ces femmes, qui ont presque toutes de grands yeux, la bouche petite et de belles dents.

Fontebuona, dernière poste, à sept milles de la capitale du grand-duché de Toscane, est un hameau de trois ou quatre maisons, situé au fond d'une gorge. On y quitte le chemin étroit et tortueux des montagnes pour entrer dans une route tracée entre des jardins, des clos et des habitations tellement multipliés que la campagne en paraît couverte. Si le pays conserve encore un peu de l'aspect sauvage, il présente aussi de nombreuses cultures. Le cyprès étalé, le sapin argenté (*pinus picea*, L.), l'olivier, la vigne, s'y mêlent aux céréales, dont la verdure éparpillée contraste avec les angles souvent arides que décrivent les montagnes.

C'est dans l'intervalle de cette poste que l'on aperçoit, à trois milles de Florence, l'ancienne ville de Fiesole, autrefois habitée par les Étrusques. Il n'y reste d'antique qu'un mur et quelques fabriques qui font partie des jardins de plaisance où viennent se récréer les riches Florentins. Fiesole est située entre deux petites montagnes coniques très-rapprochées l'une de l'autre, à gauche du chemin.

A mesure que l'on approche de Florence, les coteaux ont plus d'étendue ; le terrain, de meilleure qualité, est plus hâtif, parce que l'exposition est plus chaude ; les principales cultures sont les céréales ; viennent ensuite les vignes, les prairies naturelles, et surtout les oliviers, plus nombreux et plus forts au revers des montagnes qui font partie de la Toscane.

Ces arbres sont disposés par lignes dans les clos, dans les jardins, et même en rase campagne. Ils ont une tige unique ; les plus gros que j'aie remarqués peuvent avoir un pied de diamètre ; ils forment une tête arrondie que l'on vide un peu intérieurement et qu'on rend touffue à la circonférence. Ils se distinguent de loin par leur verdure cendrée, assez semblable à celle du saule, quoique moins argentée. Les lignes d'oliviers sont espacées de vingt à trente pieds, chaque arbre à la distance de dix pieds l'un de l'autre. On les cultive à la bêche, et l'on a soin d'en écarter les plantes annuelles qui pourraient leur nuire.

Les figuiers sont aussi très-communs même en pleine campagne; leurs tiges, assez élevées, portent des têtes très-volumineuses. On les entremêle avec les lignes d'arbres qui soutiennent la vigne. Pour ce dernier usage, on emploie particulièrement l'érable, *acer campestris*, probablement parce qu'il ne trace pas comme l'orme, parce qu'il supporte aisément la suppression des branches à laquelle on le condamne chaque année, en ne lui laissant que celles qui sont nécessaires à sa destination.

Rien de plus agréable que les haies formées de grenadiers, qui sont assez touffus et dont la verdure foncée et brillante contraste si bien avec sa fleur d'un si beau rouge.

Dans toute la partie de l'Apennin toscan, les habitations sont construites avec solidité, commodité et propreté. La chaux dont elles sont recrépies est d'un blanc très-éclatant qui les fait apercevoir de très-loin : on les croirait construites de la veille.

Du coteau d'où l'on découvre Florence, on voit les habitations se multiplier; toute la vallée en est couverte, ainsi que les coteaux voisins. De ce point de vue, la ville s'annonce bien comme une capitale, par son étendue et la grandeur de ses monuments.

CHAPITRE XVI.

Florence. — Population. — Palais Pitti. — Jardins de Boboli. — Galerie de Florence. — Jardin botanique. — M. Fabbroni. — Cabinet d'histoire naturelle. — Le chevalier Fontana. — Pièces anatomiques. — Les trois règnes de la nature.

D'après des calculs qui paraissent exacts, la population de Florence peut s'élever à quatre-vingt mille âmes. Cette ville renferme un grand nombre de palais, d'hôtels et de maisons très-bien bâties. Ses rues, sans être ni droites ni très-longues, sont cependant assez belles, toutes pavées en larges dalles de différentes dimensions et bien jointes. Si la dureté de la pierre et sa surface unie ne sont pas favorables aux pieds des chevaux et rendent leur marche peu sûre, en revanche ce pavé est très-commode pour les piétons. Mais l'usage des bornes et des trottoirs est inconnu ici, de même que celui des réverbères. Sans les madones très-multipliées devant lesquelles sont allumées de petites lanternes, il serait difficile de cheminer pendant la nuit.

Le palais Pitti, du côté du jardin, ressemble au

palais du Luxembourg à Paris. Il est vrai que celui-ci a été construit sur le modèle du premier, dont l'architecture est mâle et un peu rustique. Les appartements sont très-vastes, ornés de tableaux précieux, de superbes tables en marbre, en porphyre et en granit, incrustées de pierres fines de diverse nature, telles que lapis-lazzuli, calcédoines, agates, cornalines, nacres de perles, etc., lesquelles forment des dessins de fleurs, d'animaux, de paysage et d'architecture, la plupart de très-bon goût. Le travail de ces tables occupe journellement une multitude d'ouvriers à la solde du grand-duc de Toscane.

On voit en foule, dans les salles, des statues antiques et modernes du plus beau style, des bustes de philosophes, d'empereurs romains, de princes de la maison d'Autriche. La dorure, la sculpture et les bas-reliefs y ont été prodigués, quelquefois avec plus de richesse que de goût. Tous les plafonds, ou plats ou voûtés, sont peints à fresque par d'habiles artistes. Ils représentent pour la plupart des allégories, des sujets de la fable, des traits de l'histoire des Médicis. Rien de plus somptueux que les meubles, fauteuils, bras de cheminées, lustres de cristal de roche avec leurs supports et leurs ornements dorés d'or moulu.

Parmi les tableaux on distingue celui de la *Madona della Sediola*, par Raphaël, chef-d'œuvre de dessin et de coloris; un *Saint Marc* dans une niche en saillie de plusieurs pieds et qui a un grand caractère.

A l'extrémité de la cour, du côté du jardin, s'élève une immense cuvette de porphyre, surmontée d'un groupe de sculpture qui verse de l'eau. Ce groupe a de l'intérêt; mais la petite quantité d'eau qui en sort est d'un effet trop mesquin.

C'est au palais Pitti que résidait plus habituellement le grand-duc de Toscane. Les jardins de Boboli qui accompagnent ce palais occcupent un terrain fort irrégulier dans son plan et dans ses contours. Des endroits très-élevés, d'autres très-bas, des allées qui montent et descendent par des inclinaisons trop rapides, ne rendent pas la promenade commode; mais elle est agréable par la distribution des sites et la variété des points de vue. Presque toutes les allées sont bordées de palissades toujours vertes que forment des lauriers francs, des lauriers-thyms, des yeuses, des phyllirea. Le long de ces palissades s'élancent des cyprès pyramidaux et étalés, d'une grande élévation, plantés en ligne droite à cinq pieds les uns des autres. On rencontre des berceaux de phyllirea d'une immense longueur et si couverts qu'ils interceptent la lumière du jour. Dans le bas, un canal circulaire forme une île au milieu de laquelle est placée l'orangerie.

J'allai rendre visite à M. Fabbroni dans son laboratoire de chimie. Ce savant, que je connaissais depuis longtemps par correspondance, me reçut avec la plus parfaite aménité. Il me fit remarquer plusieurs choses intéressantes, entre autres deux énormes rognons de jaspe de plus de quatre pieds cubes, mamelonnés d'une façon très-singulière. Ces pièces sont dans la cour, à la porte du cabinet des produits minéralogiques de la Toscane. Mais ce qui piqua surtout ma curiosité furent des briques si légères qu'elles surnagent sur l'eau, quoiqu'elles soient très-dures et qu'elles supportent un degré de feu très-considérable sans se vitrifier. Elles ont encore la propriété de n'être point conductrices de la chaleur. On peut les faire rougir au feu jusque vers la moitié de leur longueur et les tenir à la main sans se brûler. Il est aisé de concevoir que ces briques sont très-précieuses pour une infinité d'usages dans l'architecture et dans les arts. La terre qui sert à leur fabrication abonde en quelques parties de la Toscane.

Après toutes les descriptions qui ont été faites de la galerie de Florence, que pourrais-je dire de ce monument élevé aux beaux-arts de tous les siècles, de toutes les nations et de tous les genres, si ce n'est qu'il justifie sa réputation, même pour les hommes dont l'imagination active va toujours fort au delà de la vérité? Au milieu des statues, des bas-reliefs, des vases, des torses, de pierres gravées, des pierres fines ouvragées, des bronzes, des tableaux, des peintures à fresque qui couvrent les plafonds, qui remplissent les salles de ce vaste Muséum, fondé par Côme de Médicis, entretenu par ses successeurs jusqu'à ce jour, les yeux sont d'abord comme égarés et perdus dans une si grande quantité d'objets; on les voit tous à la fois ou plutôt on n'en voit

CHAPITRE XVI.

aucun avec assez d'attention pour s'en former une idée juste et en conserver un souvenir durable. Il en est cependant dont le premier aspect est trop frappant pour qu'on puisse les oublier jamais : tels sont la Vénus de Médicis, le Laocoon, Niobé et sa famille; un grand vase de marbre sur lequel est sculpté en relief le sacrifice d'Iphigénie; quelques tableaux de Raphaël, entre autres le portrait de la belle Fornarine, sa maîtresse; quelques autres de Léonard de Vinci.

En visitant, avec M. Zuccagni, docteur en médecine, le jardin botanique, j'ai remarqué une invention que je n'avais rencontrée nulle part, c'est la disposition d'un ruisseau d'eau vive pour la culture des plantes aquatiques : ce procédé est ingénieux et remplit bien l'objet auquel il est destiné. Il consiste en un petit canal construit en pierres dures dans une longueur de trente toises sur environ vingt pouces de largeur, dirigé en pente douce de trois pouces par toise et divisé en petits bassins particuliers, dont chacun renferme une espèce de plante différente. J'ai vu dans ce ruisseau le *nayas marina*, les *chara*, les *myriophyllum*, les *trapa*, les *conferva*, les *ceratophyllum*, les *typha*, les *sagittaria*, les *sparganicum*, les *alisma*, les *marsillea*, les *lunna*, les *potamogeton*, les *nymphæa*, etc. L'eau, qui entre par le premier de ces bassins, sort par le côté opposé, toujours renouvelée et courante, par conséquent si limpide qu'on discerne les plantes à la profondeur qu'on désire. Les bassins sont plus ou moins profonds, suivant la nature des végétaux qui s'y cultivent. On les remplit de terres argileuses, de pierres, de sable et de gravier, autant qu'il est nécessaire, soit pour exhausser les petites plantes à la surface des eaux, soit pour assurer les racines des plantes plus volumineuses.

Une telle invention manque au jardin du Muséum d'histoire naturelle à Paris. On pourrait, en la perfectionnant, l'étendre aux fougères et même aux mousses, aux rossolis, aux dionea et autres végétaux d'une culture extrêmement difficile.

A l'ancien terrain qui communique au jardin de Boboli ou du palais Pitti, on en a ajouté un nouveau consacré à l'école linnéenne. Il occupe environ un quart d'arpent et forme un carré long, divisé par planches renfermant une seule rangée de plantes au milieu. Ce sont toutes plantes vivaces et arbustes de pleine terre, classés suivant le système de Linné.

Je fus conduit au cabinet d'histoire naturelle par le chevalier Fontana, qui le dirigeait et qui en était, pour ainsi dire, le créateur. Cette collection, extrêmement précieuse, est placée dans un grand édifice voisin du palais Pitti et en face du jardin botanique. Elle occupe trente-huit pièces, la plupart assez petites, au nombre desquelles se trouve cependant une galerie longue, mais fort étroite. Le soin, la propreté, l'ordre, y président et la rendent aussi commode pour l'instruction des élèves qu'agréable aux yeux des personnes mêmes qui n'ont aucune idée des méthodes.

La partie la plus considérable et qui tient le plus de place est l'anatomie artificielle. Toutes les figures, en cire colorée, imitent parfaitement la nature, tant dans la forme que dans la position. On voit d'abord les sujets entiers, puis ceux qui sont dépouillés de leur peau, et ceux auxquels on a enlevé la première, la seconde et la troisième couche de muscles. D'autres sujets présentent successivement le système nerveux, celui des artères, celui des veines; enfin, celui des vaisseaux lymphatiques.

Viennent ensuite des séries de pièces composant le corps humain, développées dans les plus grands détails, les organes de la vue, de l'ouïe, de l'odorat, de la bouche, des viscères, du cœur, du foie, des intestins, de la génération, du cerveau, etc.

Une multitude de figures représentent les diverses phases de la conception des enfants, leurs positions naturelles ou accidentelles dans le sein de la mère; en même temps, les moyens à employer dans les différents cas pour opérer les accouchements.

Toutes ces pièces sont isolément placées sous des cages de verre qu'on lève à volonté, et tellement disposées à la portée de la vue qu'on peut les examiner en détail et sous le jour le plus favorable. Au-dessus de ces cages, le long du mur, on a suspendu des dessins très-corrects de chaque figure. Des numéros correspondants aux différentes parties du dessin et inscrits sans confusion autour d'un ovale se retrouvent également sur un tableau explicatif manuscrit contenu dans un tiroir pratiqué sous la cage qui renferme la pièce ainsi représentée. Cette invention, que je n'ai vue en usage nulle part, me paraît ingénieuse et utile à l'étude.

Une autre invention bien curieuse, dont l'idée appartient à M. Fontana, est une grande statue d'homme, dont toutes les parties, faites en bois, au nombre de plusieurs centaines, se démontent l'une après l'autre par le moyen d'une épingle fichée sur chacune. Il y avait déjà sept ans qu'un ouvrier travaillait à cette statue, et il fallait encore trois années pour qu'elle fût finie. Le général Bonaparte, émerveillé de ce modèle, pria le chevalier Fontana d'en faire faire un semblable pour la France. Depuis plusieurs années, le gouvernement français avait aussi demandé à ce savant physicien un double de toutes les pièces anatomiques qui composent le cabinet du grand-duc.

Tout ce qui constitue le règne animal est classé par divisions séparées, par genres, par espèces, suivant l'ordre de Linnée. Les madrépores, les coraux, les *litophites*, les coquilles, les poissons, les reptiles, les insectes et les oiseaux m'ont paru offrir des séries nombreuses et dans un bel état de conservation. Il s'y trouve aussi beaucoup de quadrupèdes assez bien empaillés, antilopes du cap de Bonne-Espérance, mandrille adulte, zèbre mâle, éléphant, etc.

Le règne végétal remplit plusieurs salles. Dans l'une sont les racines, les tiges, les bois, les fleurs, les fruits, les graines, les gommes, les résines, les sucs propres, etc. Les bois sont disposés en plaques minces rangées suivant la méthode de Linnée, avec les noms du pays d'où ils proviennent. Les graines, les semences sont, ainsi que les gommes, contenues dans des bocaux; les gros fruits sont placés dans les armoires.

De toutes les pièces appropriées au règne végétal, une des plus intéressantes est celle qui présente des effigies de fruits charnus modelés en cire d'après nature. Dans cette collection considérable, surtout en fruits étrangers, il faut remarquer les effigies, également en cire colorée, des *cactus*, des *stapelia*, des *aloès*, des *euphorbia*, des *mesembryanthemum* et autres plantes succulentes ou liliacées rares et qui fleurissent peu communément en Europe. Ces effigies imitent la nature à s'y tromper. Ce sont des rameaux sortant d'un petit vase de porcelaine rempli de terre. Le nom scientifique et italien est écrit sur un cartel appliqué au milieu du vase.

Sept ou huit salles sont consacrées au règne minéral. Elles contiennent des morceaux d'un beau choix rangés avec beaucoup de méthode, en grande partie suivant le système de Valerius. Toutes les pièces, étiquetées avec soin, sont déposées sur de petits gradins dans des armoires vitrées peu profondes et hautes de sept pieds. Les encadrements des verres étant très-étroits, il en résulte que les objets sont accessibles à l'œil, qu'on les étudie commodément et que l'ordre méthodique peut être observé avec exactitude. Quelques-uns de ces minéraux sont éclairés par des fenêtres pratiquées au plancher supérieur. Rien de plus favorable que cette disposition. La vue ne se perd pas dans une immensité d'objets ; ici, on les embrasse tous ; on les suit sans confusion, sans fatigue, et, le livre à la main, on s'instruit d'une manière aussi agréable que facile.

La minéralogie du cabinet de Florence est riche en espèces, en variétés et en beaux échantillons ; elle l'est même en métaux précieux. Chaque année, on fait des acquisitions pour se mettre au courant et se compléter. Cet ordre judicieux est dû à M. Zuccagni, professeur de botanique au jardin de cette ville, chargé plus spécialement et des minéraux et des herbiers.

Ces herbiers consistent en un herbier général, un herbier des plantes de Ceylan, un troisième des plantes du Levant et un quatrième fait par Coki.

L'herbier général est composé sur un grand mode. Des fils de soie verte fixent chaque échantillon ou espèce sur de beau et fort papier blanc, chacun entre les deux feuillets tenant ensemble. Les plantes sont encadrées d'une vignette coloriée, avec leurs noms écrits dans une vignette particulière placée au bas et à gauche du feuillet ; une vignette correspondante renferme les parties anatomisées de la fructification. L'on a suivi le système de Linnée et ajouté à sa nomenclature les noms en langue italienne.

L'herbier de Ceylan a été acheté en Hollande. Il n'est composé que de deux cartons qui peuvent contenir environ cent cinquante plantes. Les échantillons sont assez beaux et la plupart en fleur. On les a fixés sur du papier blanc; ils ne portent que les noms du pays. Cette collection ne renferme guère que des espèces connues des botanistes.

C'est l'abbé Cestini, auteur de différents ouvrages, qui a dressé sur les lieux l'herbier du Levant. Plusieurs des plantes qu'il contient se trouvent déjà dans celui de Tournefort.

L'herbier de Coki, contemporain et ami de Micheli, comprend une grande partie des plantes cultivées au jardin de botanique dans le temps que ce dernier y était professeur, et toutes les cryptogames dont il a traité. Cet herbier est très-précieux pour constater la synonymie de Micheli.

Une tour construite dans le même bâtiment qu'occupe le cabinet d'histoire naturelle sert d'observatoire. Elle est, à ses différents étages, remplie de machines ingénieusement imaginées et très-propres à faire des observations.

Le jardin où Micheli professait la botanique a changé de nature : il a été consacré à la culture des plantes employées en économie rurale. Il y est seulement resté quelques bosquets de grands arbres rangés en manière d'école, et qui ont été plantés par Micheli. Ce jardin se trouve dans le quartier de l'est, à peu de distance d'une des portes de la ville. C'est un carré d'environ trois arpents de terrain d'assez bonne qualité, divisé en plusieurs planches dont chacune a sa destination particulière, savoir : les plantes céréales, les *oleracées*, les fourrages, les vignes, les arbres fruitiers, les pépinières, etc. Toutes ces cultures en petit ne sont pas dirigées avec des moyens suffisants pour atteindre leur but.

CHAPITRE XVII.

Suite du précédent. — Mœurs et usages des Florentins. — Promenade des Cachines. — Gianni, improvisateur. — Le comte Alfieri et la comtesse d'Albanie. — Sigisbés. — Théâtre. — Glace. — Chasse. Exploitation des terres. — Vignes. — Herborisations.

Les gens de haut parage à Florence mènent la vie la plus isolée et la plus triste. Se lever à midi, dîner presque toujours seuls vers deux heures, dormir jusqu'à six, s'habiller pour faire un tour de promenade en voiture aux Cachines, se rendre à neuf heures au théâtre, y rester jusqu'à onze, se retirer chez soi, collationner et se coucher, voilà ce qu'ils font invariablement depuis le premier jour de l'année jusqu'au dernier. Il faut convenir qu'une telle vie offre des plaisirs d'une nature un peu monotone.

Cette promenade accoutumée, qu'on nomme Cachines, est un bois d'une étendue considérable, arrosé par l'Arno et entremêlé de vignes et de prairies. Ce qui ajoute à la beauté d'un paysage aussi frais que bien cultivé, ce sont des fabriques de toutes les formes et de la plus grande élégance. Joignez à cela, dans le lointain, la vue des chaînes de montagnes qui environnent la ville, vous aurez l'idée d'un véritable paradis terrestre. Ce bois s'étend le long des bords de l'Arno jusqu'à deux milles de Florence; il est percé de belles routes de chasse, défendues par des barrières. On y rencontre des étoiles, des carrefours, une belle fontaine et des bancs pour les promeneurs. L'essence de ce bois consiste en chênes, peupliers, pins cultivés, yeuses, genévriers, arbustes et arbrisseaux qui croissent dans toute l'Europe.

Il est une époque de l'année où, pendant quatre jours consécutifs, l'usage et la mode veulent que les riches Florentins étalent aux Cachines le luxe le plus immodéré en voitures pompeusement dorées, en chevaux du plus grand prix. Tout le temps qui précède, ils se préparent à briller dans ces quatre jours d'ostentation. La rue qui conduit aux Cachines, la porte, la place qui l'entoure, les allées de la promenade, tout est rempli de carrosses élégants, avec des cochers, des laquais, des coureurs, des heiduques plus richement habillés les uns que les autres. Les hommes et les femmes qui garnissent ces voitures, au milieu de leur parure et de leurs atours, paraissent cependant poursuivis par l'ennui. Mais si l'on quitte ce brillant et monotone rassemblement pour s'enfoncer à pied dans le bois et suivre les bords de l'Arno, des groupes d'artisans et d'ouvriers s'y montrent livrés aux élans d'une joie plus franche et plus communicative. Ceux-là boivent, mangent, chantent et dansent. Leur gaîté naïve n'a pas besoin de la fastueuse cohue, elle la fuit au contraire pour se déployer en liberté. Lorsque le jour fait place à la nuit, un autre spectacle frappe les yeux du voyageur, pour lequel il est aussi nouveau qu'intéressant. Une multitude innombrable d'insectes phosporiques, de mouches volantes, qu'on appelle *lucciole* et dont les ailes semblent autant de paillettes d'or, voltigent sur un fond sombre, le parsèment de petites étoiles scintillantes et l'émaillent de la couleur de feu la plus vive. Les prairies, les bosquets, le paysage en sont entièrement illuminés. L'agitation perpétuelle de ces curieux animaux est bien plus amusante que la vue de ces figures tristement sérieuses traînées dans leurs magnifiques équipages et que les mouvements des piétons qui ont bien de la peine à se contenir dans les contre-allées pour éviter d'être meurtris par les roues ou par les chevaux.

La première fois que j'entendis un improvisateur italien ce fut à un dîner chez l'ambassadeur de France. On avait invité le plus fameux de l'époque, Gianni, Romain d'origine, âgé de trente-six ans, bossu, maigre, d'une figure blême, les yeux petits et enfoncés, mais pleins de feu. Les sujets qu'on lui donna d'abord furent la chimie et la géométrie, ensuite la sculpture, la peinture et la dame de la maison. Un volume de Métastase se trouvait là;

il l'ouvrit et composa sur-le-champ des vers à la fin desquels s'arrangeait le mot qui terminait ceux de Métastase. Les Italiens de la compagnie convinrent que les improvisations de Gianni étaient pleines de verve et de raison. Il a fait imprimer quelques-unes de ses poésies improvisées qui, au jugement des connaisseurs, soutiennent l'épreuve de la lecture.

Après le dîner, j'allai me promener avec le poëte sur le boulevard du côté de l'est. Je vis dans une voiture le comte Alfieri et la comtesse d'Albanie, femme du dernier prétendant à la couronne d'Angleterre. Celle-ci a été renommée pour sa beauté, ses grâces et son esprit. Alfieri me parut un très-bel homme. Ses ouvrages dramatiques lui ont fait une grande réputation comme penseur et comme écrivain.

Cette promenade conduit à un arc de triomphe élevé en l'honneur d'un des derniers ducs de Toscane. Il est d'un beau style et a quelque ressemblance avec notre porte Saint-Denis.

Lorsqu'on rentre dans la ville après la vingt-quatrième heure du jour, ou neuf heures du soir, selon notre manière de compter, on paye un droit de passage, perçu au profit des pauvres; c'est ce qui nous arriva.

De mes observations pendant un séjour prolongé et répété à plusieurs reprises, de mes entretiens avec des habitants du pays aussi distingués par leur esprit que par leurs lumières, j'ai recueilli les notions suivantes sur la manière de vivre et sur les mœurs de la noblesse, des gens riches, des particuliers aisés et des hommes qui les imitent à Florence. Ne rien faire, avoir des chevaux et un carrosse, occuper des appartements garnis de peinture, de sculpture et de beaux meubles, s'entourer d'un nombreux domestique à livrée, briller dans les promenades publiques et dans les rues par la magnificence de ses équipages, tel est en général le bonheur suprême. Presque tous sacrifient à la vanité les douceurs de la table, les plaisirs de la société, les agréments des maisons de campagne, enfin toute jouissance qui n'a pas pour but le luxe extérieur. Dans ces différentes classes on ne trouve qu'une éducation superficielle et de convention; nul goût pour les sciences, pour les beaux-arts, pour l'agriculture, pour les études utiles. Les chevaux, les voitures, le domestique, l'ajustement, voilà les uniques objets de la conversation.

Les femmes se visitent peu entre elles, vont le matin dans les églises, sortent le soir dans de belles voitures pour se montrer à la promenade, quelquefois se rendent dans un casino, où l'on n'admet que des nobles et où l'on jase de la pluie, du beau temps, du froid, de la chaleur, des modes, de la chronique du jour et de mille futilités pareilles.

Un usage adopté généralement par les femmes qui prétendent au bon ton est d'avoir un ou plusieurs sigisbés. C'est un fait trop bien constaté pour qu'on puisse le révoquer en doute. Quelques mois après le mariage, souvent au moment de le contracter, la femme demande un sigisbé à son mari, qui se charge de le choisir : car elle semble toujours indifférente sur celui qu'on lui donne; mais s'il ne lui convient pas, elle sait fort bien s'en défaire et s'en procurer un autre qui soit plus à sa fantaisie. Les grandes dames en ont ordinairement deux, l'un qui est l'ami du cœur, l'autre le complaisant ostensible; ou bien ils changent de rôle tour à tour.

Ce rôle est le plus plat et le plus absurde qui puisse exister. Le sigisbé se tient perpétuellement auprès de sa dame, excepté aux heures des repas, que chacun prend chez soi : il la conduit à l'église, à la promenade; il est, pour ainsi dire, son ombre, un esclave soumis à ses volontés et à ses caprices. On sent que des êtres si méprisables ne peuvent inspirer la moindre estime aux objets mêmes qui les avilissent : effectivement, les femmes les traitent en général avec hauteur, leur commandent impérieusement, se font rendre par eux les services qu'on exige à peine des valets; quelquefois il arrive que le complaisant et le sigisbé sont supplantés par un aventurier qui se conduit très-cavalièrement envers la dame et se moque de tous trois.

Par suite d'un usage si extraordinaire, le mari, dont la femme a un sigisbé, en sert lui-même à une autre femme. Lorsque celui de la sienne arrive dans la maison, il en sort pour aller remplir ailleurs le même office, peut-être auprès de l'épouse de l'homme qui vient chez lui.

Qu'on juge d'après cela de l'union qui règne dans des ménages de cette espèce, du respect qu'ont les enfants pour leurs père et mère, de l'attachement qu'ont les parents entre eux.

La seule fois peut-être que j'aie pu goûter pleinement le plaisir du spectacle, surtout l'agrément d'entendre la musique, sans être distrait par le bourdonnement des conversations particulières qui ont lieu non-seulement dans l'intérieur des loges, mais extérieurement d'une loge à l'autre, ce fut au théâtre *del Cocomero*, un soir que le grand-duc et la grande-duchesse y assistaient. Au moment où ils entrèrent, tout le monde se tint debout et découvert; on battit des mains à plusieurs reprises. Les princes saluèrent les spectateurs, et la pièce fut écoutée dans le plus grand silence.

La glace est une chose très-précieuse pour la population qui habite le bassin où se trouve située Florence; mais comme les fortes gelées sont rares dans cet enfoncement circonscrit par de hautes montagnes, on a imaginé un moyen d'y suppléer. Pour cet effet, on établit à main d'hommes, dans l'intérieur même de ces montagnes, des réservoirs où l'on fait entrer de l'eau pendant l'hiver. Lorsque cette eau est gelée, on en tire la glace et on la renferme durant l'été dans des glacières voisines. Elle est ensuite descendue à la ville et aux environs à mesure que les besoins de la consommation l'exigent.

Quand l'Arno est navigable, il part des Cachines, tous les matins, une barque qui porte les voyageurs de Florence à Pise ou à Livourne. Elle met ordinairement vingt-quatre heures pour se rendre à Pise. Le trajet se fait en moins de temps lorsque les eaux sont abondantes. On descend le fleuve à la rame. Ce sont des hommes ou des chevaux qui remontent les bateaux. Si le vent est favorable, on emploie la voile.

En m'entretenant des lois particulières à la Toscane, de l'agriculture, du commerce, de l'économie rurale, de la modicité des impôts, du peu de priviléges de la noblesse, de la restriction du nombre des couvents, enfin de l'organisation sociale en général, j'acquis des notions aussi intéressantes que nouvelles.

On sait que le grand-duc Léopold, qui depuis fut empereur d'Allemagne, après la mort de Joseph II son frère, a été pour la Toscane un véritable législateur. Ses institutions cependant sont moins un code particulier que l'abrogation d'anciennes lois émanées du système de la féodalité. Cette multitude d'ordonnances, qui prétendaient tout régler, n'avaient abouti qu'à porter partout le découragement et le désordre. Pour ce qui concerne l'agriculture, la législation de Léopold se réduit à deux lois ou plutôt à deux déclarations de principes : liberté sans borne au propriétaire de faire croître sur sa terre tout ce qu'elle peut produire, et de vendre, au dehors de l'État comme au dedans,

CHAPITRE XVII.

tous les produits qui, pour être consommés, n'ont pas besoin de préparations.

Sous le rapport des encouragements à donner à cette branche de l'économie publique, Léopold institua un grand nombre d'établissements. Entre autres, il forma des haras pour le perfectionnement des animaux de labourage, de trait, de portage et autres bestiaux. A cet effet, de vastes terrains, abandonnés par la mer, se changèrent en prairies, les unes entièrement découvertes, les autres abritées par des arbres, divisées en parcs très-étendus et appropriés aux destinations suivantes :

L'un fut consacré à la multiplication des plus belles races de bêtes à cornes qui existent en Suisse et en Italie.

Un autre, à celle de l'espèce de chevaux la plus avantageuse aux charrois et aux travaux champêtres.

Un troisième renferma les chevaux utiles à la remonte de la cavalerie, à la course et aux usages de luxe.

Dans un quatrième furent rassemblés les étalons des plus beaux ânes de la Sicile, de la marche d'Ancône et des Pyrénées.

Enfin un cinquième parc fut destiné à la multiplication des chameaux. C'était peut-être le seul haras de cette espèce qui existât en Europe. Ces animaux, déjà au nombre de deux cents, étaient séparés en trois divisions : 1° les mâles, 2° les femelles, 3° les jeunes individus au-dessous de l'âge de cinq ans.

D'après ce que j'ai vu sur les lieux, ces haras, loin d'être à charge au gouvernement, lui procureraient un bénéfice assez considérable par la vente de leurs produits. Point d'état-major pour régir l'établissement : un simple directeur, homme intelligent, tiré de la campagne, ayant un intérêt dans l'exploitation, et, sous ses ordres, des gens de service laborieux et convenablement rétribués.

En outre, l'économie des herbages, portée au plus haut point de perfection, offrait un modèle en ce genre.

Le droit de chasse est le partage de tout particulier connu, propriétaire ou non propriétaire. De cette liberté illimitée sont résultés quelques abus, par exemple les dégâts occasionnés par le grand nombre de chasseurs qui passent sur des terrains clos et en culture, dans des saisons où les récoltes en souffrent. Aussi les possesseurs de terres voisines d'un château appartenant au grand-duc vinrent-ils supplier ce prince d'accepter la cession de leur droit de chasse, afin qu'il ne fût plus exercé que par lui sur leurs propres terrains. Ce nouvel ordre de choses a produit un inconvénient plus grave que celui auquel on voulait remédier. Le grand-duc ayant peu le goût de la chasse, le gibier s'est multiplié au point de faire perdre une partie des récoltes, et il a fallu de longues sollicitations pour obtenir la destruction ou du moins la diminution des animaux.

Comme, dans presque toute la Toscane, les fermiers partagent avec leurs propriétaires, les fermages sont peu étendus et les terres très-divisées. Le propriétaire reçoit, après chaque récolte, la moitié du produit net. Les travaux neufs, tels que défoncement d'un terrain inculte, plantation d'un bois ou d'une vigne, construction de murs, sont à sa charge; il fournit les semences et est obligé de faire l'avance du grain nécessaire à la nourriture du fermier et de sa famille pendant la mauvaise saison. Cette avance a lieu surtout lorsque les terres en fermage ne produisent que du vin, des olives ou autres substances qui n'entrent pas dans la première nourriture de l'homme. Le propriétaire s'indemnise alors sur la part qui revient au fermier dans les récoltes. Il arrive souvent que ce dernier s'endette envers son propriétaire, et quelquefois la somme devient si forte qu'il est impossible de l'acquitter : si c'est par inconduite, le propriétaire retire le fermage en prévenant une année d'avance. On a vu de grands propriétaires, au lit de mort, remettre par testament des sommes qui leur étaient dues par leurs fermiers. Ceux-ci en général sont traités fort humainement dans ce pays; il n'est pas rare qu'ils gèrent les fermes de père en fils pendant plusieurs générations.

Les propriétaires regardent comme un revenu médiocre les plantations d'oliviers. On ne peut, disent-ils, compter qu'une récolte complète d'olives sur cinq années; souvent on n'obtient qu'une moitié, un quart, un huitième de récolte, quelquefois rien du tout. De plus, la culture de ces arbres exige des labours, des engrais chauds, des taillis, des travaux de terrasse, des réparations de murailles. Elle est donc à la fois très-coûteuse et peu lucrative, parce que, lorsque la récolte est bonne, elle l'est assez généralement partout, l'huile est à bas prix et ne peut se conserver longtemps. Aussi n'emploie-t-on en plantations d'oliviers que des terrains montueux, escarpés et qui ne sont pas susceptibles de cultures plus avantageuses.

Les cultivateurs non propriétaires vivant du produit des terres dont ils sont fermiers, en plaine, dans de bons fonds, non sur les montagnes escarpées et éloignées des grands chemins et des rivières, sont bien nourris, bien vêtus, sainement et proprement logés; ils ont de l'aisance et même du luxe, car leurs femmes, leurs filles surtout se parent de rubans de soie, de plumes et de joyaux d'or et d'argent; ils montent de bons chevaux pour aller aux marchés ou à leurs affaires; de bons ânes portent les denrées à la ville : enfin ces fermiers semblent des seigneurs en comparaison des Milanais de même condition qu'eux. En voici les raisons.

1° Nul intermédiaire de fermiers généraux entre le cultivateur et le propriétaire de la terre;

2° Le cultivateur ne paye pas son fermage en argent, mais en denrées de son crû;

3° Il ne paye qu'en proportion de ses récoltes annuelles, puisqu'il est de moitié avec le propriétaire dans les bénéfices des produits de sa culture.

De là résulte que le fermier s'identifie avec la terre

qu'il cultive; qu'ayant l'assurance de conserver sa location, il se livre à des essais plus compliqués et à des expériences pour augmenter ses produits; qu'il n'est pas obligé de vendre ses denrées avec défaveur pour payer son fermage; enfin que sa terre étant mieux cultivée, il est plus riche et son propriétaire aussi.

Un autre avantage encore, c'est que cette aisance influe sensiblement tant sur la constitution physique de l'espèce humaine que sur ses formes et sur ses agréments extérieurs. Les hommes sont grands, bien proportionnés, agiles et robustes. Les femmes, douées de la même force relative, n'en conservent pas moins les grâces de leur sexe.

J'eus occasion de m'entretenir avec M. Targioni Tozzetti des produits naturels de la Toscane et des lieux qui en rassemblent un plus grand nombre. Pour les plantes, c'est sur les montagnes de Vallombrosa et des Camaldoli qu'on en trouve une quantité plus considérable. Les sources de l'Arno sont fertiles en pétrifications d'os d'animaux étrangers, telles que des défenses et des dents molaires d'éléphants, de mammoth, etc. Dans le voisinage de Sienne, on rencontre des bancs de sable coquillier microscopique et des mines de borax assez abondantes. Il existe aussi des mines de charbon de terre de bonne qualité, dans lesquelles on distingue beaucoup de corps marins et terrestres très-curieux en histoire naturelle; mais elles ne sont point exploitées, soit à cause de la difficulté ou même du manque de chemins pour en transporter les produits, soit parce que le bois est à fort bon marché dans leur voisinage.

La partie du règne animal est pauvre en quadrupèdes, parce que ce pays montagneux étant couvert de neiges pendant plusieurs mois de suite, ces animaux n'y trouvent point de vivres. Mais il est riche en oiseaux de passage, qui viennent des côtes de Barbarie, cailles, bécasses, bécassines, etc. On les prend au filet, et il s'en fait une grande consommation. La mer de Livourne, féconde en excellent poisson de toutes les espèces, fournit encore des métaux aux naturalistes en même temps que des ressources aux habitants. Je m'étonnais qu'on ne se fût pas occupé à décrire dans un ouvrage spécial l'histoire naturelle complète d'un pays si fertile et qui contient des séries si étendues dans les trois règnes. M. Tozzetti me répondit que cette entreprise ne pouvait se faire qu'aux frais et par les ordres du gouvernement, qui jusqu'à présent avait montré beaucoup d'indifférence à cet égard : que les naturalistes, étant pour la plupart des médecins peu aisés, ne pouvaient abandonner les soins de leur profession pour se livrer à des recherches et à des travaux qui ne leur offraient en perspective aucun dédommagement.

Dans les environs de Florence, les vignes sont plantées tantôt au pied des érables champêtres, qu'on taille en entonnoir et sur lesquels portent les sarments; tantôt en lignes droites, à cinq ou six pieds de distance dans les rangs, et les rangs espacés entre eux de deux, quatre et cinq toises, suivant les cultures qu'on pratique dans ces intervalles. Les branches des ceps forment deux cordons que soutiennent des perches transversales disposées sur des pieux.

Parmi les variétés de raisins, on distingue principalement les blancs, les noirs et les rouges. Les blancs, qui sont la variété la plus nombreuse, ont d'ordinaire les grains petits, la grappe longue, grêle et abondante. Les noirs varient beaucoup en grosseur, en longueur et en saveur. La variété des raisins rouges est la moins considérable; la plus commune est celle dont la couleur tire sur le bigarreau. Ses grappes sont coniques, grosses et garnies de grains sphériques du volume de ceux de notre chasselas. Presque toutes ces espèces sont mêlées ensemble dans les vignes et se récoltent en même temps pour la fabrication du vin.

Je fis plusieurs herborisations autour de la ville, dans toute l'étendue de sa circonférence, et j'y rencontrai de jolies plantes que je n'avais point vues encore en rase campagne, telles que l'*amaryllis lutea*, l'*arundo donax* et le *carlina lanata*. La première formait des touffes assez fortes sur le penchant d'une berge ombragée et exposée au nord. Ses belles fleurs dorées, dont plusieurs étaient épanouies, me la firent apercevoir de loin. Ses bulbes ne sont pas enfoncées en terre de plus de deux à trois pouces. L'*arundo donax* croissait sur les bords d'une digue construite pour empêcher les eaux d'un ravin de s'échapper dans des terrains cultivés. Cette plante, dont les racines sont fortes et composent des empattements très-étendus, est très-propre à solidifier les terres mouvantes. Ses tiges s'emploient à faire des treillages, des haies, des claies et beaucoup de petits ouvrages économiques. On donne pour nourriture aux bœufs les feuilles encore vertes et surtout le bouquet qui les termine. Je trouvai aussi sur mon chemin et particulièrement dans les haies une variété du *quercus robur*, très-remarquable par la petitesse de son feuillage, ses découpures régulières et sa couleur glauque. Ma promenade me conduisit jusqu'aux portes d'une maison de plaisance du grand-duc, située dans le voisinage de la route qui mène à Rome. Cette maison est bâtie sur une éminence d'où le regard domine Florence; on y arrive par une avenue de plus d'un mille de long, en pente douce, plantée de superbes chênes verts et de cyprès pyramidaux et étalés. Le manoir a peu d'apparence, il est même d'assez mauvais goût; mais il est accompagné d'un jardin à la française, dont les allées sont formées de lauriers francs, de chênes verts, de cyprès, de phylliréa et autres arbres de cette nature.

CHAPITRE XVIII.

Abbaye de Vallombreuse. — Chemin. — Premier monastère. — Avenue. — Maison principale. — Bois de sapins et de hêtres. — Pelouse. — Aspects. — Plantes. — Chapelle. — Différentes parties de l'édifice conventuel. — Détails sur la culture du sapin. — Retour à Florence. — Visite des monuments avec la famille Trouvé. — Froid extraordinaire au mois de juin. — Observations météorologiques.

J'avais entendu trop souvent parler de l'abbaye de Vallombreuse pour ne pas céder au désir d'y aller faire une excursion. L'on s'y rend de Florence par la porte du sud-est, et l'on prend un grand chemin bordé de jardins, de cultures d'oliviers et de vignes, d'habitations de gens de la ville et de la campagne. Quoique tortueuse et irrégulière, cette route est bien entretenue, comme le sont toutes celles de la Toscane. On côtoie longtemps les bords de l'Arno en remontant vers la source de cette rivière, ou plutôt de ce torrent, qui coule au milieu d'une vallée resserrée entre de hautes montagnes cultivées presque jusqu'au sommet et garnies de villages, de hameaux et de maisons isolées. Vers les deux tiers du voyage, on quitte la voiture pour faire le reste du voyage à cheval. Le chemin devient étroit, âpre, escarpé en beaucoup d'endroits. Il faut suivre les contours des collines pour arriver d'une montagne à l'autre. Les cultures diminuent; cependant on rencontre encore des oliviers, des vignes et des châtaigniers. Les villages sont en plus petit nombre, et, quoique les maisons soient assez bien bâties et assez propres à l'extérieur, les habitants sont mal vêtus et demandent l'aumône avec une ténacité sans exemple : femmes, filles, enfants se rassemblent par bandes et poursuivent les étrangers jusqu'à ce qu'on leur ait donné.

Après les bois de châtaigniers viennent des forêts de chênes, de hêtres, où se mêlent des tilleuls, des sycomores, des trembles, mais point de bouleaux. Je vis beaucoup d'*erica scoparia* et *fruticosa, genista juncea, spartium purgans, cistus salvi folius*. Environ à deux milles de l'abbaye, on entre dans une magnifique forêt de sapin, *pinus picea*, L.

A une égale distance entre le lieu où l'on monte à cheval et l'abbaye de Vallombrosa, on trouve un beau monastère qui en dépend et qui sert de maison de plaisance aux religieux dignitaires. C'est une position charmante : riches propriétés en terres labourables, vaste enclos planté de vignes, d'oliviers, d'arbres à fruits, grand potager, le tout parfaitement cultivé. Les religieux nous accueillirent avec beaucoup de déférence, et l'un d'eux, le procureur ou célerier du couvent, voulut nous accompagner au manoir principal.

Parvenu enfin à cette espèce de chartreuse et les premiers devoirs remplis envers l'abbé, je m'empressai de connaître les dehors et les environs. L'abbaye est située, à l'exposition du sud-ouest, dans un enfoncement que forment plusieurs pics de montagnes qui la dominent circulairement, excepté sur le devant, et qui, jusqu'au tiers de leur hauteur, sont couverts de forêts de sapins. La seconde zone est une forêt de hêtres, et la troisième, jusqu'au sommet, une pelouse très-verte et très-fine. Ces pics, de différentes élévations, se lient ensemble par une ligne légèrement ondulée.

Les bâtiments sont précédés d'une avenue d'environ un mille de long sur trente-six pieds de large, plantée de quatre rangées de sapins qui ont plus de quatre-vingt-dix pieds de haut, quelques-uns du diamètre de quinze à dix-huit pouces. On assure que cette plantation a plus de cent ans. L'avenue monte doucement en ligne droite et annonce l'abbaye d'une manière grande, sérieuse et imposante.

La maison forme un carré long entouré d'une cour spacieuse. Derrière est placée l'église, la plus ancienne construction de l'édifice; son clocher gothique marque le milieu de cette vaste étendue. En avant de la cour, un large et profond vivier rempli d'eau fait mouvoir de ses eaux limpides et courantes un moulin à farine, et à l'opposite un petit hameau de cinq ou six habitations renferme les ouvriers employés au service de l'abbaye ou à l'exploitation des terres.

Sur le penchant d'une colline à gauche, une pelouse immense sert à la nourriture d'un nombreux troupeau de bêtes à laine : cette belle prairie, les animaux qui la couvrent, les attelages de bœufs qui font les transports de bois et de fourrages, les fabriques du hameau, celles du monastère, les lignes de grands arbres qui les environnent, les montagnes boisées qui les dominent, font de ce lieu un paysage ravissant, plein de mouvement et de vie; éclairé par les rayons d'un soleil couchant, il offre un des plus magnifiques tableaux de la nature. Un peintre français, M. Goiffier, épris des beautés de cette solitude, les a reproduites dans une de ses compositions qui lui font honneur.

Un bois de sapins, coupé depuis quelques années, m'offrit une remarque intéressante. Le terrain s'était couvert de ronces, de genêts et d'une multitude de plantes adventices qu'on rencontre fréquemment dans les jeunes taillis. Les graines de ces plantes n'ont pu être apportées par les vents depuis que les sapins ont été coupés : leur immense quantité en est une preuve non équivoque. Ces végétaux n'existaient pas non plus sous les sapins, puisque sous les arbres voisins il ne se rencontre qu'un sol nu, couvert d'une couche de feuilles sèches de plusieurs pouces d'épaisseur. Il faut donc que les graines de ces plantes adventices se soient conservées dans la terre depuis l'époque où les arbres, en s'en emparant, n'avaient plus permis à d'autres plantes moins vigoureuses d'y croitre. De ce fait on peut conclure avec beaucoup de probabilité que les semences de certains végétaux ont la faculté de vivre sous la terre au moins une centaine d'années.

Après un souper frugal et une nuit passée dans des lits meilleurs que ne le sont ordinairement ceux d'Italie, nous montâmes à cheval le lendemain pour faire une longue course. En sortant de l'abbaye et passant devant le hameau, on suit un chemin roide, tortueux, souvent escarpé, qui conduit au sommet d'une des montagnes les moins élevées. On traverse d'abord la zone des sapins, toute plantée à main d'homme, par lignes droites. Le terrain au-dessous est sans verdure, excepté sur les bords du chemin, qui sont plus aérés, et le long des ravins, où il suinte un peu d'eau. Ces sapins forment des masses plus ou moins hautes, plus ou moins étendues, à raison de leur âge. Sur les plus vieux on trouve le *lichen barbatus*, le *pulmonarius*, le *prunastri* et plusieurs autres. Les troncs sont généralement lisses, et les souches se divisent en grosses racines qui courent à la surface de la terre et à de grandes distances. Cela vient sans doute de ce que ces arbres, ayant été transplantés, n'ont point de pivot et que d'ailleurs le terrain a peu de profondeur. Cela peut aussi hâter leur vieillesse. Les religieux prétendent que lorsque les sapins ont atteint quatre-vingt-dix à cent pieds de hauteur et dix-huit à vingt pouces de diamètre, ils ne poussent plus, sont dans leur parfaite maturité et doivent être abattus. J'ai remarqué cependant plusieurs individus de ces arbres dont le diamètre avait trente-six à quarante pouces et dans un état de croissance encore très-vigoureuse : je soupçonne que ces individus provenaient de graines qui s'étaient semées d'elles-mêmes et qui avaient crû sur la place où ils étaient nés. Cette remarque s'accorde avec des observations faites ailleurs.

De la région des sapins on entre sans interruption dans celle des hêtres. Elle est très-garnie ; les cépées d'arbres se touchent et couvrent le terrain dans beaucoup de parties ; dans d'autres, étant plus vieux et plus élevés, ils sont plus écartés ; vers le haut, ils sont moins grands, ont la tête arrondie et le port des pommiers. Ces bois de hêtres ne sont employés qu'au chauffage de l'abbaye et des habitations voisines ; et comme ils excèdent la proportion des besoins, on laisse pourrir sur pied une grande quantité d'arbres, ceux par exemple dont l'accès est plus difficile. Les vieux troncs se couvrent d'*agaricus igniarius*, de lichens et autres plantes parasites.

Quand on a dépassé la région des hêtres on trouve un terrain découvert, tapissé d'une pelouse épaisse, très-douce au marcher, d'une verdure tendre et agréable à la vue. Là, un air plus vif imprime un sentiment de froid assez incommode ; mais si les rayons du soleil éclairent la crête de la montagne, on éprouve bientôt le degré de chaleur nécessaire pour obtenir la transpiration. A ce point, un nouveau champ s'ouvre à l'observateur. Du côté de l'est, l'Arno, descendant de sa source, coule dans une vallée d'où son lit serpente pour arriver jusqu'à la mer. Florence paraît aux regards, ainsi que le bassin formé par les montagnes de second ordre et dans lequel cette ville est renfermée ; plus loin, du côté du nord, on aperçoit Pistoia. Enfin tout ce pays, quoique hérissé de montagnes, se montre couvert de villes, de bourgs, de villages, de hameaux, de petits châteaux, de monastères, de fermes, de métairies et d'habitations. Ces fabriques sont disséminées sur ce vaste territoire dans une telle proportion et placées dans des positions si commodes pour la demeure, si pittoresques pour le paysage, qu'on est tenté de croire que ce local est celui d'une seule ville dont les maisons ne sont séparées que par des jardins. Ce qui fait ressortir encore les différentes fabriques, c'est que toutes ont plus d'un étage et sont crépies d'une chaux si blanche qu'elles tranchent sur la verdure de la campagne au point de faire distinguer les plus petites à douze ou quinze milles d'éloignement. Elles prennent en outre un caractère particulier de leurs toits à l'italienne couverts de tuiles rouges.

Du côté opposé, c'est-à-dire au nord et au nord-est, la scène change : terrain plus tourmenté, montagnes plus rapprochées, plus hautes, presque nues, dépouillées de verdure et sillonnées profondément par des ravins multipliés. C'est là que l'Arno prend sa source, non loin d'un monastère de Camaldules, dont le site est encore plus pittoresque que celui de Vallombrosa, mais plus sévère et moins aimable. A mesure qu'on circule sur cette crête, l'aspect varie, selon les divers instants du jour. La formation des nuages, leur groupement au-dessus et autour des montagnes, la vitesse avec laquelle ils sont poussés, transportés par les vents, présentent un spectacle aussi attachant que la vue même du paysage. Quelquefois les nuages de la partie du nord remplissent les vallons jusqu'à une certaine hauteur et ne laissent à découvert que les cimes les plus élevées. Alors vous croiriez voir une mer immense agitée par des flots blanchissants d'écume et parsemée d'îles coniques contre lesquelles ils viennent se briser.

La magie de cette perspective ne m'empêchait pas de regarder de temps en temps à mes pieds et d'examiner les plantes qui composent cette pelouse unie où je cheminais si mollement. Diverses sortes de *gramen* en sont la base ; je distinguai le *nardus stricta* en abondance, parce que, étant sec et dur, les bestiaux le laissent venir en graine et qu'il se multiplie très-rapidement ; beaucoup de mousse, le *polytrichum commune*, le *lichen rengiferinus*, des *hyperum*, des *minium*, etc.

En descendant cette chaîne de montagnes par le côté opposé à celui par où j'y étais venu, je traversai de nouveau la zone des hêtres, et j'exprimai le regret de voir les arbres périr sur pied. Pourquoi, demandai-je, ne les transporte-t-on pas à Florence, où ils seraient si nécessaires au chauffage et de si bon débit, puisque le combustible y est très-cher? —

C'est, me répondit-on, parce que les charrois par terre seraient fort dispendieux et qu'on ne peut se servir du flottage, ce bois très-spongieux s'imbibant et s'arrêtant au fond des rivières. Je ne sais jusqu'à quel point est fondée pareille opinion, mais il me semble que ce bois, s'il était bien sec, flotterait comme un autre.

Je repassai ensuite par la zone des sapins, en suivant le chemin tracé pour leur exploitation. Quoique très-rapide et souvent aussi roide qu'un escalier de maison, les bœufs y montent et en descendent avec des fardeaux assez pesants. On les attèle à des traîneaux extrêmement simples. Ce sont quatre pièces de bois dont les bouts inférieurs portent à terre et sont liés ensemble par des chevilles. Il n'entre ni roues ni fer dans cette construction, et l'homme le moins intelligent peut la faire. Elle est propre à la plaine comme à la montagne.

Tout en marchant j'herborisais : je trouvai le *cyclanum europœum*, le *lychnis dioïca purpurea*, un *hieracium* que je ne connaissais pas et quelques autres plantes plus répandues.

Cette promenade avait précédé le déjeuner; nous la continuâmes après, et nous dirigeâmes nos pas vers une chapelle nommée le Paradis. Il faut, pour s'y rendre, grimper par un sentier qui serpente sur des ravins escarpés et profonds, où la fonte des neiges forme des ruisseaux, des chutes d'eau et même des cascades d'un beau caractère. La chapelle, assez vaste, est décorée avec plus de prétention que de goût; on y remarque cependant le tableau du maître-autel, ouvrage d'Andrea del Sarte et fort estimé des connaisseurs. A côté de cette chapelle est un petit bâtiment qui contient des cellules, des corridors, des galeries, le tout rempli de gravures d'après les tableaux de l'histoire sainte; et à l'entour un petit jardin symétrique avec un potager bien entretenu. De cet endroit on domine sur Florence et on en distingue les principaux monuments. C'est aussi la seule partie de Vallombrosa qu'on aperçoit de la ville; les autres se trouvant dans une position plus basse, la vue en est interceptée par les montagnes.

Le dîner fut très-copieux et à deux services. Après la soupe, on nous présenta un verre de vin de Malaga mélangé avec de l'absynthe, de la rhubarbe, de la cannelle, du girofle et beaucoup d'autres drogues à chacune desquelles ces bons religieux attribuent des vertus plus ou moins spécifiques pour les diverses parties de l'économie animale : l'une est salutaire à la poitrine, l'autre fortifie l'estomac; celle-ci est antifébrile, celle-là donne du ton aux viscères : c'est, disent-ils, un préservatif contre tous les maux; après la soupe, c'est un nectar par excellence. Je ne pus cependant prendre une telle idée de ce breuvage, car j'ai eu beau le tempérer par des verres d'eau, il n'en troubla pas moins ma digestion. Tous les aliments étaient si farcis d'épices qu'ils ne sauraient convenir qu'aux estomacs qui ont besoin d'être stimulés et non à ceux qui ont l'habitude d'un régime simple et frugal.

Il nous restait à voir l'abbaye. On nous conduisit d'abord dans l'église. C'est un vaisseau qui n'offre rien de remarquable, mais il s'y trouve un des meilleurs tableaux d'Andrea del Sarte. Les cloîtres, la sacristie renferment des peintures à fresque qui ont du mérite. Les différentes parties de la maison conventuelle, dortoirs, chambres et dépendances, sont meublées très-simplement et tenues avec une extrême propreté. La bibliothèque est une vaste salle qui renferme, parmi un grand nombre de livres presque tous relatifs à la théologie, à l'Écriture sainte et à la piété, des manuscrits grecs, latins et arabes, et un missel précieux par les peintures dont il est enrichi et par son ancienneté, qui date du quatorzième siècle.

On m'avait parlé d'un cabinet d'histoire naturelle; je m'empressai de le visiter. Il occupe huit ou dix petites pièces. Le règne minéral est le plus étendu, le règne animal vient ensuite, le règne végétal est peu de chose : cependant il est curieux pour un botaniste. Il a été formé par un contemporain et un ami de Micheli, le père Tozzi, qui a peint d'après nature la plupart des plantes de la famille des champignons qu'on rencontre dans le voisinage, et les a représentées exactement avec leurs couleurs propres. Beaucoup de ces espèces sont peu connues et mériteraient d'être gravées.

L'apothicairerie est garnie d'une immense quantité de drogues dont heureusement on fait peu d'usage à l'abbaye, et pourvue de tous les ustensiles nécessaires.

Pour prix de l'hospitalité que j'avais reçue de ces excellents pères et en reconnaissance de leurs obligeantes attentions, je leur promis de leur procurer des graines de différents arbres résineux, dont le bois peut être employé aux mêmes usages que le sapin, tels que le cèdre du Liban, le pin laricio, le pin de lord Weimouth, le cèdre rouge de Virginie, le pin maritime, etc.

Il paraît que la culture du sapin est, depuis un temps très-reculé, pratiquée dans ce canton et que c'est un des principaux produits de l'abbaye de Vallombrosa.

On choisit le terrain intermédiaire entre la base et le sommet de la montagne, dans une largeur qui peut avoir deux à trois milles d'étendue. La place de la plantation une fois désignée, on fait des trous de six à huit pieds de distance les uns des autres, larges de trois pieds sur deux de profondeur. Au printemps on y plante, en ligne droite et en quinconces, autant que le terrain le permet, de jeunes pieds de sapins venus naturellement de semence dans les bois voisins ou élevés de pépinière dans un lieu préparé. Si le terrain était précédemment occupé par des sapins, les plants se mettent entre les souches des arbres qui ont été coupés. Ces souches pourrissent au bout de six ou huit ans et fournissent par leur décomposition un engrais utile à la plantation nouvelle. Les jeunes arbres languissent pendant plusieurs années; il en meurt un grand nombre qu'on est obligé de remplacer; mais enfin ils triomphent, s'emparent du terrain, le couvrent, étouffent les genêts et les ronces qui ont protégé leur enfance. Ils croissent ensuite avec vigueur, font des pousses annuelles de trois à quatre pieds de long. Arrivés à cet état, on les oublie; ils s'élaguent d'eux-mêmes, atteignent successivement à la hauteur de quatre-vingt-dix à cent pieds, et acquièrent par le bas dix-huit à vingt-cinq pouces de diamètre.

Alors on coupe à blanc la plantation, c'est-à-dire qu'on ne laisse aucun arbre sur le terrain; on ébranche et on écorce les troncs, et on les fait glisser du haut de la montagne en bas. De là, des bœufs les charrient aux bords du torrent qui doit les flotter jusqu'à l'Arno. On en compose des trains qui sont conduits jusqu'à Livourne, où on les emmagasine dans des chantiers appartenant à l'abbaye. C'est dans ces magasins qu'un facteur les débite aux acheteurs. Un beau sapin, de la longueur de quatre-vingt-dix à cent pieds, du diamètre de vingt pouces, dépouillé de son écorce, bien droit et bien sain, se vend environ cent écus tournois; la moitié de cette somme paye l'exploitation et le transport, le reste est en bénéfice pour le propriétaire. On compte qu'il faut de soixante-dix à quatre-vingts ans pour produire un tel arbre.

Sans doute le bénéfice est raisonnable, si l'on considère que le terrain employé à cette culture n'est guère propre à autre chose. Mais on pourrait la rendre plus lucrative encore si les hommes qui s'en occupent avaient plus de connaissance de la physique végétale et surtout de l'exploitation des forêts. J'ai vu avec peine qu'on perd ici deux pieds de bois de longueur par le bout le plus précieux, celui de la souche. On coupe les arbres à un pied, quelquefois dix-huit pouces, et même deux pieds au-dessus du niveau de la terre, et cela pour la plus grande commodité des bûcherons, tandis qu'en dépouillant les racines latérales de la culasse, on devrait profiter de la longueur qui est en terre, ce qui produirait trois et jusqu'à quatre pieds de plus.

J'étais absent de Florence lorsque j'appris par une lettre du chargé d'affaires en Toscane, M. de Fréville, qu'il venait de recevoir M. Trouvé, sa femme, ma parente, et leur fille, âgée de moins de trois mois. Trouvé se rendait à Naples, où il venait d'être envoyé comme secrétaire de légation. Je m'empressai de retourner à la ville pour faire connaissance avec ce nouvel allié de ma famille. Nous allâmes ensemble visiter la galerie des Beaux-Arts, les antiquités grecques et romaines qu'elle renferme, la salle de Niobé, celle des vases étrusques; le cabinet des bronzes, la tribune où l'on admire la Vénus de Médicis, le rémouleur, le groupe des lutteurs et l'esclave qui joue des cymbales.

De là nous vîmes au baptistère les bas-reliefs de bronze qui en ornent les portes. Ce sont des chefs-d'œuvre de sculpture coulée. La précision et la beauté des formes est unie à la grâce de la composition. Les sculptures de la troisième porte sont cependant inférieures à celles des deux autres.

Puis, à Saint-Laurent, les tombeaux des Médicis par Michel-Ange. Plusieurs figures de marbre, quoique non terminées, ont un grand caractère de noblesse; peut-être la nature est-elle un peu forcée dans l'expression des muscles et dans les attitudes.

La grande église de Sainte-Croix nous offrit, dans ses bas-côtés, les tombeaux d'hommes célèbres et de personnages éminents, entre autres ceux de Galilée, de Machiavel, de Micheli, botaniste, et de Michel-Ange Buonarotti. Ce dernier est décoré de trois superbes figures, représentant la Sculpture, la Peinture et l'Architecture qui pleurent cet immortel artiste.

Je conduisis successivement pendant plusieurs jours mon cousin Trouvé dans le cabinet d'histoire naturelle, où le chevalier Fontana nous attendait, dans les jardins de Boboli et le palais Pitti, dont j'admirai de nouveau la distribution et les richesses. Les appartements d'apparat occupent à peu près la moitié de l'étendue de ce palais. C'est dans l'autre partie que se trouve le logement du grand-duc et de sa famille. Toutes les pièces se communiquent; les murs sont tapissés de tableaux des plus grands maîtres de l'Italie et de l'Europe. Le palais Pitti renferme encore plus de tableaux précieux que la galerie des Beaux-Arts, et parmi ces chefs-d'œuvre, le premier peut-être est la madone della Sediola, de Raphaël, dont j'ai déjà parlé.

On nous fit voir dans le couvent de l'Annonciade un cloître dont les murailles ont été peintes à fresque par Andrea del Sarte. L'église est extrêmement décorée. C'était le moment où l'on célébrait la grand'messe, et quoique ce ne fût pas un jour de fête, il y était venu nombreuse affluence de fidèles. Les cérémonies du culte sont très-pompeuses en cette ville. Multiplicité des cierges, miroirs pour en réfléchir la lumière, encens, musique, rien n'y est épargné.

Qui croirait qu'à la mi-juin nous fûmes obligés, à Florence, de faire du feu pendant plusieurs jours, tant les pluies qui tombaient par torrents avaient refroidi la température?

J'ai recueilli sur les phénomènes météorologiques les mêmes observations ici qu'à Milan. Il y tombe aussi le double d'eau de pluie qu'à Paris; le terme moyen est de trente-deux pouces par année. Malgré cela, il n'y a pas de jour que le soleil ne se fasse voir et qu'on ne puisse se promener quelques heures, même dans les saisons pluvieuses; tandis qu'à Paris on reste des semaines, quelquefois un mois entier sans apercevoir le soleil. C'est que dans ce pays élevé l'eau tombe avec affluence et que chez nous, dans nos lieux bas, elle arrive en pluie fine qui dure longtemps sans s'élever au même niveau.

CHAPITRE XIX.

Route de Florence à Rome par Sienne. — Coup d'œil sur le pays. — — Sienne. — Le Dôme. — Groupe des trois Grâces. — Hôpital. — Jardin botanique. — M. Mascagni. — Entrée dans les États du pape. — Aquapendente. — Viterbe. — Ronciglione. — Tristesse des campagnes.

Dès les premiers pas qu'on fait dans la campagne, en suivant la route de Sienne, on est frappé de la mise des femmes ; elle ressemble beaucoup à celle des villageoises élégantes de nos théâtres ; chapeaux de paille ornés de dentelles, de fleurs artificielles ou de plumes ; vêtements de couleurs agréables, rubans aux manches. Les Toscanes sont en général grandes, bien faites et jolies.

On rencontre un nombreux concours de paysans qui se rendent au marché de Florence, à pied ou dans de petites voitures que traînent des ânes d'une race superbe.

Le pays, coupé de collines, est couvert d'oliviers, de mûriers, de vignes, de céréales. On cultive dans les jardins l'*arundo donax* par petites masses de trois à quatre toises. Une multitude de châteaux, d'abbayes, de maisons de plaisance ajoutent à l'agrément de ce paysage si varié.

Le chemin ne tarde pas à devenir étroit, sinueux, inégal; des descentes rapides obligent fréquemment les voitures à enrayer. Il faut traverser à gué ou sur de petits ponts en pierre des torrents sans eau dans l'été. Les montagnes s'élèvent, boisées en chêne, et présentant en abondance l'*erica arborea*, le *cistus monspeliensis*, le *pinus pinea* émondé jusqu'au sommet en forme de parasol, ou qui se ramifie en plusieurs grosses branches à vingt-cinq pieds de haut; puis, en redescendant, la route circule entre des collines orientées à toutes les expositions; celles qui regardent l'est et le midi sont cultivées en oliviers, en vignes mariées à l'érable champêtre, en figuiers entremêlés de champs de blé. Aux haies de cyprès, de romarin, d'yeuse et de ronces s'entrelacent le chèvrefeuille, la clématite, le *pyracantha*, le *quercus* à petites feuilles, le genévrier, le *ruscus aculeatus*, etc.

On arrive à la poste de San-Casiano, ne rencontrant que des hameaux, des habitations éparses et des maisons de campagne dont quelques-unes ont de l'importance. San-Casiano est un gros village; les habitants paraissent dans l'aisance; ils sont d'un beau sang.

Presque toutes les petites montagnes qu'on parcourt sont composées de pierres roulées. D'où sont-elles venues? Pourquoi forment-elles des monticules au lieu d'être par lits horizontaux? Il serait curieux de s'occuper de ces recherches.

Après la poste de Tavernelle, on rencontre de belles vallées bien cultivées en oliviers, en céréales, des bouquets de bois, peu de prairies, des vignes sur érable. On entre ensuite dans un pays très-tourmenté, dont le sol jaune, argileux, est d'assez bonne nature; les maïs sont maigres et languissants à cause de la sécheresse. L'*erigeron viscosum* vient par touffes dans les terrains incultes le long des chemins.

Je vis battre le grain sur une aire proprement faite en pierre, et le vanner en le jetant en l'air contre le vent; cette pratique se retrouve sur toute la route.

Au delà de Poggibonzi, on traverse une forteresse ancienne nommée Stadgia, curieuse pour sa forme; elle enferme un petit village. Le terrain est plus garni de forêts que dans les postes précédentes; moins de cultures d'oliviers; des vignes en abondance; quelques bœufs, vaches et moutons dans la campagne; des cochons noirs et blancs; paysage agréable et varié, enrichi de fabriques dispersées, dont quelques-unes sont très-pittoresques, de pavillons, d'anciens châteaux et de tours. Jusqu'à Sienne, le chemin est beau, sûr, entretenu avec soin, mais non bordé d'arbres, excepté lorsque des particuliers en ont planté sur leurs possessions.

La ville de Sienne, peuplée de dix-huit mille habitants, est jolie, bien bâtie, et très-aérée. Elle renferme quelques palais construits anciennement et d'assez bon goût, de belles maisons, de grandes places et des marchés abondamment fournis. Le sol en est irrégulier, mais propre partout. Sienne, l'une des principales cités des anciens Étrusques, devint colonie romaine, puis espèce de petite république, et c'est de cette dernière époque que datent ses plus beaux monuments.

Parmi ses églises, qui sont fort nombreuses, on distingue le Dôme, grand édifice gothique construit en marbre blanc et noir par bandes. Le portail, surchargé d'ornements aussi incohérents que recherchés, semble guilloché comme une tabatière. Mais l'intérieur offre des beautés de différents genres. Le pavé est précieux pour ses incrustations en figures de grandeur naturelle. On remarque surtout le sacrifice d'Abraham pour l'exactitude du dessin, de même que la voûte peinte en bleu et parsemée d'étoiles d'or, l'élévation des colonnes qui la soutiennent, et proportionnée à la grandeur du vaisseau, et les bas-côtés garnis de chapelles décorées de tableaux, la plupart faits par des peintres du pays, et dont plusieurs sont estimés. On montre avec empressement aux voyageurs la boiserie des stalles placées dans le chœur derrière le maître-autel. Elle est en effet curieuse par la recherche et le fini de la sculpture. La sacristie contient une suite de tableaux à fresque, ouvrage de Pérugin, d'après les dessins de Raphaël dans son jeune temps. Ils représentent des traits de la vie du pape Pie II. On me fit voir une collection de rituels, grands comme des atlas, dont quelques-uns remontent au treizième siècle. Ils sont écrits sur vélin et enrichis d'une multitude de figures et d'ornements en couleur et en or, d'un travail extrêmement délicat. Enfin, au milieu de cette sacristie, est un beau groupe de trois figures en marbre représentant les trois Grâces. Il fut, nous dit-on, trouvé dans le même lieu lorsqu'on fouilla les fondations de l'église.

En face du portail du Dôme est placé l'hôpital général. Les salles, un peu élevées au-dessus du rez-de-chaussée, ont seize à dix-huit pieds de large sur des longueurs inégales. Elles contiennent une et quelquefois deux rangées de lits, tous en fer et séparés les uns des autres par un rideau. Les deux sexes ont chacun un local différent, et il y a des salles particulières pour les maladies contagieuses. Il règne beaucoup de propreté dans cette maison; l'air s'y renouvelle par un grand nombre de croisées, et l'on n'y sent aucune odeur. Les malades ont du linge très-blanc et paraissent aussi bien soignés qu'on peut l'être dans un hôpital.

La cuisine de cet établissement offre une curiosité intéressante : c'est un fourneau qui, au moyen de peu de feu, fournit à beaucoup d'usages. On y fait le bouillon, la tisane; on y prépare les aliments; on y chauffe une grande quantité d'eau, dont la fumée, avant de s'échapper dans l'atmosphère, chauffe à son tour une étuve.

Le jardin des plantes médicinales sert en même temps de jardin botanique à l'université. D'une contenance à peine de deux arpents de terrain, il est de forme triangulaire et en pente assez rapide du midi au nord. La partie supérieure présente une école d'arbres sous lesquels on cultive des plantes médicinales rustiques et d'un usage habituel. Plus bas, dans des plates-bandes, sont rangées, suivant la méthode de Linnée, les plantes vivaces de pleine terre. Les végétaux étrangers sont cultivés dans des pots; le nombre des plantes grasses est assez considérable. Les *yucca aloïfolia*, le *chamærops humilis*, le *cactus peruvianus*, le *myrtus romana belgica*, croissent en pleine terre et résistent depuis longtemps.

Chez M. Guiseppe Pazzini Carli, imprimeur-libraire près la Grande-Place, je trouvai à me pourvoir de plusieurs livres de sciences et d'agriculture, notamment des sept vol. in-4° des Mémoires de l'Académie de Sienne et de la Flora Sienna. Il m'apprit que M. Mascagni était dans la ville et me fit conduire à sa maison; mais le docteur en était absent; je le prévins par un billet qui j'y retournerais. Il m'accueillit alors avec beaucoup de politesse.

M. Mascagni, âgé d'environ cinquante-quatre ans, était d'une figure agréable et spirituelle. Il me fit voir ses préparations sur les vaisseaux lymphatiques. Ce médecin, d'une vaste et profonde instruction, voyait l'anatomie en homme de génie. Il ne me quitta pas de la journée, non plus que M. Carli; tous deux me conduisirent à la Grande-Place, au palais qui est en face, à l'Université, où le cabinet d'histoire naturelle n'est presque rien; à la promenade publique, qui est très-jolie; à une fontaine fort agréable, et dans les environs de la ville, qui offrent des aspects très-pittoresques.

Les charrois se font ici par des bœufs que l'on attèle à la bosse du cou et non à la tête, comme c'est l'usage en France. Ces animaux sont blancs, tachetés de noir, d'une forte taille et en général très-doux. Pour les transports à dos, on se sert beaucoup de l'âne, dont l'espèce est si belle en Toscane. Les mulets sont moins communs ici qu'à Florence; et l'on n'emploie les chevaux qu'aux voitures de luxe et aux travaux qui exigent de la vitesse. Les moutons de cette contrée sont petits, mais leur laine approche de la finesse de celle des moutons d'Espagne.

Les faubourgs de Sienne et leurs dépendances s'étendent dans la longueur de près d'un mille; les maisons y sont accompagnées de jardins et de plantations en gros oliviers d'un pied de diamètre, de vingt-cinq à trente pieds de haut et à tête arrondie. On fait cette traversée en suivant la route de Rome.

Pays très-tourmenté et descentes rapides, terre argileuse découverte, sans haies ni arbres d'aucune espèce, cultures en céréales, habitations éparses dans la campagne, *tamarix gallica* sur les bords du chemin.

A Bonvento, petite ville close de murs, le paysage est un peu moins nu. Quelques plaines semées en blé, maïs, sorgho; usage des jachères, point de prairies naturelles ni artificielles, plus d'oliviers, peu de vignes ; des bouquets d'arbres, parmi lesquels de beaux chênes *haliphœos;* des genétières de peu d'étendue sur les pentes des collines.

De Torrenieri, village d'un aspect misérable, on aperçoit, à la distance de trois ou quatre milles, une petite ville située sur la cime d'une montagne, et dont les tours et les clochers produisent de l'effet. La plupart des sommités qui environnent la route sont couvertes d'anciens châteaux forts.

Ce qui prouve combien cette route devient difficile, c'est l'augmentation du nombre des chevaux sur une voiture; on en met six à San-Chirico, huit à Ricorsi, six à Radicofani, limite de la Toscane et de l'État romain.

Contrées de plus en plus âpres; collines sillonnées de profondes ravines; habitations plus rares, de même que les terres cultivables. Le chemin serpente dans les montagnes; il en suit les contours, et comme il n'est point bordé d'arbres, c'est un liséré qui se perd dans la vague de l'espace.

La première poste des États du pape est à Ponte-Sentino, hameau de trois ou quatre maisons, oublié par Lalande. De là une montée très-rapide à travers un bois de châtaigniers. Les pierres de la chaussée sont des basaltes; le sable, de la pouzzolane; superbes cultures de vignes en échalas à la manière française, sur un terrain nivelé en amphithéâtre.

Aquapendante, ville de l'ancienne Étrurie, mal bâtie et très-irrégulière dans son plan. Un seul relais

CHAPITRE XIX.

la sépare de celle de Viterbe, qui est assez vaste et dans laquelle on voit de belles fontaines d'eau jaillissante et les rues pavées en grandes dalles de pierre. Du haut de la montagne qui la domine se présente une vaste plaine assez fertile, au milieu de laquelle est un grand lac. Un autre lac qu'on aperçoit après la poste suivante est celui de Vico; entouré de montagnes en pain de sucre, il paraît avoir été le cratère d'un volcan. En effet, tout le sol que nous venons de parcourir est formé de cendres, de pierres volcaniques et de laves boueuses.

La *digitalis ferruginea* se montre sur les lisières des bois de châtaigniers de variétés différentes.

Les eaux du lac sont limpides, ses bords irréguliers dans leurs contours et entourés d'une belle forêt dont la traversée est d'un quart d'heure. Les arbres, faute de débouchés, ont si peu de valeur qu'on les brûle sur place ou qu'on les y laisse pourrir.

Ronciglione, ville assez jolie et bien pavée. La population est considérable, mais pauvre, mal vêtue, maigre, et a le teint livide.

Dans le voisinage on récolte du lin en assez grande abondance; il fournit de l'occupation aux femmes de la ville.

Les haies qui règnent le long du chemin sont embellies par un charmant arbuste, le *cytisus complicatus*.

On descend dans un large bassin, circonscrit par des montagnes élevées dont quelques-unes sont coniques et semblent l'ouvrage du feu. Cette plaine, presque ronde, ou sans culture ou mal cultivée, peut avoir six milles de diamètre. La terre, argilo-sableuse, jaune comme nos terres à froment, a plus de deux pieds d'épaisseur : elle est traversée par des eaux courantes.

Après Monte-Rossi, village pauvre, on rencontre un chemin abandonné dont la construction est attribuée aux anciens Romains. Il n'a pas plus de dix pieds de large, il est pavé en grandes pierres plates jointes ensemble par un mortier devenu aussi dur que la pierre elle-même.

Trois maisons composent le relais de poste de Baccano, à la suite d'un autre bassin de deux milles de diamètre, cultivé en céréale, en maïs et en prairies naturelles.

Mais en général tout le pays, depuis qu'on entre dans les Apennins romains, présente un aspect triste, même sauvage ; les habitations très-rares dans la campagne, les villages très-clair-semés ; de temps à autre, des tours, des donjons ; culture négligée ; une masse considérable de terre en friche. On est comme perdu dans un désert que quelques voyageurs animent seulement de loin en loin.

Il n'est pas douteux cependant que le plus mauvais terrain de ce canton ne pût produire de très-beau bois qui, ne contribuât-il qu'à tempérer la chaleur du climat, rendrait un service essentiel. Comment se fait-il que, sous un ciel si brûlant, il n'y ait pas un seul arbre le long des grandes routes ? Si l'on en rencontre quelques-uns, ils ont été plantés par des particuliers qui les abattent quand il leur plait. La masse des terres est très-bonne; les médiocres fournissent des prairies artificielles dont le pays est dépourvu. Ces prairies nourrissent des bestiaux dont les engrais féconderaient la semence. Des subsistances plus abondantes augmenteraient la population, et cet accroissement à son tour influerait sur le perfectionnement de la culture.

La physionomie des habitants de la campagne, celle des hommes de peine dans les villes, n'annonce point le bonheur; elle est triste, mélancolique et même sombre; leur mise est délabrée, et tout leur corps, quoiqu'en général constitué sur de belles proportions, paraît souffrant.

CHAPITRE XX.

Rome. — Monuments. — Le chevalier Azzara. — La villa Pamphili. — La villa Borghèse. — La porte du Peuple. — L'église de Saint-Pierre. — Bibliothèque, musée et jardin du Vatican. — Le Capitole. — La villa Albani.

A cinq milles de distance on commence à découvrir la ville de Rome. De là cette vue n'a rien qui étonne : on aperçoit une grande quantité de maisons éparses confusément et entremêlées d'arbres; rien d'ailleurs ne donne d'avance l'idée de cette grande cité, dont le poëte Gilbert a si bien dit :

Veuve du peuple roi, mais reine encor du monde.

La plaine qui l'environne manque d'habitations, et si elle est un peu mieux cultivée que les pays précédents, ce n'est qu'en céréales, qui, après la récolte, laissent le terrain nu et brûlé.

Descendu de la plaine supérieure à la plaine inférieure par un chemin rapide, on rencontre alors quelques paysages avec des bouquets d'arbres et un peu d'eau vive. La route, d'un côté bordée d'ormes, de l'autre de roseaux, *arundo donax*, partage une montagne. Des maisons très-modestes, des pins cultivés, des cyprès, des oliviers, des jujubiers, se font remarquer à droite et à gauche, tandis qu'en face Rome se montre avec ses clochers et ses dômes, surtout celui de Saint-Pierre, qui annonce majestueusement la capitale du monde chrétien.

La porte par laquelle on entre communique à un pont qui traverse le Tibre. Le pont n'est pas plus digne du fleuve que le fleuve n'est digne de la ville qu'il parcourt. Large comme le bras de la Seine devant l'île Saint-Louis à Paris, le Tibre est profond et rapide.

A la sortie du pont s'offre une longue rue droite, pavée et bordée de trottoirs. Les maisons, assez peu rapprochées, paraissent avoir de grands jardins dans leur dépendance; on y voit des haies de grenadiers et de lauriers de vingt-cinq pieds de haut, des tonnelles de *passiflora cœrulea*.

Comme tout ce que renferme Rome a été décrit avec autant de soin que d'étendue, je ne répéterai point ce qui a été dit relativement aux beaux-arts; sur le reste je me contenterai d'indiquer ce que j'ai vu.

J'allai loger avec mes compagnons de voyage dans un hôtel garni qui porte le nom d'Hôtel d'Espagne, vis-à-vis du palais de l'ambassadeur de S. M. C., et au-dessous de l'église de la Trinité-du-Mont. Le ministre de France, M. Miot, nous y avait fait préparer un appartement.

Ma première sortie me fit d'abord distinguer la rue du Cours, la plus longue de la ville, et qui communique de la porte du Peuple au palais de Venise; le palais de France, où résidaient alors les pensionnaires de l'Académie; la colonne Antonine; la colonne Trajane, sur laquelle s'élève la statue en bronze de saint Pierre, magnifique morceau de sculpture et d'architecture; la fontaine de Neptune.

Le chevalier Azzara était depuis plus de trente ans ambassadeur d'Espagne près S. S. Invité à dîner chez lui, j'en reçus l'accueil le plus affectueux. Doué d'une philosophie douce et aimable, il aime les sciences et les arts, possède un cabinet précieux de tableaux et d'antiquités, et une bibliothèque moins nombreuse que bien choisie.

En sortant de chez ce ministre, j'allai voir à la villa Aldobrandini un tableau original qui représente les cérémonies d'un mariage romain; il avait été trouvé depuis peu dans une fouille.

Je rencontrai sur mon passage M. Bettini, homme de confiance du cardinal Doria-Pamphili, qui a été nonce du pape à Paris et que j'avais eu souvent occasion de voir pendant son séjour en France. M. Bettini me fit des offres de service, et dès le lendemain vint de la part du cardinal m'apporter une clef de son jardin pour m'y promener quand j'en aurais la fantaisie.

La villa Pamphili, maison de plaisance du cardinal Doria, est située derrière la Trinité-du-Mont, le long des murs de l'ancienne Rome. C'est un terrain d'une douzaine d'arpents, de forme très-irrégulière, qui ne présente pas par lui-même un aspect fort agréable, mais qui doit à sa position l'avantage d'une vue superbe. D'une part on domine sur toute la partie basse de la ville; de l'autre sur les coteaux qui sont au delà, couverts d'habitations du même genre, de vignes, de jardins et de fabriques antiques.

Un potager, un verger et une pièce de vigne composent la partie économique des cultures de la villa Pamphili; celle d'agrément consiste en un jardin moitié dans le mode ancien, moitié dans le genre paysagiste. Cette portion, qu'on appelle le jardin anglais, est formée de massifs, de gazons et de pièces d'eau. Les massifs sont presque tout entiers en arbres qui conservent leurs feuilles toute l'année, tels que chênes verts, lauriers-francs, lauriers-thyms, alaternes, *phillirea*, houx, lauriers-roses, *yucca aloïfolia, agave americana, viridis* et *variegata, cactus peruvianus, opuntia, mimosa farnesiana, pinus picea, strobus maritima, sylvestris, juniperus virginiana,* tous en pleine terre. Parmi les arbres qui se dépouillent, je remarquai le *melianthus africanus*, qui fleurit chaque année abondamment; le *sophora japonica*, qui ne fleurit que tous les deux ans; le *liriodendra tulipifera*, le *rhus succedaneum*, le *mimosa julibrizia;* plusieurs espèces de *cratægus americanus*, de *mespilus*, de *pseralea glandulosa*, d'*hibiscus syriacus*.

Les eaux, conduites avec art, forment tantôt de

petits lacs, tantôt des rivières, des cascades et des ruisseaux.

Au nombre des fabriques, je citerai comme un objet assez mesquin le volcan, taupinière d'une vingtaine de pieds d'élévation, vide dans l'intérieur, avec une ouverture au sommet. On allume du feu dans la cavité, et le volcan joue son rôle.

Je vis pour la première fois dans ce jardin un joli treillage à losanges fait avec des tiges d'*arundo donax*. Ces tiges durent assez longtemps en terre sans pourrir.

Le casin, ou la maison principale, n'a rien de bien remarquable; mais il existe dans un des bosquets un pavillon qui a servi d'atelier à Raphaël et que ce grand artiste a décoré de plusieurs peintures à fresque de sa composition, très-estimées des connaisseurs.

La villa Borghèse est située assez près de celle-ci, également derrière la Trinité-du-Mont. Quelque grand, quelque magnifique que soit ce jardin, il ne vaut pas plusieurs des nôtres, tels que ceux du Petit-Trianon, d'Ermenonville, de Guiscard, etc.; je lui préférerais même le Raincy. Mais comme de cette élévation la vue domine sur Rome, qui paraît à vos pieds, il faut convenir qu'elle offre un spectacle ravissant.

Le muséum renfermé dans le château de la villa Borghèse est une collection d'une grande magnificence; nous n'avons rien en France qui en approche pour la richesse des statues, des bustes, des bas-reliefs, des vases, des colonnes de marbres les plus précieux, de granit, de porphyre, et pour les mosaïques de toute espèce. Elle occupe un grand nombre de pièces composant un bâtiment isolé dans une des parties écartées de cette vaste propriété. L'extérieur annonce de la prétention et offre un coup d'œil assez imposant, mais la multitude de sculptures antiques qui surchargent les murs et la façade principale gâte l'ordonnance de l'architecture et la rend petite et mesquine. L'abus des richesses en diminue le prix.

Les salles intérieures, de formes et de dimensions différentes, mais toutes somptueusement meublées, présentent des revêtements de marbres des plus rares, des parquets en mosaïque et des planchers peints de divers sujets. Les sculptures sont placées entre des trumeaux, sur des colonnes, sur des piédestaux, dans des niches pratiquées le long des murs. On a disposé les objets capitaux au milieu des pièces, de manière qu'on puisse tourner autour et les considérer sous tous les aspects. Il règne une sorte d'ordre dans leur distribution. Les productions des Grecs, des Égyptiens, des Étrusques sont rapprochées les unes des autres et réunies dans le même local; mais cet ordre n'est pas tellement invariable qu'on ne rencontre en d'autres salles des objets qui devraient se trouver avec la série à laquelle ils appartiennent. On a beaucoup sacrifié à la décoration et à la symétrie, et au lieu d'une collection propre à l'étude, l'amateur n'a sous les yeux que des appartements remplis, il est vrai, de chefs-d'œuvre. Il me semble cependant qu'on pourrait les faire tourner au profit de l'instruction en établissant un arrangement méthodique qui montrerait les progrès de l'art depuis son enfance jusqu'à son plus haut degré de perfection, et ensuite ses différents passages chez les divers peuples de la terre. Ainsi l'histoire des beaux-arts s'appuierait sur les productions du génie.

Parmi les chefs-d'œuvre qui font partie de ce muséum, on distingue l'*Hermaprodite*, *le Tireur d'épine du pied* et surtout *le Gladiateur*. On n'est pas d'accord sur le nom de cette figure ; si les uns la regardent comme l'effigie d'un simple Gladiateur, les autres en font un Ajax. Ce qui est incontestable, c'est qu'elle mérite l'admiration de tous les amateurs des beaux-arts.

Le jardin Borghèse, planté en plusieurs parties de chênes verts, de vieux pins à pignons, d'antiques sapins, de palissades de lauriers des poëtes, de lauriers-thyms, de buis et autres arbres qui conservent leurs feuilles toute l'année, présente constamment l'image de la belle saison ; des eaux abondantes y entretiennent la fraîcheur et la vie. On pourrait cependant reprocher au constructeur d'avoir placé des arbres qui se dépouillent avec des arbres toujours verts. Ce n'est pas là un contraste agréable, c'est un contre-sens ridicule.

Les orangeries de la villa Borghèse sont deux petits jardins exposés au midi et défendus contre le nord par le grand jardin. Des citronniers de différentes sortes, plantés en pleine terre, y forment des espaliers et des contre-espaliers que sépare une large allée pour la promenade ; ils sont très-vigoureux et se chargent de fruits qui viennent à parfaite maturité et servent dans les aliments et les boissons rafraîchissantes. Ces espaliers sont abrités par une charpente qu'on couvre de tuiles durant la saison des gelées et qu'on enlève en été ; le pied droit du devant est fermé par des vitraux.

Il y a dans l'un de ces jardins un très-long et large berceau de citronniers que l'on garantit du froid par le même procédé.

J'y ai remarqué en pleine terre l'*hibiscus mutabilis* au pied d'un mur. On ne le couvre point l'hiver; il forme une belle touffe qui donne des fleurs chaque année. Le *mimosa farnesiana*, de douze à quinze pieds de haut, à l'exposition du levant; le *melia azederach semper virens;* et en pots le *guilandina bonduc*, le *calycanthus floridus*, le *sophora japonica*, qu'on pourrait avec sûreté mettre aussi en pleine terre.

Dans cette partie du jardin Borghèse les statues et les marbres antiques abondent comme dans toute la villa.

Si l'on rentre le soir par la porte du Peuple, on trouve la place qui y fait face remplie de carrosses et une file de voitures qui se suivent dans la rue du Cours. C'est la promenade ordinaire pour les gens à équipage. On est ici dans l'usage de se promener en carrosse à la chute du jour, moins pour prendre l'air et faire de l'exercice, que pour se montrer et suivre la mode.

Depuis plusieurs jours la chaleur était de vingt-sept degrés au thermomètre de Réaumur. Une telle durée, une telle intensité semblaient extraordinaires même dans le pays, car la chaleur moyenne y est de vingt-quatre degrés, et l'été se passe rarement sans pluies d'orage qui rafraîchissent l'air. Le froid descend quelquefois à douze degrés, et l'on a vu tomber de la neige au mois de juin. Mais comme cette température n'est que passagère, les végétaux des climats plus chauds n'en restent pas moins ici l'hiver en pleine terre. Je tiens ces observations de M. Corona, médecin et physicien distingué de cette ville.

L'église de Saint-Pierre est sans contredit le monument de ce genre le plus grand, le plus beau et un des plus richement ornés qui existent dans le monde. Quoique ses dimensions soient prodigieuses pour l'étendue, elles sont tellement combinées, les proportions en sont si parfaites, que cet immense vaisseau ne paraît au premier coup d'œil que d'une grandeur ordinaire; mais si l'on y reste un peu longtemps, il s'agrandit à mesure qu'on l'examine, et semble d'autant plus vaste qu'on le voit à plus de reprises. Rien n'égale en ordonnance et en majesté la place qui fait face à cet imposant édifice. Des colonnades, des gerbes d'eau, une pyramide égyptienne d'une incomparable beauté la décorent. Le pavé même de l'église peut être regardé comme une mosaïque à compartiments de granit, de marbre, de basalte et de porphyre de toute nature et de toutes couleurs.

La bibliothèque du Vatican est d'une magnificence dont rien n'approche en Europe. Les voûtes, les murs, les lambris extérieurs des armoires sont couverts de peintures des maîtres les plus célèbres. Aux colonnes de différentes espèces de marbre précieux, aux carrelages de diverses natures, aux chambranles de stuc faits avec une rare élégance, la sculpture joint ses plus beaux ouvrages en tout genre, statues, bustes, vases grecs et étrusques, bas-reliefs, moulures, etc. Partout la dorure se montre avec profusion. Tous les arts ont été mis à contribution pour orner et embellir ce superbe monument. La chose qu'on y aperçoit le moins et à laquelle il est spécialement destiné, ce sont les livres, non qu'ils y manquent, ils sont au contraire en grand nombre; mais, renfermés dans des armoires peintes et dorées comme les murs, fermées par des portes de bois et des grillages de laiton, ces livres sont plus en sûreté que visibles, et très-peu à portée des lecteurs. Il est vrai que ceux-ci sont assez rares.

Cette bibliothèque possède un nombre infini de manuscrits grecs, hébreux, arabes, syriaques, samaritains.

Marbres, granits, porphyres, stucs de toutes couleurs, décorent un cabinet destiné aux papyrus et dont le plafond, peint par Mengs, est d'une grande beauté.

Dans la galerie du second étage sont les salles qu'on appelle les loges de Raphaël. Les peintures à fresque qui les enrichissent répondent à la réputation de leur auteur; l'École d'Athènes surtout est du plus beau style. Malheureusement ces chefs-d'œuvre se dégradent sensiblement, et chaque jour en enlève quelques parties.

C'est au Belvédère qu'est placé le Muséum du pape, collection immense des productions enfantées par les beaux-arts dans les siècles les plus brillants de la Grèce et de l'Italie. La majesté du local convient à la multitude et à la perfection des objets qui le remplissent, et un ordre admirable autant que le bon goût a présidé à leur distribution. Tout ce qui tient à la sculpture consiste en statues, grandes figures, figures colossales, bustes, bas-reliefs, effigies d'animaux, inscriptions, tombeaux, fragments, vases, cuves, urnes cinéraires, candélabres, chaises curules, mosaïques, etc. Ce qui frappe le plus au milieu de tant de richesses, c'est: 1° l'Apollon du Belvédère; 2° le Laocoon; 3° l'Antinoüs; 4° une Vénus sortant du bain; 5° quatre figures assises dans des chaises de poëtes grecs; 6° les tombeaux de porphyre des enfants de Constantin; 7° un bassin de porphyre de douze pieds de diamètre et d'une seule pièce; 8° des cuves de vert antique.

La galerie de tableaux n'est pas aussi considérable à beaucoup près que celle des sculptures; plusieurs particuliers en possèdent même de plus belles. Il se trouve pourtant dans celle-ci des ouvrages capitaux.

Deux objets surtout frappèrent ma vue dans les jardins du Vatican. Le premier est un bloc de marbre de Paros qui a servi à quelque antique monument et qui a été apporté ici pour occuper une place au Muséum. Ce bloc forme un cube de mille cinquante pieds carrés. Il est sculpté sur ses quatre faces, et cette sculpture présente des hommes à cheval, un génie et différentes autres figures qui paraissent dater des plus beaux temps de l'art. On est émerveillé de la puissance qui a tiré cette masse de la carrière, des moyens qu'on a employés pour la transporter jusqu'à Rome et enfin de ceux qu'il a fallu pour la mettre en place à une grande élévation où il paraît qu'elle était destinée.

Le second objet est un espalier d'orangers et de citronniers qui s'étend en palissades de plus de deux cents toises de long sur quinze à dix-huit pieds de haut et parfaitement garnie depuis la base du mur jusqu'à son chaperon. Les citronniers sont défendus par une serre postiche de paillassons; mais les orangers sont à l'air libre et y restent tout l'hiver. Couverts de boutons de fleurs de toutes les grosseurs, ils présentent en même temps des fruits verts et des fruits mûrs. C'est une superbe chose pour un agriculteur qui n'a vu que des orangers dans des caisses.

Le docteur Corona nous conduisit au Capitole. On y monte par des escaliers ou par une rampe fort roide. Nous choisîmes ce dernier chemin pour voir un lieu si fameux. Lorsque nous y fûmes arrivés, nous le cherchâmes vainement. Il est dénaturé de telle manière qu'on n'y retrouve rien de ce qu'on y admirait autrefois. Sur les débris du temple de Jupiter est une église; la roche Tarpéienne est occupée par des masures; le palais où s'assemblait le sénat romain a fait place à une maison où logent les sénateurs actuels. Je vis bien de fastueux bâtiments où sont renfermées des antiquités, mais j'aurais mieux aimé que ces antiquités fussent restées sur le lieu même.

Cependant le Muséum du Capitole est une collection précieuse. Les objets d'art sont déposés dans les galeries qui entourent la place. L'une a été construite sur une portion du temple de Jupiter Capitolin : elle contient une partie de la sculpture; l'autre galerie, en avant de la roche Tarpéienne, contient aussi de la sculpture antique et des tableaux. Depuis le rez-de-chaussée jusqu'au deuxième étage tout est rempli d'antiquités. Les plus grosses pièces, les fragments sont en bas dans des salles ouvertes d'un côté; des inscriptions funéraires sont incrustées dans le mur, qui en est couvert. J'ai particulièrement remarqué, soit pour la beauté du travail, soit pour la matière, soit comme monuments de l'histoire, une statue de Vénus de grandeur naturelle, en marbre blanc; une autre statue du bel Antinoüs, celles de Sylla, de Marius; les bustes d'Homère, de Virgile, d'Horace, de Scipion l'Africain.

Dans la cour de la seconde galerie qui fait pendant de la première on voit la tête du colosse de l'empereur Commode, le colosse de Néron; un des pouces des pieds de cette figure a un pied et demi de long. Sous la galerie du rez-de-chaussée, les statues de Jules César, d'Auguste et celles de deux esclaves daces en marbre noir, lesquelles sont d'une grande beauté. Le long de l'escalier qui monte au premier étage est fixé le plan de Rome antique tracé sur du marbre. Des peintures à fresque couvrent toute l'étendue des murs de ces vastes appartements : on distingue entre autres le combat des Horaces et des Curiaces, et l'enlèvement des Sabines. Sur des tables de marbre blanc on lit les fastes de l'empire romain, divisés par chapitres, les guerres puniques, celles des Gaules, d'Asie, etc.

Du Capitole la vue domine sur la plus grande partie de Rome. On aperçoit une foule de clochers, de dômes, de rotondes, de magnifiques palais. Cela séduit d'abord; mais lorsqu'on examine les pauvres et chétifs bâtiments qui les accompagnent, lorsqu'on réfléchit à la vie malheureuse que mènent les personnes qui les habitent, on revient un peu de sa première admiration. Les ruines qu'on a sous les yeux sont celles de monuments élevés pour la chose publique, les temples, le Colisée, le Forum; tous ces grands édifices ont été détruits en partie pour élever les palais des particuliers, tandis que les maisons des pauvres habitants demandent en vain des réparations. Aussi l'aspect de ces palais inspire-t-il plus de peine que de plaisir.

Ce fut encore sous la conduite du docteur Corona et de son frère, antiquaire instruit, que je visitai la villa Albani, maison de plaisance située sur une éminence hors des portes de Rome. Cette maison est de très-bon goût, ainsi que les jardins qui en dépendent. On y a rassemblé des antiquités de toutes les espèces et du plus beau choix. Un plafond peint par Mengs, représentant Apollon au milieu des Muses, obtient l'estime des connaisseurs.

CHAPITRE XXI.

Continuation du précédent. — Églises de Sainte-Marie-Majeure, de Saint-Jean de Latran. — Colisée. — Temples de Vesta, de la Pudicité, de la Fortune virile. — Église de Saint-Pierre-aux-Liens. — Palais Colonna. — Palais Justiniani. — Église de Saint-Paul hors des murs. — Palais Farnèse. — Murs de Rome. — Pyramide de C. Cestius. — Arc de Drusus. — Tombeau de Cécilia Metella. — Cirque de Caracalla. — Fontaine de la Nymphe Égérie. — Jardin botanique.

Près des murs et dans le quartier le plus méridional est située l'église Sainte-Marie-Majeure, grand vaisseau décoré, à l'intérieur, de colonnes, de statues, de riches ornements et de quelques tableaux de mérite.

A quelque distance et dans la même direction se trouve l'église de Saint-Jean-de-Latran, dont le pape est évêque. C'est aussi un très-grand vaisseau, devant lequel s'élève une pyramide égyptienne chargée d'hiéroglyphes. On assure que lorsque l'on construisit cette basilique, on assit ses fondations sur une immense quantité de statues prises en divers monuments de l'ancienne Rome. Il eût mieux valu donner des bases plus solides à la construction nouvelle et conserver aux arts des objets précieux.

Non loin de Saint-Jean-de-Latran est une rotonde au milieu de laquelle on voit une cuvette couverte, entourée d'une balustrade : c'est le baptistère de Constantin. Les colonnes de l'intérieur sont antiques, quelques-unes en porphyre, d'autres en marbre et en granit, de belles dimensions. Le reste du bâtiment a été restauré à différentes reprises ; il n'y a eu de conservé que la forme.

C'est encore dans le même quartier qu'on voit le temple de Minerve-Medica ; il était de forme décagone, tout construit en briques : la voûte est démolie en plusieurs endroits. Les parties qui subsistent sont couvertes d'arbrisseaux et de plantes. Ces restes occupent le milieu d'un jardin maraîcher.

Au même enclos on descend, avec le secours d'une lumière, dans un ancien *columbarium* qui était destiné à la sépulture des affranchis de L. Aruntius, consul sous Tibère. C'est actuellement une cave remplie de tonneaux de vin. On y voit quelques tombeaux placés le long des murs, et, dans les murs mêmes, des cavités propres à recevoir des urnes cinéraires.

Les ruines du château d'eau Marcie, communément appelé les trophées de Marius, sont à l'extrémité de ce jardin. Elles présentent une masse imposante, mais dénuée de tout ornement. Les aqueducs qui conduisaient les eaux de ce réservoir sont encore sur pied et servent au même usage, au moyen de quelques réparations qu'on y a faites.

On descend de là par une rue qui mène au Colisée, ou l'amphithéâtre de Vespasien. Les restes de ce grand monument ont résisté au temps, aux Barbares, aux guerres civiles et même à la cupidité des Romains modernes, qui, par l'appât de modiques valeurs, en ont enlevé les crampons de bronze dont toutes les pierres étaient liées entre elles. Il fallait que l'art de bâtir fût à cette époque porté au plus haut point de perfection ; la nature et le volume des matériaux n'ont pas moins contribué à la durée de cette construction vraiment gigantesque.

Le temple de Vesta est une rotonde remarquable par les hautes colonnes qui en soutiennent le toit. Cet édifice, d'un style très-simple, remonte au temps où la république romaine n'avait encore ni richesse ni vanité. Il est probable qu'à côté de ce temple, où l'on gardait le feu sacré, se trouvaient les logements des vestales, mais il n'en existe point de vestiges.

Un monument non moins remarquable est l'arc de Janus, formé de blocs de marbre monstrueux. On s'afflige d'en voir la base encombrée par des immondices.

Les restes du temple de la Pudicité, devenus l'église de Sainte-Marie-in-Cosmedié, offrent une antiquité qui semble appartenir aux premiers rois de Rome.

Du temple de la Fortune virile on a fait l'église de Sainte-Marie-Égyptienne. Les colonnes en sont cannelées et de pierre du pays. On y reconnaît les constructions qui datent du temps des rois et de la république, et on les distingue aisément de celles des empereurs par leur petitesse, leur simplicité, la qualité commune de leurs matériaux. Alors la république était pauvre et sans moyens; les empereurs employaient à leurs constructions les peuples vaincus.

Tout ce quartier qui longe les bords du Tibre était fort habité par les anciens Romains; il l'est encore autant aujourd'hui par la classe des ouvriers et par les petits marchands qui vivent avec eux

L'église de San-Pietro-in-Vincoli (Saint-Pierre-aux-Liens) possède un des chefs-d'œuvre de la sculpture moderne : c'est là statue de Moïse en marbre blanc, par Michel-Ange Buonarotti. Les détails du bras gauche surtout sont d'une exécution admirable. Il se trouve aussi dans cette église plusieurs tableaux de grands maîtres.

Je vis dans un des cloîtres qui en dépendent des orangers de la division des bigarades, dont les feuilles étaient d'un vert foncé et les branches chargées de fruits. Ils occupent en pleine terre une espèce de cour pavée jusqu'à dix-huit pouces de la circonférence du pied de l'arbre. La tête est belle et arrondie naturellement. Il paraît qu'à différentes époques ils ont éprouvé des accidents qui ont retardé leur végétation et fait périr une partie de leur bois, car les troncs de plusieurs de ces orangers sont creux et mal portants. Des individus placés sur une ligne où les bâtiments les abritaient du soleil ont péri soit de froid, soit de maladie; ils ont été remplacés par de jeunes plants qui poussent avec vigueur.

Au palais Colonna, je fus encore moins frappé de la grandeur des appartements, de l'élégance de la galerie, de la richesse des tableaux et des statues, que de deux blocs de marbre de Paros taillés et sculptés, provenant de l'entablement d'une colonnade qui faisait partie d'un temple du soleil. Quoique ces blocs comportent plusieurs milliers de pieds cubes, ils sont travaillés avec beaucoup de grâce. On s'étonne en les voyant que des hommes aient entrepris de les faire venir de la Grèce, et l'on a peine à comprendre quels moyens ont été assez puissants pour élever ces masses à une grande hauteur et les poser sur une colonnade.

Le jardin de ce palais est petit et assis sur le flanc d'une montagne dont la pente escarpée a été taillée dans le roc en forme de terrasse. Des palissades très-élevées se composent de lauriers-francs, de citronniers et d'autres arbres verts. Des cascades d'assez bon goût s'y mêlent à des parterres symétriques avec des palmettes et des broderies en buis; les murs d'appui sont garnis de vases qui renferment des buis taillés en boule. Ce qui vaut mieux que ces ridicules décorations, c'est un pin cultivé, de six à huit pieds de diamètre, haut de plus de soixante, qui forme un magnifique parasol.

Le palais Justiniani renferme un nombre plus considérable qu'épuré d'antiquités, de statues et de tableaux. Cependant parmi ces derniers on distingue quelques ouvrages de grands maîtres, et parmi les autres une belle statue de Minerve, deux Vénus accroupies, un beau bas-relief sur un marbre rond qu'on a fait entrer dans la composition d'un vase. Cette collection, quoique précieuse, n'est point arrangée avec l'ordre et le goût que l'on remarque dans la plupart de celles du pays.

L'église de Saint-Paul, hors des murs, a été construite par Constantin le Grand avec les débris d'un grand nombre de monuments antiques, et particulièrement des thermes d'Adrien. Les moines du couvent prétendent que ce lieu est malsain et qu'on ne peut y rester en été sans danger. Ils se retirent alors dans la ville, et chaque jour dix d'entre eux se rendent à l'église pour célébrer les offices.

La porte qui conduit à Saint-Paul a pris le nom de cette église. L'empereur Aurélien la fit construire et lui donna le nom de porte Ostienne, parce qu'elle est placée sur la route d'Ostie. C'est un beau morceau d'architecture.

Le palais Farnèse est regardé comme un des principaux édifices de Rome moderne. Il a de l'importance par sa masse. Sa forme présente un carré parfait. Son entrée donne sur une place assez régulière. Il appartient au roi de Naples, qui en a fait enlever une grande quantité de statues. On y voit des peintures à fresque d'Annibal Carrache, fort estimées et d'une belle conservation. Cette maison a un très-petit jardin qui arrive au bord du Tibre; il est rempli d'orangers et de citronniers en pleine terre, de tous les âges et de toutes les espèces.

Il se trouve dans un bassin de ce jardin un *arum colocare* des plus beaux que j'aie vus jusqu'à présent. Il forme une touffe de plus de huit pieds de diamètre; ses feuilles ont dix-huit à vingt pouces de long sur un pied de large au milieu; ses racines entourent un jet d'eau perpétuel. Cette plante est agréable par sa masse arrondie, sphérique, et par l'ampleur de ses feuilles d'un beau vert.

Si l'on suit les murs de Rome le long du fleuve, on les voit dégradés, mais encore entiers dans une grande longueur. A ces murs sont adossées des galeries couvertes où trois hommes peuvent se promener de front. De distance en distance on retrouve les lucarnes, et au-dessus les créneaux par lesquels les assiégés pouvaient lancer des pierres, des flèches, des dards et autres armes offensives. De petites tours carrées, dans l'intervalle de vingt-cinq pieds l'une de l'autre, font saillie en dehors de la muraille; elles donnaient la faculté de prendre en flanc les assiégeants lorsqu'ils montaient à l'assaut.

C'est tout près de ce quartier et en revenant vers la ville que s'élève un monticule entièrement formé de tessons de pots, de vases de terre cuite mêlés avec d'autre terre et avec des décombres; les tessons dominent dans une forte proportion. Il faut qu'il y ait eu dans le voisinage un grand nombre de fabriques de poterie. Les Romains, il est vrai, n'ayant point l'usage des tonneaux, étaient obligés, pour conserver les liquides, de se servir de ces vases en terre cuite nommés *amphores*. On en trouve d'antiques dans les jardins de plusieurs *villa* des environs. Les amphores ont la forme presque sphérique, avec un goulot très-rétréci et une ouverture un peu élargie; leur diamètre est d'environ trois pieds horizontalement et trois pieds six pouces verticalement. On conçoit que de tels ustensiles sont difficiles à remuer et qu'il s'en casse beaucoup; aussi les débris en composent-ils la plus grande partie du monticule. J'ai brisé plusieurs de ces tessons, la pâte m'en a paru de bonne nature et la cuisson excellente. Les noms des potiers, ceux des consuls de l'époque, sont inscrits sur quelques-unes de ces pièces. On appelle ce monticule *monte Testaccio* (mont des Tessons). En été il se couvre de *carlina corymbosa*, d'*eryngium campestre*, de *scolymes* et de quelques espèces de *carduus*. Le champ qui l'avoisine est tellement hérissé de ces plantes qu'on ne peut y marcher sans avoir les jambes cruellement piquées. Combien n'a-t-on pas à regretter qu'à la porte de Rome un champ si vaste dont la terre, très-bonne par elle-même, est susceptible d'être abondamment engraissée par les fumiers qui salissent les rues de la ville, ne soit point cultivé, d'autant plus qu'il est enclos de murs? A Paris on en ferait des vergers et des potagers très-utiles. Mais il ne faut pas être longtemps à Rome pour se convaincre que l'agriculture y est méprisée, que les gens riches et le gouvernement lui-même, exclusivement occupés de beaux-arts, ne songent qu'à bâtir des édifices fastueux et à les remplir de statues et de tableaux.

J'aime aussi beaucoup les arts, mais je veux qu'on ne leur sacrifie ni le bonheur de l'homme ni la culture des champs qui le font vivre. Plus d'heureux, et moins de palais. En Hollande, les châteaux sont rares, mais le peuple est dans l'abondance. C'est par l'agriculture et par le commerce que les arts doivent fleurir, et non au préjudice de ces deux premières bases de la société. Cette vérité m'était démontrée depuis longtemps : la vue de Rome n'a fait que m'affermir dans mon opinion.

Une remarque que j'ai eu souvent occasion de faire pendant mon séjour à Rome, c'est que la plupart de nos artistes français, jeunes ou vieux, ne trouvent rien de beau, rien de bon qu'en Italie. Sortis de France sans connaître ni les sites ni les productions de leur pays, séduits en arrivant ici par le charlatanisme italien autant que par la vue des monuments de l'antiquité, leurs yeux semblent pour la première fois s'ouvrir à la nature et aux arts. Les impressions qu'ils reçoivent sont aussi durables que profondes, et ils conservent leurs préventions toute la vie. En supposant qu'ils ne les prennent pas à un certain degré, il faut pour leur honneur qu'ils paraissent les avoir, sans quoi ils passeraient parmi leurs compagnons d'études et de travaux pour des hommes sans connaissances, sans goût et sans talent.

La pyramide qui sert de tombeau à C. Cestius n'est remarquable que par sa masse, dont la base peut avoir quinze toises de largeur sur chacune de ses quatre faces, et autant d'élévation. Elle est construite en pierres de taille et fort bien conservée. Elle se trouve placée dans le milieu du mur antique qui circonscrit la ville de Rome, moitié en dedans du mur, moitié en dehors. Mais la pyramide doit être plus ancienne que la muraille, parce que la première est enterrée de plus de quinze pieds. En avant sont deux colonnes de marbre qui font l'effet de deux chandeliers. Entre les joints des pierres, principalement sur la face méridionale, je vis une quantité considérable de *capparis spinosa*; sur le trottoir, le long du mur, quelques pieds rabougris de *térébynthe ordinaire*, beaucoup de *plumbago europœa*, et une plante que je crois appartenir au genre des *euphrasia*, et voisine de l'*odontites*, mais plus élevée, les feuilles plus courtes et réfléchies le long de la tige.

En descendant le Tibre, toujours hors de l'enceinte de Rome, on rencontre l'arc de Drusus, actuellement la porte Saint-Sébastien. Il offre encore de beaux restes qui sont entretenus parce qu'ils servent de caserne à la garde de cette porte, et que d'ailleurs ils sont d'une extrême solidité. La route, qui passe dessous et qui se continue en dehors, est la voie Appienne dont on aperçoit la construction antique dans plusieurs parties. Elle est formée de gros morceaux de pierre dure supportés par un massif d'épaisse maçonnerie.

CHAPITRE XXI.

Non loin de cette porte on traverse le champ des Horaces, dans lequel gît un bloc informe qu'on dit être leur tombeau et celui de leur sœur Horatia. Une petite maison de vigneron paraît avoir été bâtie sur celle qui servait de demeure à cette famille de héros.

Les restes du temple d'Hercule ne présentent qu'un autre bloc également informe.

Au pied des haies qui bordent le chemin et qui enferment des vignes, je trouvai l'*acanthus mollis* en abondance.

L'église de Saint-Sébastien, qu'on rencontre à droite, se distingue par la statue de ce saint placée sous un autel. Elle est en marbre blanc et d'une bonne exécution. On y voit aussi une pierre sur laquelle sont empreints les pieds du Christ, qui apparut à saint Pierre dans les environs de cette basilique.

Le tombeau de Cecilia Metella, érigé par Crassus en l'honneur de sa femme, est une très-belle fabrique ronde construite en grosses pierres et ornée de bas-reliefs qui représentent des têtes de bœuf. Au temps des guerres civiles on y a ajouté des fortifications dont les ruines couvrent le voisinage.

En revenant vers la ville, un monument qui donne une grande idée des jeux du peuple romain est le cirque de Caracalla. Il peut avoir cinq cents toises de long sur soixante de large. On voit les murs qui l'entouraient et qui supportaient les gradins sur lesquels s'asseyaient les spectateurs. Pour économiser la maçonnerie et rendre les voûtes plus légères, on avait placé dans leur épaisseur des vases en terre cuite, de forme sphérique et de douze à quinze pouces de diamètre.

Les restes du temple de Bacchus, non loin de ce cirque, ont été transformés en une église dédiée à saint Urbain. Il n'en existe que quatre colonnes en marbre blanc, d'ordre corinthien.

La fontaine de la nymphe Égérie, construite par Numa Pompilius, deuxième roi de Rome, l'eau qui en sort, les arbustes qui la couvrent donnent un aspect très-pittoresque à l'endroit où elle est située.

A côté d'un ruisseau qui coule tout près de là, un petit monument de forme carrée, bâti en briques et bien conservé, est le temple de la Fortune *muliebre* ou du dieu Ridicule.

Ce temple et la fontaine de la nymphe Égérie sont dans un champ qui, en de meilleures mains, formerait d'excellentes prairies; tel qu'il est, il ne produit qu'un peu de foin grossier.

On prétend qu'en été tout ce quartier est très-malsain et qu'on ne peut l'habiter sans y gagner des fièvres. Les gens qui y possèdent des propriétés, ceux qui ont des fonctions à y remplir, les moines et les prêtres qui desservent les églises, se retirent chaque soir à la ville. Cependant des agriculteurs, habitués à vivre sur le bord du ruisseau, dans des maisons qui n'ont qu'un rez-de-chaussée, m'ont assuré n'avoir jamais eu de fièvre et se porter très-bien. Ce qu'on dit sur l'air de Rome et de son voisinage dans les différentes saisons et aux différentes heures de la journée ne seraient-ce pas autant de contes populaires et de préjugés inventés et accrédités par quelque intérêt personnel?

Le jardin botanique de Rome est situé, au couchant, à l'une des extrémités de la ville, sur le mont Janicule, près la porte Saint-Pancrace. Il n'a guère qu'un arpent d'étendue. Très-irrégulier dans ses contours et plus encore dans son plan, il est divisé en plates-bandes bordées de tuiles plates, formant une multitude de petits carrés dont chacun contient une espèce de plantes vivaces des plus communes et des plus rustiques. Les végétaux étrangers sont cultivés dans des vases disposés le long des allées et sur des gradins. J'ai pourtant vu en pleine terre un myrte romain à fleur double, haut de quinze à dix-huit pieds; plusieurs individus de pin à noyau tendre, de cinquante à soixante pieds et qui n'avaient pas plus d'une quarantaine d'années; une belle touffe d'*hibiscus mutabilis*, des orangers de Portugal et des citronniers de différentes sortes. On y trouve aussi le *melianthus africanus*, des tonnelles de *passiflora cœrulea*, des allées de *punica granatum*. Quoique ce jardin soit rangé d'après le système de Tournefort, dont on suit la nomenclature, on y reconnaît difficilement un ordre méthodique, tant la culture y est dans un état pitoyable : il suffit de dire que toutes les plates-bandes sont remplies de plantes adventices qui ont étouffé les végétaux mis en place.

Les démonstrations se font dans un salle octogone

garnie d'une grande table autour de laquelle sont rangés des bancs pour les auditeurs : c'est sur cette table qu'on apporte les vases des plantes qui doivent être démontrées, et des rameaux de celles qui sont en pleine terre. Le professeur fait voir les unes aux élèves et leur distribue les rameaux des autres.

Une chambre supérieure contient les graines rangées dans des armoires et des bocaux. Les étiquettes portent les noms adoptés par Tournefort. Il peut y avoir 2,400 à 3,000 espèces. Ces graines servent aux démonstrations et aux semis. A l'exception d'un petit nombre de plantes étrangères un peu rares, tout le reste est extrêmement commun.

Ce jardin, très-varié dans son site et qui offre toutes les expositions en même temps qu'il jouit d'une grande masse d'eau vive, deviendrait, entre des mains habiles, un des plus intéressants de l'Italie pour la botanique. On pourrait avec de l'intelligence y cultiver les végétaux de tous les climats. Mais ces avantages sont en pure perte pour les Romains.

A ce même jardin est adossé un château d'eau qui reçoit celle d'un aqueduc construit par Auguste. Cet aqueduc a trente-cinq milles de longueur; il alimente la fontaine Pauline, ou de Saint-Pierre-in-Montorio, laquelle fournit la plus grande quantité d'eau à Rome.

CHAPITRE XXII.

Suite du précédent. — Transteverins. — Paresse du peuple. — Musique des rues. — Fresque appliquée sur toile. — Mauvaise culture des terres. — Troupeaux de bêtes à cornes. — Jardins légumiers. — Mendicité. — L'*aria cattiva*. — Rareté des bons fruits. — Nourriture. — Française prisonnière au château de Saint-Ange.

Le quartier des Transteverins, situé au delà du Tibre, comme son nom l'indique, offre, parmi quelques rues assez belles, un grand nombre d'autres rues petites, vilaines et sales. Il s'y trouve aussi quelques palais dans la masse des maisons mesquines et resserrées dont ce faubourg est composé. La population qui l'habite a la prétention de descendre directement des anciens Romains; mais, à en juger par son extérieur misérable et délabré, on voit qu'il ne lui reste de ses conquêtes et de ses triomphes que le malaise et la pauvreté.

Si le défaut de travail fait beaucoup de malheureux dans cette grande ville, il faut avouer que la fainéantise en produit un bien plus grand nombre. J'avais devant mes fenêtres cinq ou six maisons occupées par de très-pauvres gens chargés d'enfants presque nus. Ils n'en consumaient pas moins la journée à regarder les passants. Leur offrait-on de l'ouvrage, ils paraissaient empressés à s'en charger, mais nullement à le faire et à le rendre. Pour des choses qui, chez nous, se terminent du matin au soir; ils vous font attendre des semaines entières, et cependant ils ne manquent jamais en les promettant de se servir des mots *adesso, subito*.

Un jeune médecin qui se livre à l'étude de l'histoire naturelle m'a fait voir une *salvia* très-commune dans la campagne de Rome, et dont les feuilles sont découpées comme *la s. ceratophylla*, mais à segments un peu plus larges. La fleur en épi ressemble au *verbenaca*. Cette espèce m'a paru nouvelle, et je crois qu'elle était inconnue à Linné.

On dit en France que, de tous les peuples, l'italien est celui qui a l'oreille la plus musicale, qu'il chante avec beaucoup de justesse, ensemble et en parties. Cela est vrai pour un petit nombre d'habitants des villes qui ont l'usage des spectacles, mais non pour la masse du peuple, surtout à Rome. Nulle part ailleurs je n'ai entendu de musique plus désagréable, plus nasale, plus discordante que celle qui se fait dans les rues, le soir. Ce sont des airs langoureux, sans motifs, sans variations, qui se chantent du nez et de la gorge, et qui écorchent les oreilles. Ces virtuoses d'un nouveau genre improvisent des paroles qui ont un sens plus ou moins baroque, et que ne comprennent pas les étrangers même auxquels la langue du pays est le plus familière. On dit cette musique fort ancienne; elle n'en est pas pour cela plus belle, et j'en ai été souvent ennuyé.

M. Garbi, de Pérouse, avait promis de me faire voir une fresque qui avait été enlevée de dessus un mur et appliquée sur toile. Il me conduisit donc à la maison de la douane, sur la rive gauche du Tibre, chez M. Morelli, son beau-frère. Là, on me montra un tableau d'environ vingt pieds de long, haut de trois pieds, sur toile et sans bordure. Il représente un roi juif recevant sur son trône les ambassadeurs des Ammonites. Cette peinture faisait partie de la frise d'un bâtiment qui a été démoli.

Au premier coup d'œil, il me sembla voir une fresque encore existante sur la muraille où l'artiste l'avait déposée. On y remarquait le grenu du mortier, les gerçures qu'il a éprouvées en séchant, cette couleur un peu terne qu'a toujours ce genre de peinture lorsqu'il est sali par la poussière, et enfin quelques petites taches provenant des écailles qui se sont détachées du mortier.

Lavé avec une éponge humide, le tableau se raviva, et ses couleurs devinrent plus brillantes, quoiqu'il restât dessous une large couche du mortier sur lequel elles avaient été mises. On sentait au toucher les contours du dessin que les artistes sont dans l'usage de tracer sur ce mortier encore frais avant d'y peindre leurs fresques.

La toile sur laquelle celle-ci avait été transférée

conservait une souplesse égale à celle de la plupart des tableaux à l'huile un peu empâtés, et telle qu'on pouvait la rouler sur un cylindre de dix-huit à vingt pouces de diamètre sans craindre de détériorer la peinture.

J'appris que l'artiste qui avait trouvé ce précieux secret ne réussissait que sur les fresques les mieux faites. Il se servait d'une composition de diverses substances délayées, qu'il étendait d'abord sur le tableau, et lorsqu'elle avait pris de la consistance et qu'elle faisait corps avec la peinture, il enlevait l'une et l'autre, appliquait ensuite une toile sur la partie arrachée du mur, et l'y fixait au moyen d'un mordant indissoluble dans l'eau. Après cette opération, il faisait disparaître l'espèce de bouillie qu'il avait employée, et la fresque alors se montrait dans tout son éclat.

Cet artiste se nommait *il signor Giacomo Succi;* il était peintre d'ornement et résidait à Imola, où il jouissait d'une pension que le pape lui avait accordée en récompense des différents travaux exécutés pour lui. Il était déjà d'un certain âge et faisait un secret de son invention.

M. Cosmo Morelli, architecte à Imola, possédait aussi quelques résultats de ce beau procédé. Combien il eût été à désirer qu'on pût en faire l'essai sur des chefs-d'œuvre menacés par le temps, comme la *Cène de Léonard de Vinci,* à Milan; *les Loges de Raphaël,* et surtout son *École d'Athènes,* à Rome!

Les bêtes à cornes sont d'une si belle race dans

ce pays que je fus curieux d'en aller voir des troupeaux, à peu près à six milles de Rome, sur la route de Tivoli. Je partis à quatre heures du matin : c'était au fort de l'été; mon conducteur avait un manteau de laine sur les épaules : il s'en trouva bien ; moi, qui comptais sur la chaleur du climat, je souffris du froid jusque vers six heures.

Sorti par la porte Majeure, je suivis la voie Appia, bordée de murs de jardins et assez étroite. La campagne s'offre tout d'abord jonchée de tombeaux antiques, de monuments, d'aqueducs dégradés, à l'exception de celui qui amène les eaux à la fontaine de Trevi. Il est bien entretenu et fournit à des abreuvoirs spacieux, où les animaux peuvent se désaltérer commodément. Cette eau est excellente, et j'en ai bu avec plaisir. La plaine qu'on parcourt a été, à une profondeur considérable, formée de cendres volcaniques ou de pouzzolane. Sa surface a suffisamment d'épaisseur pour la culture des céréales, des vignes, des oliviers et même d'arbres de haute futaie. Mais elle est si nue qu'on n'y rencontre pas un buisson. Dans quelques parties arrosées par des eaux vives, qui coulent même en cette saison, il se trouve de mauvais pâturages dont l'herbe est grossière et peu abondante.

Le reste du terrain est fort mal cultivé, ce qui ne paraît pas surprenant quand on sait que les cultivateurs résident dans le royaume de Naples, d'où ils viennent labourer et semer, et ne reparaissent que pour faire les récoltes : et cela se passe à la porte d'une ville qui renferme cent quatre-vingt mille habitants! En second lieu, les terres sont dans les mains d'un petit nombre de propriétaires qui, pour rendre leur perception plus facile, n'ont que de grandes fermes, la plupart de huit ou neuf cents arpents, et qui, pour diminuer les dépenses d'entretien, se passent de bâtiments; car il est à remarquer que dans toute cette étendue il n'y a pas d'autres maisons que deux vacheries. Enfin les propriétaires sont obligés de vendre, bon an, mal an, leurs récoltes au gouvernement et toujours au même prix. De son côté, le gouvernement, livrant au même taux le pain et la viande en tout temps, est forcé d'avoir des magasins, des agents, des préposés de toute espèce : comme il éprouve, suivant l'usage, des pertes énormes, c'est aux vendeurs qu'il les fait supporter en diminuant le prix de ses acquisitions. Il résulte de ce régime que les agriculteurs sont à peine indemnisés de leurs dépenses et que personne ne veut cultiver.

En comparant la législation rurale de la Lombardie, qui laisse liberté entière au commerce des grains et des autres productions de la terre, et la législation de Rome, qui restreint ce commerce entre les mains du gouvernement, il ne faut plus demander pourquoi il existe entre ces deux pays une telle différence dans la culture et les produits.

Après une heure et demie de marche, j'arrivai au lieu où étaient les troupeaux. Le premier se composait de deux à trois cents têtes de bétail, tant bœufs et vaches que taureaux et génisses, tous de la plus haute stature, très-musclés et d'une force proportionnée. Leurs cornes sont du plus grand volume. Ces animaux d'ailleurs me parurent paisibles, doux, même timides et craintifs. Ils sont gardés par des hommes à cheval qui les conduisent aux champs et les ramènent d'un pâturage dans un autre.

Les troupeaux de bêtes à cornes restent à l'air libre toute l'année ; ils changent de pâturages à mesure que l'herbe vient à manquer aux champs qu'ils parcourent. En certaines saisons on les mène sur les montagnes voisines. Les bœufs de ce canton sont fort estimés pour le labourage et les charrois, parce qu'ils sont plus robustes que ceux des autres pays et peu délicats sur le choix de la nourriture; la preuve est qu'ils ne mangent dans les pâturages qu'un foin grossier et dur qui ne peut avoir beaucoup de saveur. Ce défaut de nourriture substantielle fait que les vaches ont peu de lait. On les trait aux champs, et le beurre se fabrique dans des espèces de caves pratiquées en partie sous terre. Les bêtes atteintes de maladies contagieuses sont réunies dans des parcs isolés. On rassemble de temps en temps ces animaux pour les marquer, car il faut savoir qu'ils portent au haut d'une de leurs cuisses la date de leur naissance, et plus bas le signe du propriétaire auquel ils appartiennent.

Un second troupeau plus considérable que le premier était composé de bêtes plus jeunes et d'une stature inférieure en grosseur.

Il me parut qu'on pourrait faire dans l'un et dans l'autre des acquisitions utiles pour l'amélioration de nos races.

On est ici dans l'usage d'arroser les jardins légumiers par irrigation, à la manière de Lombardie. Les carrés de potager sont parfaitement nivelés ou inclinés légèrement. On les divise en longues planches coupées chacune à dix pieds, de sorte qu'un marais présente un terrain maillé. Au sortir du bassin, l'eau entre dans une rigole d'où elle débouche successivement dans toutes les planches.

Ces arrosements ont lieu après le coucher du soleil ou de très-grand matin. Ils sont infiniment préférables à ceux qui se donnent avec l'arrosoir, parce qu'ils imbibent plus profondément la terre et remédient à la déperdition du sol et des végétaux dans ce climat brûlant.

Les marais qui entourent la ville de Rome sont arrosés de cette façon. Ils m'ont semblé assez bien entretenus, mais ils sont pauvres en espèces et en variétés. Les plus beaux jardins, soit d'ornement, soit paysagistes ou fleuristes, paraissent au contraire extrêmement mal cultivés : nulle recherche de propreté, nul goût dans l'ordonnance des décorations; l'art de la taille y est pour ainsi dire inconnu. Les jardiniers n'entendent qu'à tondre les palissades et les pieds droits des allées avec beaucoup de rigidité, et puis c'est tout. La culture des citronniers les occupe davantage, et ils y réussissent, à en juger par l'abondance et la beauté des fruits de ces arbres. Il ne faut pas croire que cette culture soit un objet de luxe : elle est, au contraire, lucrative sans être dispendieuse, parce qu'il se fait ici une consommation considérable de citrons.

C'est une chose singulière que la rareté des bras pour les travaux de l'agriculture et du jardinage. On est obligé de faire venir des jardiniers de Naples. La campagne manque d'ouvriers. La multitude des célibataires est prodigieuse; les générations disparaissent sans laisser de postérité.

Les pauvres affluent dans cette ville, on en rencontre partout, à la porte des églises, dans les rues, dans les promenades publiques; ils entrent jusque dans les maisons. On dirait que le métier de mendiant est ici plus honoré que celui d'artisan. Le peuple ne travaille que pour les besoins du moment, et dès qu'un ouvrier tombe malade, il se fait porter dans les hôpitaux; pendant sa convalescence il demande l'aumône; pour peu qu'elle dure, il contracte l'habitude de mendier et ne veut plus se remettre à l'ouvrage parce qu'il lui rapporte moins que ce vil métier.

Ce qui augmente encore la mendicité, c'est que la population étant nombreuse et le prix des journées très-modique, le travail devenant rare dans plusieurs saisons de l'année, le gouvernement est réduit à se rendre propriétaire des subsistances de première nécessité afin de les entretenir à bas prix, d'où il résulte que les agriculteurs abandonnent les campagnes et que bientôt les terres resteront en friche.

J'eus occasion de consulter sur la température et la salubrité du climat plusieurs savants distingués, entre autres un médecin qui avait fait ses études à Vienne et qui aimait beaucoup la chimie. Je leur demandai ce qu'ils pensaient de ce qu'on appelle ici l'*aria cattiva* (le mauvais air), et quelle créance on pouvait donner aux préjugés populaires presque généralement répandus à cet égard. Il faut savoir d'abord qu'il passe pour constant qu'à Rome l'air est malsain dans certains lieux de la ville, à certaines heures et en différentes saisons de l'année. Par exemple, on s'imagine 1° qu'au coucher du soleil et une heure après, l'air est malfaisant dans toute la ville, et qu'il est prudent pendant ce temps de rester enfermé dans sa maison sous peine de gagner la fièvre; 2° qu'il est des positions à Rome, et même sur les lieux les plus élevés, où l'air est toujours mauvais; 3° qu'il y a des maisons dans quelques pièces desquelles il circule un air très-salubre, tandis que d'autres ne reçoivent que de l'*aria cattiva*, ce qui fait qu'une foule de particuliers n'osent pas changer leurs lits de place; 4° que pendant les mois de juillet, août et une partie de septembre, jusqu'à l'époque où les pluies ont tombé avec une certaine affluence et trempé la terre, la campagne de Rome est inhabitable et qu'il est très-dangereux d'y dormir : effectivement les gens aisés quittent leurs maisons de plaisance pour venir passer ce temps dans la ville; 5° enfin, qu'il ne faut pas chez soi, même dans la ville et dans le lieu le plus sain, s'occuper à lire ou à écrire les fenêtres ouvertes durant le jour et surtout pendant la nuit.

Sans partager toutes ces opinions, notre médecin était d'avis que lorsque le vent passe sur les marais Pontins, il peut apporter à Rome des miasmes corrupteurs qui occasionnent des fièvres et d'autres maladies; que des courants d'air frais à la suite d'un jour très-chaud, où l'on a sué, sont capables d'arrêter la transpiration et de causer les maux qui en sont la suite. Mais il reléguait parmi les chimères d'un peuple pusillanime et qui craint la mort toutes les autres circonstances aggravantes sur l'*aria cattiva*. Il me semble même que les miasmes apportés par les vents qui passent sur les marais Pontins sont neutralisés avant d'arriver à Rome; que l'air de cette ville est aussi bon qu'il peut l'être à tous les instants du jour et de la nuit; qu'en un mot s'il agit ici en quelques circonstances, il produit les mêmes effets dans tous les pays du monde.

Il est à remarquer que dans ce pays si vanté pour la beauté de son climat, on ne mange que des fruits inférieurs à ceux de nos marchés de Paris pour la forme, la grosseur, la couleur et surtout la qualité. Les pêches y sont petites; je n'ai rencontré que les espèces dites la Madeleine, la persique jaune et des pêches de vigne. On ne connaît point la taille des arbres qui les produisent : ils viennent à l'aventure. Les raisins à gros grains, ne renfermant qu'un seul pepin, ont la peau épaisse, dure, et une saveur aqueuse un peu muscadée. La poire de mouillebouche est très-commune, mais n'a point de sucre. Les bons melons sont assez rares, sauf quelques-uns à chair jaune et surtout à chair blanche.

Je n'aime point les pastèques, dont le peuple fait ici une grande consommation. Les melongènes violettes longues, les pommes d'amour abondent aux marchés; on en fait des sauces et même des mets qui valent à peine la dépense qu'ils coûtent.

La salade est de mauvaise qualité. Elle consiste en petite chicorée sauvage verte, dure, coriace et très-amère; en laitue romaine qui ne vaut pas la nôtre, verte comme le poireau, parce qu'on ne la lie point pour la faire blanchir.

Les salsifis sont gros, tendres, délicats et savoureux.

Je n'ai vu que deux ou trois espèces de prunes; l'une, jaune, très-longue et turbinée à une de ses extrémités, se rapproche de notre drap d'or, mais n'en a pas la saveur; l'autre est rougeâtre, grosse comme notre prune de monsieur, mais fade et fiévreuse.

Les amendes à coque tendre sont très-communes et fort bonnes.

Parlerai-je de la nourriture? Le bœuf et le veau sont assez bons, quoique inférieurs à ceux qu'on mange à Paris. Rarement on sert sur les tables du porc et du mouton. En revanche les poulets, les pigeons, les cailles, les bécasses et les bécassines ne manquent pas et sont de bonne qualité. Il en est de même des rougets, des sardines et autres poissons de mer.

Le vermicelle, les macaronis, une foule d'autres pâtes d'Italie s'arrangent en potage et de mille manières. On en mange beaucoup.

Le pain est blanc, léger, de fort bon goût.

Le vin qu'on boit le plus communément à l'ordinaire est jaune, liquoreux, capiteux, peu agréable. Le rouge est meilleur quoique très-épais, très-chaud et très-fort. En y mêlant les deux tiers d'eau je le trouvais supportable.

Invité par notre ministre près la cour de Rome, M. Cacault, d'aller avec lui visiter une Française détenue prisonnière d'État au château Saint-Ange, je fus charmé d'avoir une occasion de voir les restes intérieurs du mausolée d'Adrien que ce château a remplacé.

Nous fûmes reçus par un officier qui nous accompagna, précédé par deux fusiliers, et nous conduisit jusqu'à la porte de la détenue. Elle occupait deux chambres au sommet de la forteresse. Nous traversâmes deux cours, des esplanades, des casernes et des corridors. A l'exception de quelques bustes antiques et de quelques murailles qui tiennent à l'ancienne construction, je n'aperçus au-dedans de l'édifice que des bâtisses nouvelles, une salle d'armes et des instruments de guerre.

Parvenus à la prisonnière, nous apprîmes d'elle qu'elle se nommait Mlle Labrousse, née à Périgueux, d'une famille aisée et honnête qui comptait quatre autres enfants, dont trois garçons. Dès l'âge de trois ans elle fut tourmentée du désir de voyager à pied et en pèlerine pour la réforme de la religion catholique. Cette passion s'accrut avec l'âge, et à quarante ans elle vint à Paris auprès du chartreux dom Gerle, député à l'assemblée constituante. On parla beaucoup d'elle; les uns la regardaient comme une prophétesse, les autres comme une intrigante habile. Enfin elle entreprit le voyage de Rome dans l'intention de convertir le pape. Elle avait demeuré pendant quatre mois chez M⁻ᵉ la duchesse de Bourbon, qui lui donna l'argent nécessaire pour ce voyage. A peine arrivée à Rome, elle fut arrêtée et constituée prisonnière au château Saint-Ange, sans avoir vu Sa Sainteté. On lui fit subir cinq longs interrogatoires dans lesquels on l'accusait d'avoir voulu attenter aux jours du souverain pontife, soit par le fer, soit par le poison. Elle se défendit victorieusement de cette inculpation, prétendant seulement que son projet était fondé sur la raison et sur la justice; qu'elle n'avait pour but que de convertir le pape et de le circonscrire dans ses attributions spirituelles.

Nous lui demandâmes comment elle se trouvait de sa captivité et si on lui donnait tout ce qui était nécessaire à ses besoins. Elle nous répondit que, la première année, elle avait beaucoup souffert du froid, n'ayant que des vêtements très-légers et deux chambres sans cheminées; que depuis qu'on avait amélioré sa situation, non-seulement elle s'était ha-

CHAPITRE XXII.

bituée à sa solitude, mais elle en faisait même ses délices, et qu'elle serait fâchée de la quitter avant l'année 1800. Nous réitérâmes plusieurs fois nos questions, elle y fit toujours les mêmes réponses. A la fin pourtant elle témoigna le désir d'avoir une douzaine d'écus pour se procurer des bas, des bonnets, des mouchoirs et, de temps en temps, quelques tasses de chocolat et de café.

Elle me parut peu sensible aux souvenirs de famille, et s'informa au contraire avec beaucoup d'empressement de ce qu'étaient devenus Mme la duchesse de Bourbon et dom Gerle. Cette fille pouvait avoir quarante-cinq ans; elle était grande, bien faite, quoique un peu maigre; sa figure avait de la douceur, et ses traits étaient assez réguliers; seulement ses yeux, grands et noirs, étaient louches. Elle parlait avec volubilité, s'exprimait en bons termes et même avec grâce. On reconnaissait aisément que son éducation avait été soignée et qu'elle avait acquis l'usage du monde.

Tout porte à croire que, dès sa plus tendre jeunesse, l'excès de la dévotion lui avait tourné la tête; que l'amour de Dieu était devenu d'abord sa passion, qu'ensuite elle s'était crue prédestinée à rétablir dans sa pureté primitive la religion qu'elle regardait comme perdue dans toute l'Europe : elle espérait coopérer à sa régénération, dont elle fixait l'époque à l'année 1800. Elle prétendait avoir le don de prophétie, et son ambition était d'être mise au rang des saintes. Elle n'a jamais voulu se faire religieuse, ni entrer dans un cloître. Elle avait cependant porté l'habit de carmélite; mais c'était, disait-elle, afin de voyager plus facilement et avec plus de sûreté. Je pense qu'en employant un régime doux, on serait parvenu à guérir sa folie.

CHAPITRE XXIII.

Route de Rome à Tivoli. — Aspect du pays. — Nature volcanique. — Chemin. — Tombeau de Plantius. — Végétaux. — Tivoli. — Temple de Vesta et maison de la Sibylle. — Cascade et cascatelles. — Villa d'Este.—Villa de Mécène, de Salluste, d'Horace, de Quintilius Varus. — Source d'or. — Rivière d'Anio.—Temple de la Toux ou de Cérès. — Villa Adriana.

On va de Rome à Tivoli, l'ancienne Tibur, par la porte Tiburnienne, laquelle, quoique antique, n'a de remarquable que son enfoncement dans la terre. Le chemin s'est exhaussé de décombres et d'immondices qui entourent la base de cette porte à la hauteur de six à huit pieds et peut-être davantage. On suit la voie également nommée Tiburnienne, étroite, mal tenue et qui serpente, dans l'espace d'un mille, entre des jardins, des clos et des cultures.

Toute cette plaine offre une surface qui n'est ni plate, ni montueuse, mais ondée d'inégalités tantôt douces et peu sensibles à l'œil, tantôt brusques et assez escarpées pour qu'on ait été obligé de couper les terres de dix à quinze pieds, afin de niveler le chemin. Toutefois Tivoli se trouve dans une position beaucoup plus élevée que Rome, dont il est séparé par une distance de dix-huit milles.

Dans cet intervalle le sol présente une couche de terre végétale plus ou moins profonde qui, en quelques endroits, n'a pas deux lignes d'épaisseur, comme au voisinage du tombeau de la famille Plantius, puisque dans cette partie la pierre travertine est à découvert; ailleurs son épaisseur va jusqu'à six pieds, vers la moitié de la route. Cette couche est de couleur rougeâtre, de nature un peu argileuse, presque sans pierres et d'une bonne qualité pour l'agriculture.

Sous cette couche de terre végétale s'en trouvent deux autres qu'on remarque dans les coupes faites pour la facilité du chemin. Toutes deux, visiblement formées de cendres volcaniques, sont de véritable pouzzolane. La première, ou celle qui suit immédiatement la terre végétale, est tantôt grise, tantôt brune, d'autres fois rougeâtre, souvent de couleur d'ardoise. Il s'y mêle de très-petits fragments de pierre ponce d'un blanc mat et de quelques autres pierres plus ou moins grosses. Sa consistance est friable, presque sans adhérence et d'une grande ténuité. La seconde, quoique formée de cendres volcaniques comme la première, montre une couleur plus foncée; elle est si dure qu'il faut, pour la couper, se servir du pic de tailleur de pierre. Cette dureté lui vient de l'humidité, de la pression des couches supérieures, du laps de temps.

D'après la configuration mamelonnée de la plaine,

il paraît évident qu'elle doit son exhaussement aux matières vomies par les volcans qui l'environnent. En effet, la plupart des montagnes voisines ont la forme conique des volcans. Ce qui confirme encore cette conjonction, c'est que la pierre travertine, si commune en ce canton, n'est autre chose qu'une lave poreuse très-dure et qui n'a pas de lits déterminés. Joignez-y l'étang de dix ou douze arpents d'étendue qu'on rencontre sur la route et dont les eaux exhalent une odeur de foie de soufre très-sensible. Tout cela semble démontrer l'existence d'anciens volcans dont les cendres étaient au loin transportées dans les airs par les vents, tandis que les laves vomies de leurs cratères se répandaient dans le voisinage.

Quant à la surface du sol, malgré sa fertilité, on n'y voit ni maisons, ni arbres, ni buissons. A l'aspect des restes de maçonnerie qui indiquent des sépultures d'anciens Romains, on dirait que cette terre a été consacrée à la mort. De tous ces terrains, à peine un cinquième est cultivé en blés d'hiver, sans partage d'aucune autre espèce de végétaux. Les quatre autres cinquièmes sont ou en jachères, ou en mauvaises prairies naturelles qui, dès que le soleil prend de la force, restent desséchées. Les terres en culture ne rapportent que tous les quatre ou cinq ans, parce que, n'étant point fumées, on les laisse reposer tout ce temps pour qu'elles se rétablissent de la déperdition occasionnée par ces pauvres récoltes.

On rencontre par-ci par-là quelques troupeaux de bêtes à cornes, d'une espèce gigantesque, de couleur cendrée. Les cornes de ces animaux ont jusqu'à quatre pieds de long et se font remarquer par leur configuration et leur cambrure. A ces troupeaux se mêlent quelquefois des moutons d'assez belle race dont la laine est tantôt blanche, tantôt panachée de brun et de blanc, tantôt de la teinte de terre d'ombre.

A l'exception de quelques corneilles, peu de ces jolis oiseaux qui vivifient nos campagnes et dont le chant distrait si agréablement le voyageur. Pour confirmer l'idée qu'on se fait d'un lieu sauvage, ajoutez les huttes de jonc autour desquelles, en certains endroits, se groupent des bandes de charbonniers qui font halte, tandis que leurs chevaux épars paissent dans le voisinage.

Le chemin entre Rome et Tivoli est aussi mal tracé que mal construit et mal entretenu. Il serpente, il forme des sinuosités que la nature du terrain n'a point nécessitées ; ce qui le rend de plusieurs milles plus long qu'il ne devrait être. Quant à sa confection, tant en bâtisse qu'en largeur, elle est fort irrégulière : ici, cette largeur n'a guère que huit pieds ; là, elle en a plus de cinquante ; parfois, le sol est accompagné de fossés pour l'écoulement des eaux, le plus souvent rien ne le sépare du terrain environnant. La chaussée, tantôt n'est que le sol battu et un peu bombé, tantôt est formée de graviers et de pierrailles, tantôt pavée à la manière des rues, mais avec de plus petits matériaux. Les parties subsistantes de l'antique voie romaine sont encore d'une grande solidité. Large d'environ neuf pieds, elle a le défaut de ne plus convenir à nos voitures dont la dimension excède celle des voitures anciennes. Toute sa surface est couverte de quartiers de basalte extrêmement dur, formant des cubes de dix-huit à vingt pouces posés sur un massif de cailloux maçonnés à chaux et à sable. On voit encore sur les carreaux de basalte la trace des roues qui ont fait, avec le temps, de légères ornières.

A la position des tombeaux, que les anciens Romains plaçaient sur les bords de leurs chemins publics, il paraît que la route a changé de place et qu'elle avait des niveaux différents de la route actuelle. Souvent ces tombeaux sont éloignés d'une portée de fusil, quelquefois davantage ; mais dans le voisinage du tombeau de la famille Plantius, on suit l'antique chemin pendant plus d'un demi-mille. Vous cherchez vainement des arbres le long de cette route de sept à huit lieues; ils seraient pourtant bien nécessaires pour mettre les voyageurs à l'abri du soleil dans un pays où ses rayons sont si brûlants; mais, suivant les apparences, on n'y a jamais pensé.

Dans le nombre des ponts sous lesquels passent des ruisseaux, des canaux, de petites rivières, il en est d'antiques, d'anciens ; il n'en est point de modernes. A peine répare-t-on ceux qui existent; on les laisse même ensabler par les alluvions, et l'on n'y fait que les travaux indispensables pour que la voie publique ne soit pas interrompue. Les deux plus remarquables sont le *ponte Salaro* et le *ponte Lucano*. Ils traversent l'Anio, qui, grossi en rivière par les cascades de Tivoli, circule dans la plaine de Rome et va se jeter dans le Tibre, au-dessous de cette ville.

C'est près du *ponte Lucano*, et sur le bord de l'Anio, que se trouve le tombeau consacré à la famille Plantius. Il est de forme ronde et a plus de six toises de diamètre. La maçonnerie inférieure est encore entière; mais la partie supérieure, que le temps avait détruite, a été réparée pour devenir une tour de défense. Sur l'avant-corps de ce tombeau étaient placées deux tables de marbre dont il ne reste plus qu'une seule avec une inscription latine qui retrace les droits de Plantius à la reconnaissance de ses concitoyens. Comme elle est à une élévation de douze ou quinze pieds, on a imaginé, pour rendre lisible l'écriture de l'inscription, de proportionner la grandeur des lettres à leur éloignement. Celles des premières lignes sont très-grosses, tandis que les lettres des dernières sont très-petites. Au moyen de cette ingénieuse précaution, toute l'écriture que contient cette table se lit sans difficulté. Ainsi, au milieu de leurs vastes conceptions, les anciens Romains ne négligeaient point les détails minutieux qui concouraient à remplir leur objet.

Je descendis plusieurs fois de voiture pour examiner les plantes indigènes à cette campagne. Les plus remarquables sont : le *plumbago europœa*, L.;

l'*asphodelus ramosus*, L.; cette dernière couvre des terrains pierreux et en pente sur les bords du chemin. Un *euphorbia* qui ressemble beaucoup au réveil-matin. La verdure des gazons est émaillée par les jolies fleurs du *bellis perennis*, L. Le *calendula arvensis* et le *sisymbrium bladifolium* y jouent aussi leur rôle par la couleur d'or luisante de leurs fleurettes. Le *matricaria chamœmelum*, L., se trouve en abondance dans les blés, surtout dans ceux qui sont semés trop clair, défaut assez rare en ce pays, où en général la semence n'est point épargnée. Plusieurs lieues carrées sont couvertes de l'*anemone pulsatilla*, dont les fleurs, d'un bleu azuré, se marient avec la verdure et offrent un charmant coup d'œil dans le printemps. Mais une des plantes qui m'ont le plus intéressé, parce que je ne la connaissais pas, est une espèce de *polygonum* qui croît sur la berge du chemin, dans un terrain légèrement argileux, substantiel et profond, vers le huitième mille. Elle ressemble un peu au *polygonum ariculare*, Linnée. Ses racines, fortes, ligneuses, coriaces, poussent de leur collet plusieurs branches longues, flexibles et couchées sur la terre. Celles-ci se divisent en une multitude de rameaux qui ne sont garnis de feuilles qu'à leur extrémité. Les feuilles peuvent avoir six lignes de long sur une de large; elles se terminent par une pointe aiguë et sont accompagnées de stipules.

Lorsqu'on approche du territoire de Tivoli, on commence à monter, faiblement d'abord, ensuite assez rapidement. Dans le bas se trouvent des broussailles d'épines, de *phyllirea*, d'anciennes forêts de *palinurus*, que l'on coupe tous les trois ou six ans pour chauffer les fours. Un peu plus avant, le chemin se partage en deux branches, l'une presque en ligne droite jusqu'à la ville, l'autre faisant un circuit plus doux. Non loin de cette bifurcation, de gros mûriers blancs semblent se tenir là pour prouver que les arbres croîtraient bien dans la plaine de Rome si l'on prenait soin d'en planter. Après, viennent des vignes soutenues par des roseaux d'*arundo donax* disposés en croix, et entre les rangs de ceps, des pêchers, des pruniers et quelques autres arbres fruitiers, parmi lesquels on distingue des cerisiers énormes qui ont plus de quarante pieds de haut. Sur les pentes supérieures sont des plantations d'oliviers dont quelques-uns ont plus de quatre pieds de diamètre. Dans les interstices se font des semis de plantes céréales, lorsque le terrain est accessible à la charrue. Les branches provenant de la taille de ces oliviers servent à la nourriture des vaches, qui mangent avidement les feuilles et les jeunes pousses. Leur lait doit se ressentir de l'amertume et de la dureté d'un pareil aliment.

La traversée de la ville n'est pas agréable. On circule dans des rues tortueuses, de largeur très-inégale et en quelques endroits si escarpées qu'il faut enrayer les voitures. Les maisons, généralement basses et mal bâties, ne sont éclairées que par de petites fenêtres, où l'on ne voit presque point de carreaux de verre. De mauvaises portes et des volets de planches en sont l'unique fermeture. Il y a cependant quelques églises et un certain nombre de maisons passablement construites. Quelques-unes des rues sont arrosées par un courant d'eau vive.

La population, qu'on évaluait à dix-huit mille âmes, est réduite à sept ou huit mille. Comme je me trouvais à Tivoli un jour de fête, les rues et quelques petites places publiques étaient remplies d'habitants qui sortaient des églises. Les hommes me parurent avoir un air sérieux ; leurs yeux noirs, recouverts d'épais sourcils de même couleur, donnaient à leur physionomie un air de dureté qui s'accorde avec le caractère qu'on leur attribue. Les femmes, au lieu de voile, portent le jupon extérieur sur la tête et en font une espèce de capuchon qui couvre le cou, la taille et les bras. Elles sont taillées en force ainsi que les hommes, et peu m'ont semblé jolies. Plusieurs moulins à farine sont établis sur la partie des eaux qu'on a détournée de la rivière supérieure : aussi rencontre-t-on beaucoup de meuniers. Ils ont l'air moins délabré que les autres habitants.

C'est dans l'auberge où l'on descend que se trouve le temple de Vesta, une des antiquités les plus jolies et les mieux conservées d'Italie. Il forme une rotonde d'environ trente pieds de diamètre, entourée d'un péristyle de colonnes cannelées qui soutiennent un entablement orné de sculpture. Tout à côté est un bâtiment carré qu'on nomme la maison de la

Sibylle. Il n'a de remarquable que son ancienneté. On en a fait une église qui peut contenir une trentaine de personnes. Ces fabriques sont construites sur le bord d'un rocher à pic au-dessus des eaux qui tombent des deux principales cascades que l'on aperçoit de la cour de l'auberge.

Pour descendre au fond du précipice qui reçoit les chutes d'eau, on suit un sentier taillé dans un rocher formé de stalactites ou de sédiments séléniteux. On voit d'abord la grande nappe se jeter dans quatre abîmes différents, puis en ressortir avec un mugissement singulier et se réunir dans une espèce de bassin couvert dont la voûte a plus de trente toises d'élévation. Une autre partie de la nappe supérieure se précipite au fond du gouffre, sans passer par les abîmes dont je viens de parler.

Indépendamment de ces deux cascades principales, un grand nombre de chutes beaucoup plus petites forment des lisérés d'eau qui sortent de différents points des rochers environnants. Elles donnent à la végétation une vigueur et une activité extraordinaires. Les rochers sont tapissés de *marchantia*, de mousses aquatiques, de petites fougères, telles que le *capillaire* de Montpellier, le *cétérach*, le *polytric*; dans les fentes de ces rochers poussent des *scolopendres* dont les feuilles, très-larges, ont plusieurs pieds de longueur. Parmi les arbustes qu'offrent les lieux où la couche de terre végétale est plus épaisse, on distingue l'*artemisia arborescens*, la *coronille glauque*, le laurier-thym, le laurier des poëtes, l'yeuse, la grande férule au feuillage si divisé, le *teucrium flavum*, le *smilax aspera*, la *satureia fruticosa*, l'*asparagus acutifolius*, et beaucoup d'autres végétaux plus communs.

Je descendis jusque dans l'enfoncement où se rassemblent les eaux des grandes et des petites cascades. Là, cette belle nappe subit encore une nouvelle chute moins considérable que les précédentes et s'engouffre sous terre pour ne reparaître qu'à la distance d'un jet de pierre et couler enfin à découvert dans un ravin qui s'élargit en s'éloignant. Dans ce dernier enfoncement, on se croit au milieu des entrailles de la terre. Le jour n'y arrive que par une ouverture que laissent, d'un côté, des montagnes entassées les unes sur les autres et dont les sommets se perdent souvent dans les nuages; de l'autre, la partie de la ville où le temple de Vesta, la maison de la Sibylle semblent suspendus et prêts à descendre dans le précipice. De là, on aperçoit un pont à une telle hauteur que des chariots attelés de six bœufs monstrueux paraissent des miniatures. Le ravin dans lequel coulent les eaux des cascades tourne brusquement à l'ouest, parce qu'il est barré par de hautes montagnes couvertes de bois, et qui, du temps des Romains, l'étaient de leurs maisons de plaisance.

On a peine à se défendre d'un sentiment de terreur qui pénètre jusqu'à l'âme par les yeux et par les oreilles. L'aspect de ces rochers amoncelés, dont les saillies portent des fabriques, vous fait craindre que quelques-uns, venant à se détacher, ne roulent et ne vous écrasent au fond du précipice. Au mugissement de toutes ces eaux en courroux qui cherchent à se frayer de nouveaux passages, on sent qu'elles ont déclaré la guerre à la terre, et l'on tremble de se trouver sur le champ de bataille de ces deux puissantes forces de la nature. Quoique, par sa masse, la terre semble à l'abri des attaques de quelques lisérés d'eau, elle est vaincue par leur permanence et surtout par leur mobilité continuelle; minées insensiblement, ses particules les moins tenaces sont entraînées, et le torrent finit par scier les montagnes pour s'ouvrir un lit proportionné à son étendue.

La petite rivière qui forme la grande cascade suit une vallée tortueuse; en arrivant à la chute, elle a environ huit toises de largeur et tombe de plus de cinquante pieds de haut. Une portion de ses eaux a été détournée pour alimenter différentes usines, après quoi elles vont donner naissance aux cascatelles qui sont au nombre de six, très-rapprochées, et qui, à la distance d'un demi-mille, se joignent dans le même ravin aux eaux des grandes cascades.

Sur le coteau qui fait face à la campagne de Rome s'élève un vaste palais moderne accompagné d'un grand jardin en terrasses les unes au-dessus des autres : c'est la villa d'Este, possession qui appartenait au duc de Modène. Les appartements, en enfilades, sont ornés de peintures à fresque de peu de mérite, de quelques médiocres statues et de meubles de mauvais goût. Le long du palais règne une terrasse qui domine sur les jardins et d'où l'on découvre plusieurs des principaux édifices de Rome. Un seul mur mitoyen en sépare la villa de Mécène. Les restes de la villa de Salluste n'en sont pas éloignés, et de cette terrasse on en voit l'emplacement.

Une des plus grotesques décorations des jardins d'Este est ce qu'on appelle le Temple de la Terre. Dans un espace qui a moins d'un quart d'arpent, on a voulu représenter des temples, des palais, des monuments de Rome antique, des mers, des villes même. Neuf, c'était un plateau de dessert mal exécuté ; actuellement ce n'est qu'une ruine mesquine.

Il ne reste aucun vestige ni des jardins ni de la maison d'Horace, mais la position qu'ils occupaient est charmante. Elle se présente en face des cascades, à une assez grande distance pour qu'on ne fût pas importuné de leur fracas, à l'abri du nord par de hautes montagnes bien boisées à mi-côte, ayant la vue de Rome et de sa campagne, qui, à cette époque, était un paradis terrestre.

L'emplacement des possessions de Quintilius Varus offre encore des monuments qui attestent la magnificence de leur antique propriétaire. On voit d'abord une citerne presque entière dont la voûte est portée par vingt-quatre piliers carrés placés sur deux lignes ; à peu de distance un fragment d'antiquité dont on ne devine guère la destination ; ensuite une petite église construite sur les débris du palais de Varus. Les bains n'en sont pas éloignés. Il reste dix des berceaux qui les composaient ; la mosaïque qui recouvrait la maçonnerie existe encore en beaucoup de parties, ainsi que les aqueducs qui amenaient les eaux dans ces bains. Parmi les monceaux de ruines dont ce coteau est rempli, on distingue les vestiges d'une naumachie. Tout atteste la grandeur et la richesse de cette maison de plaisance. Rien de plus beau que sa position : le plateau sur lequel elle était bâtie s'avance dans la plaine en terminant une chaîne de hautes montagnes; il domine tous les environs jusqu'à la mer, le pays des anciens Sabins, celui des Latins, la ville de Rome et les cascatelles. A mi-côte du vallon le point de vue est enchanteur.

De l'autre côté du torrent, en face des écuries de Mécène, la maîtresse de Properce avait aussi des possessions; les débris en sont épars sur une vaste étendue de terrain. Du bas de la montagne où elles étaient situées sort la source de l'eau d'or : c'est un ruisseau qui charrie, dit-on, des paillettes de ce métal. Il se jette tout près de là dans l'Anio, rivière formée par les eaux des cascades. L'Anio se partage en deux branches dans la vallée, et on les traverse sur deux ponts à la suite l'un de l'autre. Le premier, *ponte Celio*, est antique; l'autre, *ponte della Coria*, est ancien.

Sur le bord d'une vieille route romaine, on rencontre, dans l'épaisseur de la montagne, une caverne naturelle que les gens du pays nomment Templo del Mondo. Sa coupe présente des bancs de pierre de deux natures différentes : le banc inférieur est formé de cendres volcaniques, et le supérieur d'alluvions pierreuses. Il est à présumer que cette partie de la montagne doit son existence au feu des volcans voisins et aux eaux qui ont déposé les sédiments pierreux dont la surface des produits volcaniques est recouverte.

Vers le haut de ce même chemin, et avant que d'entrer dans la ville, on rencontre le temple de la Toux, monument antique qui ressemble en petit à la rotonde de Rome. L'intérieur, où l'on pénètre par deux portes, offre quatre niches, vides actuellement, mais qui autrefois renfermaient des statues. L'élévation de ce monument, sa voûte en larges pierres, sa couleur, qui porte l'empreinte du temps, les plantes adventices et les arbustes qui couronnent son sommet, tout en fait une ruine respectable. Quelques personnes prétendent que c'était un temple dédié à Cérès.

Le chemin au bord duquel il se trouve est la voie antique qui conduisait de Rome à Tivoli ; il sert encore aux cavaliers et aux piétons. Les voitures suivent la route neuve, qui est plus longue au moins de trois milles.

La villa Adriana, située presque au bas de la montagne, au midi de Tivoli, couvre une circonférence de quatre à cinq milles de terrain. C'est actuellement une métairie qui appartient à une famille romaine. Les yeux sont effrayés de l'immensité des ruines entassées dans ce lieu. Comme il existe des ouvrages qui traitent avec le plus grand détail de tout ce que cette villa renferme de remarquable, je n'entreprendrai pas d'en faire la description, je me borne à indiquer ce qui m'a frappé le plus.

1° Une salle de bains, dont la voûte est peinte et sculptée, offre encore de beaux restes.

2° Une fontaine dont il n'existe que l'enfoncement de maçonnerie dans lequel elle était enfermée.

3° L'emplacement d'une naumachie planté d'arbres fruitiers et de grossiers légumes. On distingue encore les traces des murs de pourtour, qui forment un carré long d'un demi-arpent.

4° Une grande quantité de fragments de porphyre vert, de granit, de marbre, en colonnes rondes et cannelées, répandus sur une vaste surface. Ces débris ont sans doute appartenu à quelque précieux monument que la rareté des matières a fait détruire et dont il ne reste plus de vestiges.

5° Des emplacements plantés d'oliviers, de pins, de cyprès, de mûriers, ou disposés en mauvaises cultures, lesquels devaient, du temps d'Adrien, former des bois sacrés et des promenades mystérieuses dédiées aux divinités champêtres.

6° Le temple des Sept Sages, dont il reste debout des pans de murs assez élevés avec des niches. Parmi ses décombres j'ai trouvé une très-jolie espèce de *sylvie*, à feuilles élégamment découpées, à fleurs couleur de chair et très-grandes.

7° Une sorte de théâtre pour les combats de bêtes féroces ou toute autre chose peut-être. Cependant cette fabrique ne devait avoir pour objet qu'un spectacle où il fallait mettre les curieux à l'abri de quelques dangers, puisque leurs places étaient exhaussées d'environ dix pieds au-dessus du terrain sur lequel se passait la scène. On voit encore la bâtisse circulaire, des murs de refend, des gradins et des loges d'animaux.

8° Un immense débris de bâtiments contigus, qu'on dit avoir été la bibiothèque. On n'aperçoit que des noyaux de fabriques, des restes de voûtes et un amas de décombres. Il est surprenant qu'à une époque où il n'y avait pas d'imprimerie, où le temps qu'il fallait pour copier les manuscrits devait les rendre rares, la bibliothèque d'Adrien exigeât un local aussi vaste que celui qui est désigné sous ce nom.

9° L'acanthe, qui se plaît au milieu des ruines et qui s'installe sur les débris des palais, n'a pas négligé de croître ici. On en trouve des touffes très-considérables sur un sol exhaussé de quatre à cinq pieds par les démolitions des bâtiments voisins.

10° Un temple dédié à Vénus; sans être d'une grande étendue, il présente de beaux restes : on reconnaît le plan et une partie de l'élévation.

11° Le temple de Diane est à peu près dans le même état; mais il faut en croire les custodes sur parole relativement à la destination de ces fabriques, car il n'existe aucun attribut des divinités auxquelles on les suppose consacrées.

12° Une galerie souterraine large de douze pieds, longue d'environ vingt toises. Sa voûte, qui n'a pas plus de dix pieds de haut, est peinte et sculptée. On lit sur les murs intérieurs les noms de presque tous les artistes français qui ont été à Rome et qui sont venus visiter la villa ; on y lit également les noms d'un grand nombre d'étrangers.

13° Un vaste corps de bâtiment où logeaient les serviteurs d'Adrien, ce que l'on appelait *sa famille*. Il reste de gros mais informes vestiges de cette fabrique.

14° Un temple qu'on dit avoir été dédié à Apollon et dont on ne voit que des murs dépouillés des marbres qui les couvraient et des statues qui en faisaient l'ornement.

15° Un emplacement qu'on appelle Piazza-d'Oro (Place-d'Or), à cause des raretés en sculpture qui se sont trouvées dans les fouilles qu'on a faites en ce lieu.

16° La place d'Armes, à l'extrémité de laquelle on voit le siége de l'empereur Adrien. C'est là qu'il passait en revue les troupes de sa garde. Le terrain peut avoir le quart de l'étendue du Champ-de-Mars à Paris.

17° Un corps de casernes à trois étages placé le long du fossé qui entourait une partie de la possession d'Adrien du côté de la plaine de Rome. Bâties au bas de la place d'Armes, sur une surface de plus d'un mille, ces casernes sont des chambres voûtées d'environ vingt-quatre pieds carrés, dans lesquelles on communiquait par des galeries en bois placées à l'extérieur. Sur les murailles intérieures on remarque des noms, quelquefois des figures de soldats qui étaient alors de service. Parmi ces noms, j'en vis un écrit en grec, et je n'en fus point surpris. Il y avait dans les troupes de l'empereur Adrien des Grecs, des Gaulois, des Asiatiques, des Africains et des Arabes; ainsi on pourrait trouver ici des écritures de ces différentes nations. Ces casernes ont été percées de portes qui communiquent de l'une à l'autre dans toute la longueur. Il paraît qu'elles servent en ce moment de magasins pour du grain, des fourrages et autres objets de consommation. De tels restes donnent une haute idée de la puissance et du faste des empereurs romains.

18° Un théâtre en plein air; on y voit encore le lieu de la scène et les gradins circulaires pour les spectateurs. Il peut avoir un huitième d'arpent d'étendue et est fort bien conservé.

Toutes ces bâtisses étaient revêtues d'une sorte de mosaïque formée de cubes de terre cuite d'environ deux arpents carrés placés en losanges et liés par un mortier à chaux et à sable qui est devenu aussi dur que la brique elle-même : c'est ce qu'on appelle *construction réticulaire.*

Je l'avouerai, j'avais l'esprit aussi fatigué que les yeux de ce spectacle de ruines et de décombres pendant deux jours sans interruption. La mutilation, le délabrement des objets, la différence entre les usages antiques et les modernes, tout rend aussi pénible que difficile de découvrir et d'assigner la destination de la plus grande partie de ces fabriques renversées par le temps. Le dirai-je? mon imagination n'était point satisfaite, et je ne fus pas émerveillé de l'ordonnance qui avait présidé aux différents édifices dont cette vaste enceinte était remplie. Ils me semblèrent éparpillés sans goût, sans harmonie, sans agrément.

CHAPITRE XXIV.

Lorette. — Ancône. — Dauphins. — Venise. — Port. — Rues. — Canaux. — Gondoles. — Palais. — Église et place Saint-Marc. — Iles. — Pont de Rialto. — Couvent de Saint-Georges. — Église de la Salute.

La mission dont j'étais chargé m'appelait à Venise; je me rendis à Ancône, en prenant le chemin de Lorette. C'est encore un pays hérissé de hautes montagnes avec des vallons bien cultivés en céréales, en vignes et en oliviers, et couvert d'un grand nombre d'habitations ou éparses et isolées, ou groupées de manière à composer des hameaux, des villages, des bourgs et des villes. Je citerai, parmi ces dernières, Tolentino, Macerata, toutes deux grandes et assez bien bâties, Sambucchetto, dont la rue principale est large, droite, garnie de maisons en briques, mais d'une bonne architecture. Toute cette route est belle, parfaitement entretenue, bordée de parapets dans les escarpements, et de garde-fous dans les endroits moins dangereux. Je n'en fus pas surpris : elle conduit à un pèlerinage habituellement fréquenté.

Avant d'arriver à Lorette, on rencontre un long et solide aqueduc de construction moderne et destiné à porter des eaux à cette ville.

Lorette est située sur le sommet d'une montagne conique; petite et bien bâtie, elle renferme une population de huit mille âmes, mais pauvre. Les prêtres y sont proportionnellement plus multipliés que partout ailleurs. Le sang y est très-beau : ce sont des hommes nerveux et de haute stature, des femmes taillées en force et chargées d'embonpoint. Les habitants se divisent presque tous en aubergistes, en fabricants de chapelets et en mendiants. La ville entière a été faite pour accompagner l'église principale, où l'on garde la célèbre madone.

On descend de Lorette par un chemin très-rapide, pour entrer dans une large vallée qui offre le plus superbe état de culture. Elle peut avoir quatre ou cinq milles de longueur et se termine par des hauteurs d'où l'on domine sur un pays charmant et d'où l'on voit la mer dans une grande étendue. On traverse la jolie petite ville de Camerano, et l'on ne tarde pas à découvrir Ancône et le bassin qui en forme le port.

Les habitations sont pressées sur ce territoire, dont les parties, très-divisées en certains endroits, prennent plus d'importance en approchant de la ville, parce que ce sont pour la plupart des maisons de plaisance de négociants. C'est un magnifique pays auquel il ne manque, pour en faire un paradis terrestre, que l'aisance parmi les gens de la campagne.

L'entrée d'Ancône est très-belle : d'un côté, la mer Adriatique; de l'autre, la citadelle, dont la masse n'est pas moins remarquable que sa position. Du même point, au bout d'un large quai, on voit la porte de la ville, le port, le môle et le fanal. Le port est grand, commode et sûr. Il s'y trouvait une multitude de bâtiments marchands et de bateaux de pêcheurs. Sur le môle, qui a plus d'un quart de lieue de long, s'élève l'arc de triomphe de Nerva, monument d'une noble architecture et parfaitement conservé. A l'extrémité du môle, le phare, ou fanal, est une haute tour au sommet de laquelle une lanterne, allumée pendant la nuit, sert de guide aux navigateurs.

Si le Dôme, ou l'église cathédrale, ne brille pas à l'intérieur par les objets d'art, qui y sont d'un médiocre mérite, c'est du moins un grand vaisseau gothique qui se distingue par son élévation et son étendue. Dans une petite église, je vis un beau tableau du Titien, représentant la fuite en Égypte.

La citadelle domine la ville, la défend à l'extérieur et pourrait la réduire en cendres. De cette forteresse, on jouit d'une perspective immense, qui, du côté de la mer, n'a pour terme que l'horizon. Je rencontrai sur ses vieux murs la giroflée, grosse espèce, à fleur d'un beau violet, et qui paraît être la tige originelle de notre *cheiranthus incanus*, L. Elle est ligneuse ici et forme un arbuste qui vit plusieurs années. J'y trouvai aussi très-abondamment le type de notre souci, plus petit cependant, ainsi que ses fleurs, et plus incane que la plante de nos parterres.

Les Levantins gardent ici leur costume. Ces turbans, ces grandes robes, ces larges pantalons, cette barbe épaisse, leur donnent un air imposant, non moins que leur belle figure. Ce costume sied à merveille, et comme il est très-noble, il les force à une gravité qui commande une sorte de respect.

La Bourse, où se réunissent les commerçants, est un grand salon entouré de boutiques de quincailliers. Au-dessus sont des niches avec des statues modernes d'un style passable. Le plafond, peint à fresque, représente, ainsi que les statues, des sujets analogues à la paix, au commerce et à l'abondance. Ce lieu mérite d'être vu.

Cette ville forme une ligne circulaire autour du port. Les rues, irrégulières pour le sol, la largeur et la direction, sont bordées de maisons assez généralement propres et d'hôtels dont quelques-uns sont remplis de tableaux et décorés avec faste. Il se trouve plusieurs places publiques ornées de fontaines d'assez mauvais goût, mais très-commodes, très-utiles, parce qu'elles donnent toujours de l'eau à profusion.

Le peuple paraît pauvre, mais moins que dans la plupart des villes de l'intérieur, surtout du côté de Rome. Les hommes sont grands et robustes, les femmes ont en général des traits agréables, et il en est beaucoup de très-belles.

Si l'on ne prenait soin d'enlever les immondices que la mer amène journellement dans le port, il deviendrait bientôt impraticable, comme l'ancien port des Romains, qui se trouve encombré; ce dernier était situé de l'autre côté du môle et abrité par de hautes montagnes coupées à pic. Il paraît que la mer mine celles qui la bordent et en fait ébouler de temps en temps des parties considérables. Le port actuel n'a pas assez de profondeur pour recevoir des vaisseaux de guerre; c'est un bassin ovale entouré, d'un côté, par des montagnes qui se prolongent; d'un autre, par le môle; d'un troisième, par une langue de terre sur laquelle est bâti le lazaret, bâtiment pentagone susceptible de loger une centaine de personnes, avec de grands magasins pour y déposer les marchandises suspectes.

Comme je n'avais rien à voir d'intéressant à Sinigaglia, à Fano, à Pesaro, ni dans les différentes villes situées sur cette côte, et que je trouvais une occasion favorable pour faire par mer le voyage de Venise, qui n'exige que vingt-quatre heures de temps, je résolus d'en profiter. Je m'embarquai donc vers six heures du soir sur un bateau pêcheur à deux mâts, monté par cinq hommes d'équipage. Un vent frais nous poussa d'abord avec rapidité; nous faisions quinze à dix-huit milles par heure. Mais ce temps dura peu; le vent baissa, et nous eûmes un calme presque plat le reste de la nuit.

La mer était unie comme une glace. Je jouis alors d'un spectacle tout nouveau pour moi. A une portée de fusil du bâtiment, deux bouillons d'eau attirèrent mes regards par le bruit qui les accompagnait. Bientôt j'en vis sortir à mi-corps deux animaux marins dont l'un poursuivait l'autre. Le pilote me dit que c'étaient des dauphins. Peu de temps après, j'en aperçus une bande de sept à huit qui jouaient sur les ondes autour de la barque : ils la suivirent pendant quelques instants, après quoi nous les perdîmes de vue. Je n'ai pu observer de la forme de ces animaux qu'une espèce de corne qu'ils ont sur le dos et qui est proéminente d'un pied à dix-huit pouces; leur corps m'a paru avoir de quatre à cinq pieds de longueur.

J'eus le temps de réfléchir au peu de certitude des voyages par mer. On m'avait assuré qu'on allait habituellement d'Ancône à Venise en vingt-quatre heures; et cependant à trois jours d'un calme plat qui retardait notre navigation succédèrent une bourrasque assez violente, puis un vent frais à l'aide duquel nous fîmes beaucoup de chemin, mais dans une direction peu favorable à notre but. Enfin, après quatre jours, nos matelots virent dans le crépuscule un clocher qu'ils reconnurent pour celui de l'église de Saint-Marc. Plus nous avancions, plus les objets devenaient sensibles ; des tours, des dômes, des châteaux, des arbres, de petits bâtiments naviguant sur cette côte basse, se montraient distinctement à ma vue. Il me sembla que la mer avait

CHAPITRE XXIV.

changé de couleur; ce n'était plus le bleu d'azur qu'elle présentait comme les jours précédents, mais une sorte de blanc cendré.

Enfin, nous arrivâmes à l'entrée du port, et je jouis alors d'un des plus beaux spectacles qu'on puisse rencontrer en ce genre. A la suite du goulet, qui peut avoir un mille et demi de largeur, est un bassin de forme circulaire, dont les bords sont garnis de plantations, de fabriques et de promenades; dans l'enfoncement et sur le côté gauche, le lazaret; un peu au-dessus, la douane. Le premier bassin communique avec un second qui est moins vaste.

Du port au lieu où nous devions descendre, dans un espace de plus de deux milles, nous eûmes à traverser un grand nombre de canaux d'eaux mortes, de différentes dimensions. La plupart bordent les maisons sans laisser la place de trottoirs pour les piétons. Presque toutes ces maisons, construites en pierre depuis les fondations jusqu'à quatre ou cinq pieds au-dessus des eaux, sont pour le reste bâties en briques. Il y en a qui le sont seulement en bois. Les assises de pierre de taille sont liées ensemble par un mortier de chaux et de pouzzolane. Il ne faut pas chercher d'architecture, au moins dans les cinq sixièmes de ces maisons. On peut les comparer à celles de nos faubourgs les plus pauvres. Mais on rencontre dans plusieurs quartiers des hôtels, des palais, des églises et des monuments publics dans le goût florentin, et des constructions gothiques d'un grand caractère.

Ici, l'on ne voyage que dans des gondoles, dont le nombre est prodigieux : ce sont de petits bateaux extrêmement légers, larges de quatre pieds au plus, longs de vingt à vingt-cinq, et pointus par les deux extrémités. Il se trouve au milieu une espèce de caisse comme celle d'un carrosse, fermant par une porte en face et éclairée par des fenêtres qui ont des rideaux et des jalousies. Cette caisse contient ordinairement six places, deux dans le fond, qui sont celles d'honneur, et deux de chaque côté. Les banquettes sont garnies de coussins. Tout l'intérieur, tout l'extérieur sont drapés en noir, comme nos voitures de deuil. On prétend que la loi somptuaire d'où résulte cette triste uniformité a eu pour but d'empêcher le luxe effréné qui s'était introduit dans les gondoles. Un ou deux barcalons, debout à la proue ou à la poupe, une seule rame à la main, font mouvoir la nacelle avec une extrême agilité. Ces gondoles se croisent, se suivent, se rencontrent et s'évitent sans se toucher. Les personnes considérables ont des bateliers habillés à leur livrée ; le soir, des lanternes sont allumées sur le devant de leurs barques ; ce mouvement de lumières est très-pittoresque.

Les Vénitiens en général sont beaux hommes, les barcalons surtout, dont la stature annonce une vigueur d'athlètes. On vante aussi la beauté des femmes et l'agrément de leur parure. Mais la mise du peuple, quoique je la visse le jour de Pâques, me sembla mesquine et pauvre.

Les huîtres qu'on sert à Venise sont excellentes, plus petites et plus délicates que celles qu'on apporte à Paris.

Pour mieux observer la ville j'en parcourus à pied plusieurs quartiers. Mon conducteur me fit passer par une multitude de petites rues tortueuses dont quelques-unes donnent à peine accès à deux hommes de front. Je traversai une quantité considérable de ponts, presque tous en pierre, avec une seule arche très-exhaussée. Les maisons, pour la plupart, sont entassées les unes sur les autres sans plan, sans goût, sans symétrie; des boutiques de marchands occupent le rez-de-chaussée. Presque toutes les cheminées sont terminées en entonnoir renversé et faites en briques. Le pavé des rues est composé de petits carreaux de pierre plate de douze à quinze pouces.

J'entrai d'abord au palais Barbarigo. Le propriétaire, homme riche dont la famille a joué un grand rôle dans les affaires de la république, possède une collection de tableaux très-précieux, parmi lesquels il y en a beaucoup du Titien. De là j'allai à l'école Saint-Roch, lieu d'éducation, où deux vastes salles contiennent des peintures de différents maîtres. Le plus beau de ces ouvrages est sans contredit un crucifiement de N.-S. par le Titien; il remplit tout le fond d'un oratoire qui a vingt-quatre pieds de large sur dix de haut. La composition, le dessin et surtout la couleur sont d'une exécution achevée.

L'église Saint-Marc, qui attira ensuite mon attention, est une des plus anciennes d'Italie. Son architecture gothique la rend très-sombre. On prétend que les matériaux dont elle est construite ont été apportés de Constantinople, ainsi que ses portes de bronze, plusieurs colonnes, un grand bénitier de porphyre et quatre chevaux de bronze doré. Derrière le chœur sont des colonnes d'albâtre cannelées qui, à la lumière des bougies, offrent une transparence sur leurs bords. Le sol de l'édifice, les parois latérales et la voûte sont revêtus de mosaïque formée de petits cubes de verre colorié qui composent des figures, des groupes et des tableaux d'histoire; et comme on a doré la mosaïque de la voûte et du chœur, toute la partie supérieure de l'église semble d'or.

Du perron, où sont placés les quatre chevaux de bronze, on domine la place Saint-Marc. C'est un lieu de promenade habituel. Dans ce moment on y voyait beaucoup de monde : les hommes en manteaux écarlates, bleus ou blancs; les femmes en noir. Ce mélange de couleurs tranchantes produisait un effet singulier.

L'église Saint-Marc communique au palais du même nom, où s'assemblaient le doge et le sénat.

Un grand lac sépare Venise de plusieurs îles bâties et qui en forment les faubourgs. L'une se nomme Saint-Christophe, l'autre Saint-Michel, une troisième Murano. C'est dans celle-ci que se trouvent les verreries et la manufacture de glaces qui ont fait pendant longtemps un des principaux objets du commerce de cette cité. On voit dans une partie du lac un chantier de bois de construction qui est sous l'eau comme à Amsterdam. L'usage de tenir ainsi les bois pour les conserver parait commun aux deux pays.

Le grand canal est traversé par le pont de Rialto, construit en marbre par Michel-Ange. Son architecture, quoique bizarre, est imposante; il n'a qu'une seule arche et est bordé de boutiques des deux côtés.

Je n'ai rencontré qu'un seul jardin dans cette ville, c'est celui du couvent des religieux bénédictins de Saint-Georges-Major. Ce couvent très-spacieux et très-riche est situé dans une île presqu'en face de la place Saint-Marc. Le jardin, qui peut avoir deux ou trois arpents d'étendue, renferme des carrés d'arbres fruitiers, de légumes et des prairies naturelles. L'église, assez belle et bien décorée, ne contient du reste rien de remarquable aux connaisseurs. C'est dans le réfectoire qu'ils ont à satisfaire leur curiosité. On y voit une magnifique production, *les Noces de Cana*, par Paul Véronèse, tableau d'au moins trente pieds de long sur douze à quinze de haut. Malgré le nombre des figures et des ornements soit d'architecture, soit de perspective, il est grand sans confusion. La couleur est vraie dans toutes ses parties : c'est un véritable chef-d'œuvre. Le peintre y a représenté les portraits des plus illustres personnages de son temps : rois, princes, cardinaux et artistes. Celui de l'auteur se trouve parmi ces derniers.

La bibliothèque du couvent est disposée pour contenir de trente à quarante mille volumes. C'est un vaisseau richement décoré. Les livres y sont rangés dans un ordre méthodique. Parmi les manuscrits précieux je citerai un exemplaire de l'*Iliade* et de l'*Odyssée* sur vélin, d'une belle conservation, et un autre du Dante, in-folio, avec une multitude de figures peintes par Giotto.

L'extérieur de Venise n'offre presque de tous les côtés, comme dans l'intérieur, qu'un assemblage de petites maisons bâties sans ordonnance et sans agrément. Les eaux du lac en baignent les murs, et l'on n'en peut sortir qu'en bateau. Si ce moyen de communication est commode, il a bien aussi ses inconvénients. Le pavé de tous les rez-de-chaussée est si humide qu'on y ramasserait l'eau avec la main ; cette eau d'ailleurs, étant salée comme celle de la mer, est d'une telle viscosité qu'il y a danger de glisser, de tomber même si l'on n'y prend garde, surtout dans les églises, dont le carrelage est de marbre. Mais l'inconvénient le plus grave de ces canaux est l'odeur infecte qui s'en exhale pendant les chaleurs de l'été et de l'automne, et qui doit avoir une influence dangereuse sur la santé.

On veille beaucoup dans cette ville, et l'on y dort une grande partie du jour. Les gondoliers restent fort tard à des places désignées pour le service du public. Ils font ici l'office de nos fiacres à Paris.

Le palais Grimani est un des plus riches en productions des beaux-arts. Vaste bâtiment meublé avec une somptuosité qui n'exclut pas l'élégance, il contient plusieurs pièces remplies de statues, bustes, bas-reliefs, bronzes, vases, inscriptions antiques, égyptiennes, grecques, étrusques, romaines; tous ces objets sont d'une belle conservation. La galerie des tableaux, sans être aussi considérable pour le nombre, n'en est pas moins précieuse pour le choix. Ce sont des ouvrages du Titien, du Tintoret, de Paul Véronèse, de Raphaël et de plusieurs autres peintres distingués, la plupart de l'école vénitienne.

Une église qui m'a paru ressembler beaucoup à notre chapelle des Invalides est celle de la Salute, placée sur le bord du canal. On y monte par une multitude de marches. Elle renferme trois tableaux du premier mérite. On en voit aussi dans la sacristie plusieurs autres également remarquables. L'église est pavée de marbres de différentes couleurs.

Celle des Capucins n'est curieuse que par son beau portail construit sur les dessins de Palladio.

Pour voir Venise avec détail on a besoin de plus de temps qu'il ne m'était permis d'en passer dans cette ville : pour connaître les mœurs des habitants, il eût fallu les observer à une époque où les étrangers, surtout les Français, eussent été mieux accueillis parmi eux. Malheureusement je m'y trouvais dans une circonstance peu favorable pour un voyageur. Le gouvernement de cette république, à la veille de sa destruction prochaine, redoublait de précautions, de défiance et de sévérité. Afin de ne pas éveiller ses soupçons et de se soustraire aux attaques des délateurs, chacun se renfermait dans le cercle le plus rétréci. On se visitait peu; on ne se rencontrait qu'aux églises, aux spectacles, à la promenade sur les places publiques. Si les nobles se rassemblaient dans un café à certaines heures du jour ou de la nuit, ce n'était que pour s'asseoir à une table en gardant le plus profond silence.

CHAPITRE XXV.

Cervia. — Ravenne. — Cathédrale. — Église de San-Vitale. — Tombeau du Dante. — San-Romoaldo. — Santa-Maria-di-Porto. — La Rotonde. — Naviglio. — Abbaye de camaldules, à Classe. — Cesenatico. — Rimini. — Arc de triomphe d'Auguste. — Églises. — Port. — Murs. — Plantes. — Culture. — Abbaye de la Scolca.

Je sortis de Venise sur la même barque qui m'y avait amené ; elle me conduisit, le long des côtes de Ravenne, à Cervia, petite ville propre, bien bâtie, dont le port est formé par deux estacades parallèles à quarante ou cinquante pieds de distance, qui partent d'un rivage bas et sablonneux et s'avancent dans la mer à cent cinquante ou deux cents toises. Ces estacades sont construites en troncs de pins liés entre eux par des traverses. Un tel port ne peut recevoir que des barques de pêcheurs. Le territoire de Cervia renferme des salines considérables.

Ce fut là que je repris la route de terre. Quelques heures me suffirent pour arriver à Ravenne, ville assez grande, mais qui n'est pas peuplée en proportion de son étendue. La rue du Cours, qui la traverse en ligne directe, peut avoir un mille de long; sa largeur, en quelques parties, est de huit toises et de trois au moins dans tout le reste. Les maisons dont elle est bordée n'ont que le rez-de-chaussée et un étage au-dessus, avec un toit qui déborde les murs de cinq ou six pieds. Si l'on y trouve peu d'aisance, on n'y voit pas non plus beaucoup de misère; les mendiants y sont en petit nombre, probablement à cause de la multiplicité des couvents où on les nourrit. Peu de commerce, peu d'instruction, peu d'industrie. La plupart des habitants, livrés à l'agriculture, exploitent les terres environnantes, qui appartiennent au clergé ou à quelques grands propriétaires. La population m'a paru belle, douce et timide.

La cathédrale, grand vaisseau bien décoré, entretenu avec soin, contient une multitude de tableaux dont aucun ne mérite d'être placé au premier rang. Elle est remplie de marbres de différentes espèces pris d'anciens édifices grecs ou romains et apportés par les empereurs d'Occident. On y remarque pourtant une *Présentation de la Vierge*, ouvrage du Guide, qui en a composé de bien supérieurs.

Dans l'église de San-Vitale deux bas-reliefs antiques attirent l'attention. Ils datent de l'époque du Bas-Empire où la sculpture commençait à dégénérer; d'ailleurs une partie des figures sont mutilées. Un tableau du Baroche, représentant le martyre de saint Vitale et placé dans la sacristie, n'est guère que du troisième ordre. Au voisinage de l'église sont plusieurs tombeaux en marbre et en pierre avec des bas-reliefs d'assez mauvais goût : c'était sans doute la sépulture de quelques chrétiens des premiers siècles.

Le sol de cette église a été exhaussé pour le soustraire aux eaux qui le couvraient anciennement. La même opération devait se faire dans une grande partie de la ville qui se trouvait autrefois sur le bord de la mer et qui en est maintenant éloignée de six à sept milles.

J'allai rendre hommage à la mémoire du Dante en visitant le monument que lui ont élevé ses compatriotes. C'est une espèce de petite chapelle fermée par des portes grillées, à travers lesquelles on aperçoit au fond la figure du poëte en bas-relief d'un travail gothique. Au-dessus et sur les côtés se lisent des inscriptions. L'ordonnateur de ce monument a cru s'associer à la gloire de l'homme de génie en plaçant fastueusement son nom sur une table de marbre placée dans l'intérieur : ce n'est qu'un acte de vanité ridicule.

A San-Romoaldo les tableaux de Carlo Cignani et l'*Annonciation* du Guide ne me semblèrent pas aussi merveilleux qu'on me l'avait dit. Mais en revanche on y voit un bel assortiment de marbres presque tous étrangers, deux superbes colonnes de porphyre, un tombeau antique de même matière et du meilleur style, du vert antique et de magnifiques plaques de lumachelle. Le tabernacle est tout couvert de lapis-lazzuli d'un excellent choix. Cette église, quoique petite, mérite de fixer les regards du naturaliste.

Un des édifices les plus modernes de cette ville est l'église de Santa-Maria-di-Porto, construite dans le genre de Sainte-Sophie à Constantinople. Le portail, qui ressemble à ceux que les jésuites ont fait élever dans toute l'Europe, est décorée de colonnes, de statues et de trois frontons les uns au-dessus des autres. Il y a dans l'intérieur quelques bons tableaux dont l'un est de Mantegna ou de son école, et une copie de la sainte Cécile de Raphaël, mais si bien imitée et si belle que moi qui connaissais l'original, j'eus presque le même plaisir à la voir et à l'examiner. Pour le tableau de Cigoli, représentant le martyre de Saint-Laurent, il est médiocre, s'il n'est mauvais.

Je ne parlerai de Sainte-Apolline, église fort ancienne, desservie par des capucins, que pour citer des mosaïques placées dans tout le pourtour et qui ont au moins le mérite de la patience; — de l'église de Saint-Jean-l'Évangéliste, qu'à cause des vingt-quatre colonnes de marbre gris veiné, tirées des montagnes voisines et dont quelques-unes ont été polies, les autres sont restées brutes, et parce qu'on y voit aussi des fresques du Giotto fort estimées.

A un mille de Ravenne, au milieu d'une campagne fertile et bien cultivée, se trouve un petit monument qu'on appelle la Rotonde. Ce nom en indique la configuration. Il a environ huit toises de diamètre sur quatre ou cinq de haut. Coupé en deux dans son élévation, la partie inférieure, enfoncée de plus de huit pieds au-dessous du niveau des terres environnantes, est remplie d'eau qui y séjourne jusqu'aux temps de sécheresse. On monte à la partie supérieure par un escalier à double rampe. Une seule pièce de marbre bombée, en forme de calotte, recouvre tout l'édifice, L'imagination est effrayée de la peine qu'a dû causer l'extraction de cette pierre énorme, du temps et du travail qu'ont exigés la taille, le transport et surtout la mise en place. Elle est fendue dans une partie assez considérable, et l'on attribue cet accident au tonnerre. Toute cette bâtisse de marbre commun non poli renfermait les cendres du roi Théodoric. On en a retiré un tombeau de porphyre pour le placer dans une des murailles qui bordent la rue du Cours.

Cette excursion me fit traverser une belle campagne couverte de lignes d'arbres de différentes espèces soutenant des ceps de vignes. On y cultive en grandes pièces de terre le fenugrec pour la nourriture des bestiaux. Je longeai les bords du Naviglio, ou canal qui va de Ravenne à la mer dans un cours d'environ sept milles et dont le trajet se fait en deux heures dans un bateau, soit à marée montante, soit à marée descendante. Le Naviglio peut avoir trente-six à quarante pieds de large ; sa profondeur est telle que des barques ou de petits vaisseaux y vont et viennent à l'aise. On travaillait à faire un espèce de petit port dans le voisinage de la porte de ville à laquelle ce canal aboutit et à le prolonger au delà de l'enceinte pour qu'il eût plus d'étendue et par conséquent plus d'utilité.

Il existe à six milles de Ravenne une abbaye de l'ordre des camaldules, dont l'église est une des plus anciennes de la chrétienté. Elle fut bâtie dans une ville qu'on appelait Classe, alors port de mer où les Romains entretenaient une flotte pour la sûreté de la côte adriatique. La mer s'étant retirée et la ville ayant été saccagée à plusieurs reprises par les Barbares, il n'en reste plus de vestiges. Mais l'église s'est conservée ou a été reconstruite sur ses anciens fondements. Elle forme un carré long divisé en une large nef, séparée des bas-côtés par vingt-quatre colonnes de marbre blanc veiné d'une seule pièce et d'un beau poli, avec des chapiteaux corinthiens d'assez bon style. La partie du chœur est exhaussée de huit ou dix pieds; on y monte par des marches. Un baldaquin, supporté par quatre colonnes de marbre jaspé de noir et de blanc, couvre le sanctuaire. L'autel est revêtu de marbres des espèces les plus rares, tels que jaune d'Afrique, vert antique, etc.

Outre les portraits des abbés, évêques, cardinaux et papes qui ont été les bienfaiteurs ou les soutiens de cette église, portraits contenus dans des médaillons placés à la naissance de la voûte, on voit le long des murs une douzaine de tombeaux de marbre d'une grande dimension et dont les inscriptions indiquent qu'ils ont été érigés à d'anciens chrétiens qui dominaient dans le pays ou qui y occupaient un rang distingué. D'autres inscriptions antiques sont enchâssées dans les murs.

L'abbaye de Classe possédait un tableau célèbre de Vasari, représentant le Christ au tombeau. Ce chef-d'œuvre, ainsi que la bibliothèque, avait été transporté à Ravenne dans le monastère de San-Romoaldo.

D'après le rang que Ravenne a autrefois occupé, on pourrait croire qu'elle est très-riche en objets de sciences et d'arts. Il n'en est pas ainsi; mais quand on considère que cette ville a été tant de fois saccagée par les Romains, par les prétendants à l'empire d'Occident, par les Goths, les Visigoths, les Vandales et autres Barbares, on ne doit pas être étonné qu'elle ait été dépouillée de tout ce qui tentait leur cupidité. Joignez à cela les inondations fréquentes, qui ont contribué pour leur part à la destruction des monuments, et vous sentirez que Ravenne peut être regardée comme une ville nouvelle.

En allant de Ravenne à Rimini, je commençai à revoir les montagnes de l'Apennin à droite du chemin que je parcourais. J'avais vu de Venise les montagnes du Tyrol, qui sont une suite de la chaîne des Alpes. Ainsi la vallée du Pô s'est offerte à mes regards dans ses trois principales dimensions : la plus étroite, à l'entrée du Piémont; le plus grand évasement, sur le bord de la mer; la largeur moyenne, à la hauteur de Reggio et de Vérone, dans mon voyage à Mantoue.

Cette route est traversée par le Savio, torrent qui descend des montagnes et va se jeter dans la mer Adriatique, au delà duquel on entre dans un pays désert, couvert de landes, de broussailles et de terres vaines et vagues. Il n'est cependant pas inutile à l'économie rurale. On y nourrit une grande quantité de chevaux : les poulains qui en proviennent croissent sans soins comme sans dépenses ; ils vivent en toute liberté et ne rentrent dans les écuries que lorsque la terre, étant couverte de neige, ne donne plus de nourriture aux animaux. On multiplie également des troupeaux de bêtes à cornes dans une forêt de pins cultivés (*pinus pinea*, L.), au pied desquels croît une pelouse fine, très-propre à faire des élèves de ce genre. Cette forêt, qui succède immédiatement au désert, est une des plus vastes que j'aie vues. Le sol, de pur sable, avec un lit de glaise, est plat, uni et se prolonge jusqu'à la mer. Je rencontrai dans les buissons le *lithosperum purpurocœruleum*, dont la fleur produit un si joli effet ; l'*orobus sylvaticus*, L., et le chèvrefeuille.

Au delà de cette forêt, en remontant vers l'intérieur du pays, sont des espaces vagues et incultes, suivis de terres basses et aquatiques ; au-dessus de celles-ci, d'autres terres cultivées sur lesquelles on voit grand nombre d'habitations éparses et quelques villages. Cela continue jusqu'à la chaîne de l'Apennin, qu'on distingue dans l'éloignement. Le terrain que je parcourais est donc l'égout des eaux qui descendent des montagnes. Avec de l'intelligence et quelques frais on pourrait le rendre, sinon aussi productif que l'intérieur du pays, du moins utile et salubre.

Une avenue de peupliers noirs conduit à Cesenatico, petite ville située sur le bord d'un beau canal qui fait un port de mer pour les barques de pêcheurs. Elle est mal bâtie, irrégulière et peu agréable. On en sort pour traverser des dunes de sable, puis des terres qui deviennent meilleures et où l'on cultive des céréales, des vignes, des mûriers, des arbres fruitiers et des plantes économiques. Le *tamarix* de Narbonne est employé ici à faire des haies : c'est une mauvaise clôture qui laisse des vides et n'empêche le passage ni des hommes ni des animaux.

Parmi ces cultures, une des plus multipliées est celle du *trifolium incarnatum*, L., plante annuelle, qui se plante, en automne, sur un labour simple donné à une terre dont la récolte vient d'être faite. On la coupe en vert pour nourrir les bestiaux, surtout les bêtes à cornes. Les chevaux en mangent aussi, mais cet aliment leur est moins profitable que le foin. La couleur purpurine des fleurs de cette plante est très-agréable à l'œil.

Le fenugrec abonde également dans ce canton, ainsi que le chanvre, le lin et les féveroles. Toutes les terres sont en valeur et sans jachères.

Le voisinage de la mer ne nuit point ici à la bonté du sol, et la culture n'est ni difficile ni dispendieuse. On laboure avec l'araire; des bœufs suffisent pour le second labour qu'on donne aux champs destinés à recevoir tout de suite du maïs.

Ce n'est qu'à peu de distance qu'on aperçoit la ville de Rimini, parce qu'elle se trouve sur un terrain plat, que peu de ses fabriques sont élevées et que la campagne environnante est couverte d'arbres. On y arrive par un faubourg dont les maisons basses et les rues tortueuses ne donnent pas une grande idée de la cité. En avançant, on traverse le pont construit par César-Auguste sur la Marecchia, torrent qui tombe dans la mer. Ce pont, formé de trois arches avec de gros quartiers de marbre du pays, a un caractère qui le fait reconnaître pour un ouvrage des Romains. Placé sur la voie Flaminienne, il est d'un aspect noble et solide, seulement un peu étroit pour sa longueur.

Rimini est coupé par une rue droite, de largeur inégale, assez bien pavée, bordée de maisons fort propres, parmi lesquelles on en voit de très-belles. Cette rue, qui mène à deux places intéressantes, l'une en face de l'hôtel de ville, l'autre vis-à-vis d'une grande église, aboutit à un arc de triomphe érigé en l'honneur d'Auguste; elle a près d'un mille d'étendue.

Sur la première place, qui forme un carré long régulier, se trouve un très-beau bâtiment avec des galeries couvertes, soutenues par des colonnes; du côté opposé sont des maisons particulières; au milieu la statue en bronze d'un évêque protecteur de la ville; un peu plus loin une fontaine publique abondante en eau.

L'autre place, oblongue et entourée de maisons

irrégulières, sert de marché aux fruits, aux légumes et aux comestibles de toute espèce. Le portail de l'église contient un cadran mécanique qui marque les signes du zodiaque, les mois, les jours et les minutes.

L'arc de triomphe d'Auguste est bien conservé au moyen de quelques minces réparations qu'on y a faites. Il a été construit en grosses pierres de marbre non poli. Son cintre a de la grandeur et toutes ses proportions sont belles. Quatre têtes en relief dans des médaillons représentent des dieux du paganisme. La sculpture, peu considérable, consiste en ornements aux corniches et aux entablements. Ce morceau d'antiquité mérite l'attention des amateurs d'architecture.

Au dehors de ce monument, qui sert de porte à la ville, la route continue, et sur le côté se trouve une petite promenade publique qui n'est praticable que la nuit ou lorsque le soleil ne paraît pas, parce qu'elle n'est point ombragée d'arbres.

De toutes les églises qu'on nomme Saint-Jean-Baptiste, Saint-François, l'oratoire de Saint-Jérôme, Saint-Augustin, Saint-Jacques, la cathédrale, la chapelle de l'Hôpital, Saint-Julien, Saint-Dominique, Sainte-Marie-della-Scala, il n'y a que celle de Saint-François qui soit intéressante. Le portail, quoique non achevé, a de la noblesse ; le vaisseau intérieur a de la grandeur et de l'élévation. Les décorations en sculpture, malgré leur mauvais goût, ont de l'originalité et une pureté d'exécution qu'on ne trouve point dans les monuments de cette ancienneté. Quant aux tableaux, aucun n'est au-dessus du troisième ordre. On vante la bibliothèque, composée d'une trentaine de mille volumes, fondée par des particuliers qui lui ont légué leurs livres. Elle n'appartient point à l'État : c'est la ville qui fait les frais d'entretien de cet établissement consacré à l'instruction publique. On ne put d'ailleurs m'indiquer à Rimini aucun jardin de botanique, aucune collection d'histoire naturelle.

Le port se trouve à plus d'un mille et demi de distance et il paraît que la mer s'en éloigne sensiblement. Cette remarque est constatée par les différentes estacades de pieux plantées sur la rive à diverses époques; on en est quitte pour allonger l'estacade à mesure que l'atterrissement devient plus considérable. On n'a pas à craindre que le port s'encombre, parce que le torrent qui s'y jette le nettoie et y entretient un libre cours. Il ne peut contenir de vaisseaux de guerre; on n'y voit que des barques de pêcheurs et autres petits bâtiments. A l'entrée est un fanal pour diriger les navigateurs pendant la nuit.

En remontant vers la ville, on remarque les murs dont elle était circonscrite. S'ils ne sont pas antiques, ils sont du moins fort anciens. Ils ont été construits en briques à l'extérieur et en galets à l'intérieur. Les tours dont ils sont flanqués de vingt-cinq en vingt-cinq pas tombent de vétusté faute de réparations.

Il en est à peu près de même du château, ancienne fabrique située près du Dôme. De la promenade qui l'avoisine on aperçoit la montagne sur laquelle est assise la république de Saint-Marin, comme un nid d'hirondelle suspendu à une muraille.

Une course aux environs de la ville et sur les bords de la mer me fournit l'occasion d'observer les plantes qui y croissent. Là, comme dans le canton précédent, le *tamariscus narbonnensis* sert à faire des haies de jardin. Il vient naturellement aussi dans le sable pur; il résiste à l'eau salée, dont il est souvent submergé, et retient les sables mouvants. Quelques autres végétaux partagent cette propriété, tels que ceux-ci : *inula chritmoïdes*, *eryngium maritimum*, L.; *sunchus maritimus*, *medicago marina*, L.; *echniophora maritima*, L.; *erymus arenarius*, L.; *euphorbia pithyusa*, L., que je rencontrai aux mêmes lieux que le *tamarix*.

Hors de l'accès des flots de la mer, dans des terrains bas et humides, je trouvai l'*althæa officinalis*, la *centaurea cineraria*, dont la racine forte et ligneuse semble être vivace; le *lotus hirsutus*, l'*euphorbia peplus*, l'*euphorbia palustris*, le *galega officinalis*, L.; le *convolvulus sepium*, L.; le *lotus siliquosus* ou *maritimus*, L.; le *trifolium pratense*, L.; une jolie espèce d'orobe que je ne connaissais pas, l'*atriplex portulacoïdes*, L.; le *geranium dissectum*, L.; l'*hordeum murinum*, L.; le *lamium*, qui ressemble à l'*archangelica*, mais dont les fleurs sont d'un beau rouge; le *samolus valerandi*, L.; le *juncus acutus*, L., et une plante qu m'a paru appartenir à la famille des caryophillées.

Plus avant dans les terres labourées, parmi les blés et les seigles, je remarquai le *silene conoïdea*, dont les jolies fleurs rouges émaillent la verdure ; le *medicago lupulina*, L. ; le *myosotis scorpioides arvensis*, qui fait, pour ainsi dire, gazon dans tout ce pays ; le *lythospermum arvense*, L. ; le *pisum ochrus*, L. ; le *scandix pecten veneris*, L. ; l'*agrostemma githago*, L. ; le *centaurea cyanus*, L., moins commun ici qu'en France ; l'*hyacinthus racemosus*, L. ; le *tordylium officinale*, L.

Outre le fenugrec, qu'on cultive en assez grande quantité, on est encore dans l'usage de semer avec les seigles de la vesce ordinaire, afin de rendre la paille de la céréale plus profitable aux bestiaux, parce que, coupé en pleine végétation, ce composé fait un bon fourrage sec.

Enfin je trouvai sur les crêtes des fossés de très-belles touffes de réséda calcytrapoïdes ; quelques haies sont formées de *mespilus oxyacantha*, dont les fleurs parfument l'air de leur douce et suave odeur.

Si la marée ne se fait point sentir dans la Méditerranée, je l'ai vue monter dans le golfe Adriatique avec assez de rapidité, et même, à en juger par la disposition des sables du rivage, je ne doute pas qu'en certain temps et dans des circonstances particulières elle n'atteigne à plusieurs pieds d'élévation.

Le jardinage des environs de Rimini est extrêmement grossier tant par les opérations de culture que par le choix des plantes : point d'économie de terrain ; en général les terres de la campagne sont mieux cultivées que celles des jardins dans toute cette partie de la Romagne.

J'étais curieux de connaître la culture et l'usage du trèfle écarlate et du fenugrec. Voici ce que j'appris sur ces deux sortes de fourrage : on les sème en octobre sur une terre nouvellement labourée et qui a produit une récolte soit de lin, soit de grains ou autres plantes qui laissent les champs libres en juin ou juillet. Les graines lèvent avant l'hiver, les tiges se renforcent et sont en état d'être fauchées en mai et juin. On les donne à manger en vert aux bestiaux, particulièrement aux bêtes à cornes. Le fenugrec se fait aussi sécher, et, mêlé avec de la paille, devient une bonne nourriture pour les bœufs. Le trèfle est annuel ; il se retourne à la charrue après qu'il a été coupé, et on sème ordinairement à sa place des grains d'hiver. On dit que le fenugrec épuise les terres parce qu'il est vorace ; aussi le fume-t-on beaucoup pour réparer les déperditions qu'elles ont faites pour la culture de cette légumineuse, et, au lieu de grains, on y sème des bisailles.

La pomme de terre n'avait pas fait fortune ici ; on ne connaissait point la ressource des navets, raves, turneps et autres racines qui sont si utiles pour nourrir les bestiaux pendant l'hiver. Le *sulla,* ou sainfoin d'Espagne, n'y était pas non plus pratiqué, quoique plusieurs personnes n'ignorassent point les avantages de cette plante.

On cultive le lin d'automne et le lin de printemps.

Le premier produit une filasse plus forte, mais plus grossière; la filasse du second est plus fine et plus soyeuse.

La partie des arbres fruitiers est très-négligée et très-pauvre dans ce pays. Les habitants de la Romagne sont, comme nos cultivateurs, très-attachés à leurs anciennes pratiques et se refusent aux nouveaux procédés. Cependant, avec de l'intelligence et en leur prêchant d'exemple, on parvient à leur faire adopter quelques expériences profitables.

Au sommet d'une petite montagne, à quelques milles de Rimini, est située l'abbaye de la Scolca. C'est une grande maison, assez bien bâtie, au milieu de laquelle s'élève l'église, petite, mais jolie et très-propre. Le monastère était occupé par huit ou dix religieux avec un pareil nombre de serviteurs. De toute sa circonférence la vue s'étend au loin sur des campagnes cultivées avec un soin extrême; sur un terrain diversifié par des vallons, par des coteaux qui se terminent graduellement à de plus hautes montagnes, sur une vaste plaine couverte de forêts, enfin sur la ville de Rimini, qu'on aperçoit à ses pieds et au delà de laquelle on découvre la mer, qui n'a de bornes que l'horizon.

Un tableau de Vasari représentant l'adoration des mages décore le maître-autel de l'église : il est peint sur bois et dans un état de dépérissement déplorable. On lui reproche, outre sa vétusté, un manque de perspective et de l'incorrection dans le dessin. C'est toutefois un grand et bel ouvrage et qui peut tenir place parmi les compositions du second ordre.

En général, à Rimini et dans les environs, le sang est très-beau. Les femmes sont proportionnément plus grandes que les hommes et taillées en force. Elles ont les traits doux et réguliers. Les hommes sont trapus, carrés et très-forts, surtout les campagnards et les marins. Leur figure est enluminée et leur regard agréable. Ni la propreté ni le goût ne manquent au costume de l'un et de l'autre sexe. Le nombre des pauvres n'est pas considérable dans la ville, et l'on ne voit de mendiants que parmi les enfants et les vieillards.

CHAPITRE XXVI.

République de Saint-Marin. — Césène. — Fosses pour le grain. — Cap di Cole. — Forlimpopoli. — Forli. — Collina. — Faenza. — Manufactures de faïence. — Canal de navigation. — Filature de soie. — Imola. — Citadelle. — Églises. — Tableaux. — San-Nicolo.

J'étais trop voisin de Saint-Marin pour ne pas céder au désir de visiter cette république. Le chemin qui y conduit est assis sur un terrain argileux, tenace et que l'hiver et les pluies rendent souvent impraticable. Du reste le paysage est charmant. La montagne de Saint-Marin, qu'on voit toujours, semble reculer à mesure qu'on en approche. A l'aspect de ses trois pointes surmontées de fabriques de toute espèce, on croirait qu'elle a beaucoup de profondeur ; mais lorsqu'on est dessus, on s'étonne de ne trouver qu'une crête fort étroite sur l'escarpement de laquelle la ville paraît comme juchée. On y entre par une porte qui fait face à la forteresse de San-Leo, où le fameux Cagliostro a terminé ses jours.

Je parcourus d'abord différentes parties des fortifications, qui sont antiques et défensibles par leur position naturelle, puisqu'elles ont pour base un rocher taillé à pic de plus de cent toises de haut. Avec des pierres on écraserait une armée. Je montai ensuite dans les clochers de plusieurs églises qui se trouvent sur les éminences les plus saillantes. De ces points on reconnaît dans le plus grand détail le territoire et les limites de la république : ces limites sont formées par les lits de quelques torrents ; un bon frondeur pourrait lancer une pierre au delà. Mais la vue se porte dans un espace immense. Par un ciel pur on découvre les montagnes d'Ancône, la côte de l'Esclavonie et de la Dalmatie, la ville de Ravenne et l'Apennin toscan, dont les cimes semblent s'entasser les unes sur les autres.

L'intérieur des églises renferme des tableaux attribués aux Guerchin, Titien, Paul Véronèse et autres. Ceux du Guerchin datent de sa vieillesse, raison pour laquelle on les juge inférieurs aux ouvrages de son bon temps. Les peintures de Paul Véronèse sont très-belles. Il s'y trouve entre autres une figure de femme qui m'a paru céleste : on peut la comparer avec la sainte Cécile de Raphaël.

La ville se compose d'une rue longue, étroite, montante et descendante, bordée de maisons fort irrégulières, la plupart petites et d'une architecture bizarre. Il y a cependant des couvents, des maisons de nobles et un hôtel de ville d'assez bon goût. On construisait alors une salle de spectacle susceptible de contenir six cents personnes, ce qui suffit à la population. La loge la plus importante est destinée aux princes de l'État et à leur famille. Le projet n'était pas de livrer ce théâtre à des comédiens de profession. Un double motif s'y opposait : la dépense, qui excéderait les facultés de la république, le danger de corrompre les mœurs des habitants. Ceux-ci se proposaient de représenter eux-mêmes des tragédies et des comédies qui offrissent des leçons de morale et de vertu.

Toute la population de Saint-Marin, tant de la ville que du bourg et de la campagne, ne va pas au delà de cinq à six mille âmes. Elle est généralement au-dessous de la taille moyenne, trapue, robuste et assez bien proportionnée. Les figures y sont rondes, colorées; elles se prêtent facilement au rire, ce qui n'existe guère chez les Vénitiens, les Romains et les autres peuples d'Italie. Les vêtements ne sont ni riches ni élégants; ce peuple est pauvre, il le sait et il en convient.

Les propriétés sont très-divisées, les contributions modiques. Celles-ci n'ont pour objet que de satisfaire aux dépenses du gouvernement et du culte, qui ne sont presque rien. Les fonctionnaires n'ont point ou n'ont que très-peu d'émoluments, parce que, le service se faisant à tour de rôle et pour un temps fort court, chacun s'en acquitte à peu près gratuitement.

Voici de quelle manière le gouvernement est constitué :

Un conseil, composé de soixante personnes, vingt nobles, vingt citadins, vingt contadins, ou paysans, nomme tous les six mois deux de ses membres, l'un noble, l'autre contadin, qui sont le pouvoir exécutif. On les choisit parmi les anciens et parmi ceux des citoyens qui ont montré le plus d'aptitude aux affaires.

Tous les habitants sont imposés sans distinction et en proportion de leurs biens.

La justice, égale pour tout le monde, est prompte et rendue d'après des lois exactes.

Les deux consuls, ou princes de l'État, ont une garde d'honneur de vingt-quatre militaires en uniforme et une place distinguée à l'église, dans les cérémonies publiques et au spectacle.

Il existe des lois somptuaires qui ne permettent pas à tout le monde d'avoir des chevaux, peut-être à cause de la difficulté de les nourrir. Il y a exception pour les médecins.

Un secrétaire d'État est chargé de tout ce qui concerne les relations extérieures, et c'est lui qui délivre les passe-ports.

Pour faire perdre aux habitants des grandes villes voisines l'habitude de fréquenter la république et d'y venir étaler des principes ou un luxe dangereux, les chemins ne sont ni tracés, ni construits, ni entretenus. On se contente de réparer les ponts sur les torrents et sur les ruisseaux pour les besoins des agriculteurs. Il en résulte que les habitants de Saint-Marin vivent tranquilles chez eux, reçoivent peu d'étrangers et vont à pied ou sur des ânes porter leurs denrées dans les environs et y chercher les objets qui leur sont utiles.

Le pays ne produit, dans les meilleures années, que ce qui est nécessaire à sa consommation ; les années médiocres n'y suffiraient pas si plusieurs citoyens de l'État ne possédaient des propriétés au dehors, d'où ils tirent ce qui leur manque. Les terres de Saint-Marin ne sont pas bonnes. On peut en général les regarder comme de médiocre qualité. Elles ne rapportent guère que de trois à neuf pour un. Il s'y trouve des vignes dont le vin n'est pas mauvais. L'olivier se cultive dans certains endroits, et l'huile qu'on en tire, quoique mal faite, n'est pas une des moins bonnes de cette partie de l'Italie. Les amandiers, les figuiers, les pommiers et les cerisiers sont assez multipliés. Il n'en est pas de même des bestiaux; leur rareté fait que les terres sont mal fumées, qu'on est obligé de laisser des jachères et que les récoltes sont inférieures à ce qu'elles pourraient être.

Comme il existe peu de manufactures et d'artisans à Saint-Marin, les habitants se procurent dans le voisinage ce dont ils ont besoin en ce genre avec l'excédant de leurs vins, de leurs porcs et de leurs volailles.

Une chose qui m'affecta et que j'avais peine à concilier avec les mœurs indépendantes et fières de ces républicains, c'est que dans le bourg et dans la ville de Saint-Marin je fus assailli par des troupes

CHAPITRE XXVI.

d'enfants, de femmes et même d'hommes endimanchés qui me demandaient avec instance de menues monnaies. Et cependant je savais que Bonaparte ayant offert à cette république quatre pièces de canon, du grain, dont elle manquait, et un territoire qui aurait pour limite le bord de la mer, afin de lui procurer un débouché pour la pêche ou pour quelque petit commerce, le gouvernement, après en avoir délibéré, accepta le premier objet parce qu'il pouvait servir à sa défense, le second parce que la disette commençait à se faire sentir; mais refusa le troisième par la crainte : 1° que la différence des sols et des situations, apportant des disproportions de fortune, ne fît naître des changements dans les opinions des citoyens; 2° que des hommes longtemps façonnés à d'autres autorités ne pussent pas se soumettre à celle d'une république; 3° enfin que l'État de Saint-Marin ne finît par périr au milieu de ces mutations. La république de Saint-Marin, ajoute-t-on, existait depuis quatorze siècles sous les mêmes lois; elle était libre et contente et ne voulait pas échanger sa médiocrité contre un terrain plus vaste et meilleur sans doute, mais dont la population pourrait introduire chez elle des germes de corruption.

Il est aisé de concevoir que, dans un État si restreint et si pauvre, l'instruction présente peu de ressources. Point de bibliothèque publique, point de professeurs, point de cabinet de physique, point de collection d'histoire naturelle. Quelques petites bibliothèques particulières sont le seul secours qui s'offre à la jeunesse pour acquérir un peu de connaissances. La noblesse n'y est qu'un titre honorifique sans privilége d'aucune espèce; elle devient au contraire une charge en obligeant à des fonctions gratuites qui exigent des sacrifices de temps et d'argent. On est même plus sévère sur la moralité des nobles que sur celle des contadins, parce que les premiers sont censés devoir être plus instruits, ayant davantage la faculté d'étudier les lois et les coutumes du pays.

De Rimini à Césène la route côtoie à gauche la base des montagnes de l'Apennin, laissant à droite la mer Adriatique à une assez grande distance. Cette route est fort agréable en raison de la multitude de points de vue qui s'y succèdent à chaque pas. Elle traverse d'abord la petite ville de Sant-Arcangelo, bâtie sur le sommet et autour d'une montagne conique, dans une riante position; puis le village de Savignano, composé de deux longues lignes de maisons. En chemin je fus témoin d'une pratique toute nouvelle pour moi : tandis qu'on faisait prendre haleine aux chevaux, un homme s'approcha d'eux tenant à la main un grand verre de vin dont il se remplit la bouche, et souffla cette liqueur dans la bouche, les narines et les oreilles de ces animaux. Le premier auquel il fit cette opération ne parut pas y prendre goût; les autres au contraire ouvraient les lèvres et y recevaient complaisamment la liqueur, mais non dans les oreilles et les narines : leur répugnance me persuada que ce procédé leur faisait du mal dans ces deux organes. On prétend qu'il a pour but de rafraîchir les chevaux, de leur donner du courage et de la vigueur.

Césène est une assez grande ville, dont les principales rues sont larges, droites, avec des galeries sous le premier étage de quelques maisons. Il s'y rencontre des palais d'une architecture, sinon épurée, au moins passable. Ces rues offrent des inégalités de terrain occasionnées par le remplissage de caves dans lesquelles chaque famille conserve son approvisionnement de grain. Maçonnées à chaux et à ciment, ces espèces de fosses ont une forme ronde à leur circonférence, se ferment en cul-de-lampe par le haut et laissent une ouverture qui affleure le niveau du pavé. A l'époque de la récolte, on met à part le grain qui doit être consommé dans les trois premiers mois suivants et on le convertit en farine. Le reste est séché au soleil et déposé dans la fosse, que l'on a garnie, au fond et tout autour, d'une couche de paille recouverte de nattes de roseaux. On la remplit de grain jusqu'à deux pieds de son orifice, en le couvrant également de paille, de nattes et de planches. La fosse une fois comblée de terre sèche, on la pave d'une manière un peu bombée, afin que les eaux ne puissent s'arrêter à l'orifice et filtrer dans l'intérieur.

Ces fosses, que chacun proportionne à ses récoltes et à sa consommation, sont de dimensions différentes. On assure que les grains s'y conservent sans germer, qu'ils sont à l'abri des charançons et autres insectes, et qu'ils peuvent y rester six à huit mois sans la moindre altération. Il faut que cet usage atteigne le but qu'on se propose, puisqu'il est généralement adopté dans toute la province.

Les églises de Césène sont en général grandes, bien éclairées et ornées avec beaucoup d'apparat. Je n'y ai point remarqué de tableaux intéressants.

La porte par laquelle on sort de cette ville pour se rendre à Forli est baignée par un torrent qu'on passe sur un pont de pierre très-long et d'une architecture simple et solide. Le pays, jusqu'au cap di Cole, est moins bon que celui qui précède Césène, mais il est parfaitement cultivé et très-productif en objets de consommation et de filature.

Le cap di Cole est une ouverture entre deux petites montagnes de l'Apennin qui s'éloignent de la chaîne principale et se prolongent dans la plaine. A la droite du chemin il se trouve une haute tour carrée, fort ancienne, bâtie, suivant la tradition, sur les fondations d'une autre tour qui existait du temps de Jules-César. Il en parle dans ses *Commentaires* comme d'un poste important pour la sûreté de la contrée.

Forlimpopoli, *Forum Pompilii*, des anciens Romains, est une très-jolie petite ville, au milieu de laquelle on voit une belle place publique. Je ne m'y arrêtai point, et, par une route assez misérable, j'arrivai à Forli, ville remplie d'églises, toutes fort propres et décorées avec richesse. Les tableaux y fourmillent, parmi lesquels les cinq sixièmes ne méritent aucune attention. Dans le reste on rencontre des peintures anciennes d'assez bons maîtres, quelques autres plus modernes qui sont très-estimées, entre autres trois tableaux de l'Albane représentant le *Mariage de la sainte Vierge*, la *Mort de saint Joseph* et la *Présentation de l'enfant Jésus-Christ au temple* : ce sont les plus grandes et les meilleures compositions de ce peintre. Il est malheureux que les belles fresques de l'église des Capucins soient dans un pitoyable état de dégradation. Je vis aussi dans la galerie d'un particulier un Christ de Rubens et plusieurs ouvrages de Guerchin.

On me conduisit à Collina, maison de plaisance du comte Urselo, dans une position charmante, à quelques milles de Forli. Entre les mains d'un homme intelligent et de goût, ce serait une propriété précieuse sous le double rapport du produit et de l'agrément. Mais en général les Italiens n'aiment pas beaucoup la campagne et encore moins les occupations qui demandent une certaine suite dans les idées, ou des combinaisons dont les résultats doivent se faire attendre une ou plusieurs années. Ils veulent jouir sans peine; aussi donnent-ils leurs biens à ferme et ne s'en occupent-ils que pour percevoir les loyers.

Dix milles seulement séparent Forli de Faenza. Cette dernière ville s'annonce par des portes qui ont de l'apparence. Une grande rue la traverse dans toute sa longueur; elle est droite et bordée d'assez belles maisons. Une fontaine de bon goût décore le milieu d'une place publique autour de laquelle sont des bâtiments uniformes avec une double galerie. Les fossés qui forment l'enceinte de la ville offraient alors un tapis de verdure qu'ombrageaient d'antiques peupliers noirs.

Ce que je trouvai de plus remarquable sous le rapport des arts fut un salon peint à fresque par Gianni, peintre romain dont j'avais déjà vu plusieurs travaux et que j'avais rencontré lui-même à Pérouse. Ce salon est une galerie voûtée qui peut avoir soixante à soixante-dix pieds de long sur vingt-cinq de large. Le plafond seul présente quinze ou seize sujets grands comme nature, le banquet des dieux, les amours de Psyché, des sacrifices, etc., tous également distingués par la composition, le dessin et la couleur. Sur les côtés sont des arabesques, avec des médaillons, des guirlandes de fleurs et de fruits, des bas-reliefs et des frises extrêmement agréables.

C'est à Faenza qu'ont été inventées ces poteries qui, sous son nom, se sont depuis introduites dans toute l'Europe. Je m'empressai d'en aller visiter les manufactures. Elles sont placées à l'extrémité de la rue du Cours, près de la porte par laquelle on entre en venant de Bologne. Parmi les vases de toutes espèces qui remplissaient trois grandes salles on me montra des poêles, des buffets, des secrétaires et des commodes; objets de difficulté vaincue plutôt que de service habituel, la plupart ornés de figures coloriées et de paysages, mais en général sans goût et sans correction. Les formes mêmes en étaient communes, à l'exception de quelques vases de fantaisie copiés sur l'antique d'après des modèles étrusques. Nos fabriques de France sont bien supérieures ; il est vrai qu'ici le gouvernement ne fait rien pour encourager et soutenir ce genre d'industrie.

De là un chemin, que borde un joli canal, conduit, au travers d'une campagne cultivée comme un jardin, à un couvent de capucins situé à un mille de la ville. L'église de ce couvent possède un tableau du Guide représentant une Vierge entourée de plusieurs saints et placé sur le maître-autel. C'est un bon ouvrage, détérioré malheureusement en différentes parties, à force d'avoir été lavé ou d'avoir été trop approché par les cierges.

Faenza est enrichie d'un canal de navigation qui va déboucher dans le Pô ; sa longueur peut avoir vingt-quatre milles ; la surface extérieure des eaux est d'environ vingt pieds sur six à huit de profondeur. Il est accompagné de deux levées bordées sur leur arrête par une double rangée de peupliers noirs. Ce canal se dirige en ligne droite à perte de vue. L'uniformité de ses glacis et ces allées de grands arbres font de cet objet d'art une chose très-agréable à l'œil : joignez-y son extrême utilité, car il transporte à peu de frais les productions de ce climat fertile et les met en circulation par le Pô sur toute la côte Adriatique ; elles n'ont à faire en descendant ce fleuve qu'un trajet de trente-six milles pour arriver à la mer. Un si beau monument a été entrepris et exécuté par un simple particulier, il n'y a guère plus de douze ans. Il sert aussi de communication pour les voyageurs; les bateaux destinés à cet usage sont pontés comme nos galiotes : ils n'ont que dix pieds de large, mais la longueur compense cette étroite dimension.

D'autres canaux plus petits, destinés à la décharge des eaux de la ville et plantés de saules et autres arbres aquatiques, sont pour ainsi dire couverts par une voûte que forment les branches qui s'entrelacent d'un bord à l'autre. C'est sous ces ombrages qu'on met à l'abri du soleil les bestiaux et les diligences qui doivent voyager sur le canal de navigation.

Dans une partie reculée de la ville, vers la porte de l'Ouest, j'allai voir la filature de soie, l'une des plus grandes manufactures de ce genre qui existent en Italie. Elle occupe un immense bâtiment sous lequel passe un courant d'eau.

La première opération qui se fait dans cette fabrique est de mettre sur des bobines la soie qu'on a achetée en écheveaux. Ces écheveaux sont composés de trois, quatre, cinq ou six brins de soie agglutinés sans beaucoup d'adhésion. Trois mille cinq cent cinquante-huit dévidoirs se prolongent sur des lignes parallèles dans une grande pièce. Au-dessus un pareil atelier, destiné au même travail, est garni d'un nombre égal de dévidoirs. Une chute d'eau, faisant tourner une grande roue à augets, imprime le mouvement à des volants qui le donnent à leur tour à des roues particulières. Cette machine, quoique simple dans sa base, m'a paru très-compliquée en raison de la multitude d'agents que fait marcher le même moteur. C'est encore par lui que tourne un cylindre à plusieurs étages d'environ vingt pieds de diamètre, employé à tordre les fils reportés des écheveaux sur les bobines. Les autres opérations qui complètent les préparations de cette fabrique consistaient à doubler ces fils, à les tordre de nouveau quatre à quatre, six à six, etc., et à les établir en écheveaux.

Quoique cette manufacture occupât un très-grand nombre de personnes de tout sexe et de tout âge, elle était montée pour en employer le double, si elles se présentaient. Mais les enfants et les pauvres, trouvant plus commode et moins fatigant de demander l'aumône que de travailler, laissent chômer une partie des métiers d'une si belle fabrique.

Je fus péniblement affecté dans une de mes excursions au dehors de la ville en voyant une quinzaine de têtes humaines placées dans des trous qu'on a pratiqués aux murailles et qui sont fermés par des grilles de fer. On me dit que c'étaient les restes de malfaiteurs punis par la justice pour vols ou assassinats commis dans le ressort de la juridiction. Ces têtes sont ainsi offertes en exemple pour effrayer quiconque aurait conçu l'idée du crime. De telles exécutions sont peu fréquentes ; il est encore plus rare qu'elles soient provoquées par des gens du pays :

elles tombent plus ordinairement sur des étrangers vagabonds.

La ville de Faënza est beaucoup plus grande que sa population ne semble l'exiger. On y compte à peine dix-huit mille âmes; elle en contiendrait aisément le double. Il se trouve dans son enceinte des terrains vagues, de vastes jardins et une multitude d'églises, de monastères, d'oratoires et de chapelles. Les nobles ont des palais qui sont d'immenses solitudes. Les habitants sont de haute taille, forts et bien faits; la figure des hommes est plus régulière que celle des femmes. Les deux sexes paraissent doux et timides. Ils ne sont pas laborieux, et l'on reproche surtout à la classe indigente d'être paresseuse.

Le commerce est borné aux productions de la terre, à la soie et à la faïence : encore sont-ce des Français qui ont perfectionné les machines à filer et les formes des vases, tant les arts libéraux et mécaniques sont ici peu cultivés. Les sciences n'y obtiennent pas plus de faveur; point de cabinet de physique, point de collection d'histoire naturelle, point de jardin botanique. L'agriculture ne doit en partie sa prospérité qu'à la fertilité du sol et à la douceur du climat.

La distance entre Faenza et Imola n'est que de deux postes. Je traversai, sans m'arrêter, la petite ville de Castel-Bolognèse, dont la population est nombreuse mais pauvre. Au delà, le territoire commence à changer de face : au lieu d'être plat et uni, il devient bosselé, tourmenté d'éminences et d'enfoncements, coupé de torrents et de ravins. Sans être moins bon que le précédent, l'aspect en est moins monotone. Après avoir traversé sur un pont de bois fort long le torrent de Santerno, l'on entre dans le faubourg d'Imola, lequel communique aux murs de clôture de la ville. La rue qu'on suit en arrivant est tortueuse, bordée de maisons disparates, les unes grandes et belles, les autres petites et mesquines. Elle aboutit à la place publique, carré long régulier, assez semblable à celle de Faenza, mais de moitié plus resserrée. L'hôtel de ville se trouve sur une de ses faces, et de l'autre côté une galerie à colonnades. Il n'y a point de fontaine au milieu.

Le château, ou la citadelle, est un gros carré de maçonnerie flanqué de tours, bordé de créneaux et de meurtrières. Il a été construit par un Sforze : la vue en est pittoresque et figurerait bien dans un paysage.

Dans le grand nombre d'églises que renferme cette cité, on rencontre beaucoup d'ouvrages de peinture, mais peu qui soient de premier ordre. J'en citerai seulement quelques-uns.

La cathédrale, beau vaisseau divisé en deux églises, l'une supérieure, l'autre inférieure, possède un tableau de Louis Carrache : il n'a pas plus de vingt pouces de large sur vingt-six pouces de haut ; vieux, écaillé, il paraît au-dessous de la réputation de ce maître.

On en voit deux du même peintre dans l'oratoire de la confrérie de Saint-Charles. Ils représentent ce saint; l'un, placé au maître-autel, semble avoir été retouché en entier; l'autre, derrière le chœur, offre de grandes beautés d'exécution : saint Charles est sur le point de ressusciter un jeune homme mort de la peste et qu'une femme tient sur ses genoux. On peut cependant objecter que l'attitude seule du jeune garçon fait présumer qu'il soit mort; la couleur de sa peau est celle d'un homme en pleine santé. Ce n'est pas là l'effet de la peste.

Si la ville d'Imola est moins grande que celle de Faenza, elle est proportionnément plus peuplée. Les habitants y ont un caractère plus prononcé que dans les autres villes de la Romagne. Les hommes sont plus actifs, les jeunes gens plus gais, et parmi les femmes, on en rencontre beaucoup de jolies; avec l'âge, elles acquièrent une corpulence démesurée. Mais on chercherait vainement des établissements d'industrie et d'instruction.

Depuis Imola jusqu'à Bologne, la route est communément bordée de chênes à toutes branches avec leur tête. Quoique assez généralement uni, le pays offre des ondulations sensibles; à droite du chemin, sa pente est assez régulière vers les bords du Pô; à gauche, il monte ou descend selon qu'il s'approche ou s'éloigne davantage de la base des premières montagnes de l'Apennin. A l'exception du hameau de San-Nicolò, point de villages, mais quelques maisons d'agriculteurs et quelques églises dont les paroissiens habitent des métairies éparses dans la campagne. La culture consiste en céréales, chanvre, vignes, mûriers, prairies naturelles et un peu de prairies artificielles composées de trèfle écarlate, de fenugrec, de vesce et de lupin. Comme dans la plus grande partie de l'Italie, les charrois de ce canton se font avec des bœufs. Ils sont attachés par paire à des chariots dont les roues n'ont pas plus de vingt pouces de hauteur. Ces animaux ont le poil de couleur cendrée, l'œil grand et noir, les cornes moins étendues que celles de la race qu'on remarque aux environs de Rome.

Mais avant d'arriver à San-Nicolò, il faut traverser un des coins de la petite ville de San-Pietro; elle est d'un bel aspect à l'extérieur et située non loin d'un large torrent qui fait des ravages dans tous les lieux où il passe. Les montagnes d'où il descend n'en paraissent éloignées que d'un à deux milles.

San-Nicolò est le dernier relais de poste pour se rendre à Bologne. A moitié chemin de cette ville, on passe sur un pont l'Idige, un des plus larges torrents de la contrée. Son lit s'étend à plus de cent toises, et l'eau, dans les temps ordinaires, n'en occupe pas quatre sur une profondeur d'un pied et demi. Tant que la vue peut se prolonger à droite et à gauche, on voit un terrain immense perdu pour l'agriculture. Comment n'avise-t-on pas aux moyens de remédier à une telle dévastation ?

CHAPITRE XXVII.

Route de Florence à Rome par Pérouse. — Arezzo. — Cortone. — Lac de Trasimène. — Pérouse. — Assise. — Pèlerinage de Notre-Dame-des-Anges. — Spello. — Trevi. — Spolette. — Terni. — Cascades. — Végétaux. — Narni. — Civita-Castellana. — Nepi. — Voie Flaminienne. — Approche de Rome.

Lorsque, pour se rendre à Rome, on prend la route de Pérouse, il faut sortir de Florence par la porte Saint-Nicolas. On longe la rive gauche de l'Arno, en remontant le cours du fleuve pendant un temps assez considérable. Bientôt les montagnes de Vallombrosa montrent leurs cimes souvent couvertes de neige. A quatre milles de la ville, si l'on jette les yeux derrière soi, on jouit d'une vue très-intéressante. Florence se présente encore au milieu de son bassin couvert d'habitations de toute espèce et de cultures extrêmement variées. Le pays devient plus montueux; les pentes, trop rapides pour être cultivées, sont plantées de bois ou tapissées de bruyères. Un fort beau château, d'une architecture élégante dans sa simplicité, forme au-dessus du chemin l'aspect le plus pittoresque. A peu de distance, une descente très-contournée et très-longue, coupée dans la montagne, se trouve soutenue par des arcades de plus de vingt-cinq pieds de haut et bordée de murs de terrasse construits avec solidité. L'Arno, qu'on a perdu de vue, reparaît large, profond, défendu par des estacades qui rendent son lit navigable pour les trains de bois flottants.

Après avoir traversé, par des routes très-tourmentées, les petites villes de Levanes, San-Giovani, ou Saint-Jean-du-Val-d'Arno, Monte-Vacchi, on passe au pied de celle d'Arezzo, située sur un monticule, au milieu d'un bassin fertile. Je voulus la parcourir. Elle est assez triste au premier coup d'œil. Ses rues étroites et tortueuses, ses maisons en général basses et petites, contiennent une population de trois mille âmes. On me fit voir dans un couvent un tableau de Vasari représentant le festin d'un roi avec toute sa cour. Il est peint sur bois. C'est une grande machine qui a du mérite. La cathédrale, édifice gothique du plus ancien genre, contient un fort beau tableau de Benvenuti, représentant le martyre d'un saint.

La vallée s'élargit et se prolonge jusqu'à Camoscia, petit village qui dépend de la ville de Cortone, au bas de laquelle il est situé. Cortone s'élève en amphithéâtre sur une petite montagne conique. Un vieux château pittoresque la domine. Les environs sont couverts de jardins et de plantations d'oliviers. Parmi les habitations éparses dans la campagne, quelques-unes sont décorées d'ordres d'architecture. Les autres, plus modestes dans leurs formes, sont des maisons de fermiers et de petits colons. Toutes sont propres et enduites d'une chaux blanche comme la neige. Les montagnes qui font la ceinture de la vallée semblent être à plus de dix milles de distance. Ce canton a beaucoup d'analogie avec le Milanez pour le site et pour la culture; mais, quoique favorisé par la chaleur du climat, comme il manque de canaux d'arrosement, il est beaucoup moins productif.

On commence à voir la partie septentrionale du lac de Trasimène, fameux par la victoire qu'Annibal y remporta sur les Romains. Sa figure est irrégulière, parce qu'elle suit les contours des montagnes qui l'environnent. Son enceinte renferme plusieurs îles, dont deux ont une forme presque sphérique. Après l'avoir perdu de vue pendant quelque temps, on le retrouve sous un aspect plus étendu. Si l'on suivait les contours de ce lac, si l'on prenait le soin d'en observer les bords, les coupes; d'analyser les matières qui le constituent, il est probable qu'on rencontrerait les traces d'un volcan abîmé qui doit faire aujourd'hui le fond de ce bassin. Une antique forêt d'oliviers à feuilles longues et étroites, et dont quelques-uns ont jusqu'à six pieds de diamètre et s'élèvent à plus de vingt-cinq pieds de haut, précède Torricella, frontière de la Toscane et premier village des États du pape. La disposition des choses avertit assez qu'on n'est plus sous la même administration. Rues tortueuses et si resserrées qu'elles laissent à peine le passage d'une voiture; maisons baignées par les eaux du lac; habitants couverts de haillons, au visage hâve et décharné, au regard sombre et mélancolique; routes tracées sans intelligence et encore plus mal entretenues, tout annonce la dégradation et la misère.

Dans le rocher qui est à pic derrière les maisons, je vis pour la première fois croître naturellement l'*agave americana*. Je doute que les gens du pays sachent tirer parti d'un végétal précieux qui pourrait leur être si utile.

Les vagues du lac viennent se briser jusqu'au bord du chemin. A voir les nombreuses pêcheries qui remplissent l'espèce de golfe qu'on trouve à la sortie du village, il paraît que ces eaux sont très-poissonneuses. De ce point, on aperçoit une île plus grande que les deux autres dont j'ai déjà parlé, de forme ovale, bombée au milieu, couverte de bois et de fabriques qui semblent très-anciennes.

Ce n'est qu'après des montées et des descentes fort rapides qu'on arrive à la ville de Pérouse (*Perugia*), bâtie au sommet de plusieurs montagnes. Avant d'y entrer, on longe les murs de la citadelle, construction étendue, forte et en bon état. La population n'est guère que de quinze à seize mille âmes. Les églises du Dôme, de Saint-Pierre, des dominicains et autres, que je visitai successivement, sont ornées de colonnes, de sculptures, de tableaux en profusion, de fresques sur les murs et aux plafonds.

La situation de la ville fait que les rues en sont irrégulières, étroites, quelquefois coupées en escaliers qui ont l'air d'échelles, et bordées de maisons en général petites, mal bâties et mal éclairées.

La place du Dôme offre une fontaine de genre gothique qui compte plus de huit cents ans d'ancienneté. Sa structure est singulière. Ce sont deux bassins au-dessus l'un de l'autre avec un groupe de figures qui jettent de l'eau et dont les attitudes sont assez remarquables. Ces sculptures remontent à l'époque de la renaissance.

Dans une maison qui sert de greffe, on voit des fresques du Pérugin, d'un beau style et bien conservées. Un artiste de Rome, nommé Gianni, ami de MM. Moitte et Berthelmy, était occupé, dans une autre habitation particulière, à peindre des plafonds. Son travail me parut réunir la science de la composition à la pureté du dessin et à la richesse du coloris.

Le laurier franc est si commun dans ce canton qu'on en fait des palissades et des haies le long des chemins, et qu'on le brûle en fagots. On vend ici au marché des bottes de racines de chiendent pour les chevaux et les mulets; cette nourriture, à ce qu'on prétend, les purge, les fortifie et les engraisse.

A la sortie de Pérouse, l'œil est frappé de l'aspect que présentent une multitude de maisons de toute espèce amoncelées en amphithéâtre sur le faîte de plusieurs collines.

Rien de plus rare et de plus courte durée qu'un

sol de niveau dans tout le pays que j'eus à parcourir. Il est pourtant coupé de quelques belles vallées cultivées en céréales et plantées de lignes d'arbres taillés en vases et entrelacés de vignes dont les sarments se recourbent en cornes de béliers. C'est une pratique généralement adoptée depuis et même avant les environs de Cortone.

Du reste, partout des figures tristes et maussades. On les dirait privées des muscles nécessaires pour exprimer le rire. Des yeux inquiets, des bouches entr'ouvertes où semblent se peindre l'étonnement, la crainte et la mauvaise humeur. Cependant le sang est beau, les habitudes du corps sont fortes et bien proportionnées.

La ville d'Assise, patrie de saint François, se montre à un mille de distance, placée sur le penchant d'une petite montagne conique dont la cime est occupée par une forteresse en ruine. Cet endroit a de l'apparence. Bientôt le chemin tourne à angle droit et passe à une portée de canon de cette cité, dans laquelle on distingue le couvent, chef-lieu de tous les capucins du monde; plusieurs églises avec des clochers élevés, quelques grandes et belles maisons que dans le pays on appelle des palais, enfin beaucoup de petites habitations de citadins. Cette masse de fabriques diverses est assez imposante.

Là, se présente ensuite le fameux pèlerinage de Notre-Dame-des-Anges, grand vaisseau très-élevé et surmonté d'un dôme. Dans une de ses chapelles, qu'on peut nommer ardente à cause de la multitude de cierges qui y brûlent perpétuellement, je vis une image de la Vierge extraordinairement parée. Les murailles sont tapissées d'*ex-voto*, dont quelques-uns représentent les événements qui en ont été le sujet. L'église est construite autour d'une maisonnette qu'on dit être la chambre où mourut saint François. La construction date du temps des Médicis. Ce pèlerinage est desservi par les franciscains d'Assise. On remarque des tableaux du Baroche, des fresques de Vasari et quelques statues passables. Dans le voisinage sont des fontaines, des abreuvoirs et des auges où les pèlerins, qui viennent en foule à certaines époques de l'année, font boire leurs montures.

A Spello, l'on distingue les restes d'un amphithéâtre, de tombeaux et d'autres antiques monuments. La ville est située sur une montagne à droite du chemin; les antiquités sont à gauche.

Foligno n'offre rien de curieux : c'est une ville assez triste qu'on traverse dans toute sa longueur. Au delà, le pays devient moins boisé, les lignes d'arbres s'écartent beaucoup plus les unes des autres. Le terrain, sablonneux et maigre, est en culture sans jachères. Plus loin un village mal bâti contient une population pauvre; les femmes surtout sont laides, plusieurs difformes. Elles ont un ajustement barbare. Sur leur tête une planche carrée forme un auvent garni de linge en queue pendante jusqu'aux hanches, bordée de dentelle grossière.

L'ornithogalum luteum minimum est très-commun sur les terres labourables. Au lieu du petit érable, dont on se sert en beaucoup d'endroits pour soutenir la vigne, on emploie dans ce canton le *celtis australis*, L., qu'on taille aussi en vase ou en entonnoir. Le *paliurus* abonde dans les haies.

La route passe au pied de Trevi, jolie petite ville au haut d'une petite montagne conique, avec de petites maisons disposées en amphithéâtre et dominées par des plantations d'oliviers auxquelles succèdent, vers le tiers de la pente, des cultures de vignes et de céréales qui se confondent avec les cultures de la vallée.

En côtoyant les eaux limpides de la petite rivière de Levene, qui coule dans une direction opposée à celle du chemin, on trouve sur l'un de ses bords un temple antique de douze pieds de long, orné de quatre colonnes à sa façade, avec cette inscription : *S. C. S. Deus Angelorum qui fecit resurrectionem*. Il fut rétabli par Constantin, qui en fit une chapelle à la Vierge. Le style de son architecture annonce qu'elle est du bon temps de l'antiquité. Dans les joints des pierres dont il est construit croissent beaucoup de *ceterach*, de *politrich* et de *sedum daziphyllum*.

Cette rivière de Levene se nommait anciennement Clitunno. Sa source sort des rochers de la base des montagnes escarpées qui bordent la route. Elle forme dès sa naissance plusieurs ruisseaux dont la réunion compose cette rivière, sur laquelle on a pratiqué un pont.

Le paysage en cet endroit est très-agréable. D'un côté la vallée dans toute sa profondeur; de l'autre la continuation des montagnes garnies de villages, de hameaux et d'habitations isolées. Les ormes, les frênes, les érables champêtres et les micocouliers sont employés ici cumulativement pour servir de soutien à la vigne, toujours taillés en entonnoir malgré la différence de leurs habitudes.

Spolette est une ville assez considérable au bord d'un large torrent qui descend des montagnes sur l'une desquelles elle s'assied en amphithéâtre. Son aspect, à quelque distance, impose par sa masse. Elle est dominée par une ancienne forteresse avec des tours et des bastions qui ont de l'étendue. L'ensemble se compose d'églises, de couvents, de quelques grandes maisons et de beaucoup de fabriques moins importantes. Hors des murs le tableau est complété par un aqueduc qui unit deux montagnes pour porter des eaux à la ville.

A peine rendu à Terni, mon premier désir fut d'aller voir la cascade et de l'examiner avec détail. Je pris une voiture et des chevaux de main, et je sortis de la ville par une porte opposée à celle qui m'y avait introduit. Après trois quarts d'heure d'un chemin assez roulant, quoique montant toujours à travers des terrains cultivés, j'arrivai au village de Papigno, suspendu sur une éminence au bas de laquelle coule le Velino. Ce village est bâti de pauvres maisons où l'on n'aperçoit point de fenêtres et qui semblent inhabitées, quoiqu'elles renferment une population assez nombreuse. Là je quittai la voiture; je traversai le Velino sur un pont de pierre;

un sentier étroit le long de la rive gauche me conduisit à l'embouchure de la Nera, autre rivière qui se jette dans le Velino à peu de distance de la cascade.

Ce sentier, accessible seulement pour les gens à pied ou à cheval, suit d'un côté les bords du Velino, et de l'autre est resserré par de hautes montagnes taillées à pic. Dans l'intervalle une belle allée d'orangers étalait à la fois des fruits mûrs, des fruits encore verts et de jeunes boutons à fleurs. Ces arbres ont la tête arrondie; leur couleur tire sur le noir, et ils paraissent se plaire dans cette gorge bien défendue contre le nord et située à l'exposition du midi.

Dès que la vallée commence à s'élargir, la pente des montagnes devient moins difficile. Celles-ci sont couvertes d'un bois taillis où croissent en abondance le laurier-thym, l'arbousier, la bruyère en arbre et la multiflore, le chêne vert, le guaiginer, le genévrier d'Italie, le troëne, le smilax, le laurier des poëtes, la coronille glauque, l'euphorbia *charatias*, l'*emerus* des jardiniers et plusieurs autres plantes dont je donnerai plus bas la liste. Mais ce qui me surprit beaucoup, parce que je ne m'y attendais pas, ce fut de rencontrer dans ce lieu un arbre que l'on regarde comme étranger, le *pinus aleppica*, ou pin de Jérusalem. Il pousse au penchant des collines et jusqu'à la cime des montagnes; il n'est pas aussi contourné que dans nos jardins. Parvenu à un certain âge, il se redresse et s'élève quelquefois de quarante-cinq à cinquante pieds de haut. Il est plus rameux que les autres pins, plus chargé de feuilles. Ces feuilles, plus étroites, plus longues, plus soyeuses que celles du pin sauvage, ont une couleur verte moins cendrée.

A la jonction de la Nera et du Velino, je montai sur un mamelon élevé d'une soixantaine de toises, d'où j'eus la vue de la cascade presque en face et à la distance de deux ou trois portées de fusil.

La Nera sort de la montagne de la Sibylle et coule dans un riant vallon bien cultivé qui précédemment était un lac, parce que le cours de cette rivière se trouvait arrêté par les eaux du Velino.

Le Velino est un petit fleuve qui prend sa source dans les Abruzzes, au royaume de Naples, dont la frontière n'est pas à plus de quatre à cinq milles de Terni. Il forme d'abord un petit lac, puis un second qui produit la cascade. Du sommet d'une haute montagne les eaux de cette cascade tombent en se partageant en trois nappes principales d'environ soixante pieds de largeur. Leur mouvement impétueux est accompagné d'un bruit qui ressemble au roulement du tonnerre, et de leur écume bouillonnante s'élève un nuage de vapeur ou plutôt de poussière humide. Un canal, creusé au moyen de la mine, reçoit la dernière nappe et en dirige les eaux dans un sens différent de celui qu'elles semblaient vouloir prendre, et de manière à ne pas interrompre le cours de la Nera. C'est à peu de distance de cette nappe que les deux rivières se marient dans le vallon.

Indépendamment de la grande cascade supérieure, j'en distinguai six petites du point où je m'étais placé, et une multitude de plus petites encore qui suintent de toutes les parties des montagnes environnantes. Quoique coupées à pic de ce côté, les montagnes sont couvertes de végétaux; les rochers mêmes, entourés de cette atmosphère aqueuse, se tapissent de lichens, de mousses, de fougères; leurs fentes donnent naissance à des arbustes. Dans les endroits où le sol est plus profond croissent des plantes ligneuses dont un grand nombre conservent leurs feuilles toute l'année : bruyères, phyllaria, lauriers-tin, yeuses et pins de Jérusalem, qui là sont indigènes et très-abondants. Enfin partout on rencontre une verdure tendre, amie de l'œil, même dans la saison des frimas.

Sur les pics que forment les sommets de ces montagnes, se présentent de petites fabriques de structure pittoresque; quelques grands arbres détachés qui les accompagnent et dont les cimes se perdent dans les nues ajoutent encore à la majesté du spectacle.

Pour l'examiner sous un autre aspect et le contempler de plus près, je suivis un chemin très-escarpé, taillé dans le roc au-dessus du Velino et à droite de sa rive. Après une demi-heure de marche, j'arrivai à une élévation supérieure de vingt ou trente toises au canal dont les eaux forment la cataracte, et à une égale distance de sa chûte. Telle est la vélocité du courant que l'œil ne saurait la saisir.

Des pierres grosses comme la tête sont entraînées sans aller au fond. C'est pour ainsi dire le trait d'une flèche qui passe. Là se trouve une petite maisonnette construite exprès pour les curieux et d'où s'offrent des effets qu'il est impossible de décrire.

Figurez-vous une rivière de six à huit toises de large qui, à la suite d'un cours extrêmement rapide, rencontre un enfoncement de plus de trois cents pieds de profondeur, s'y précipite en flots écumeux. Leur masse groupée, nuageuse, compose, à mesure qu'elle descend, des flocons qui s'amincissent en pointe et se dissipent en une sorte de fumée blanche portée au loin dans les airs. Le soleil, en frappant ce nuage, y trace des arcs-en-ciel des plus riches couleurs. Cette masse d'eau, brisée dans sa chute par des rochers, se divise en cinq nappes desquelles deux seulement sont considérables, les unes et les autres dominées par des mamelons de plus de six cents pieds de haut, tous boisés et de la plus agréable verdure. L'atmosphère environnante est remplie de globules d'eau que le vent fait varier à chaque instant et qui portent la fraîcheur et la vie sur tous les lieux où se répand cette vapeur.

Quoique peu étendu, le plateau sur lequel je fis ma dernière station n'est pas dépourvu de culture. On y voit des vignes, un peu de terre labourable, des noyers assez beaux et quelques chaumières dont les habitants sont pauvres, mais avec toutes les apparences de la santé.

Voici la liste des végétaux que je rencontrai dans

une herborisation d'environ trois lieues d'étendue.

Cyclanum europœum fol. rotundis et fol. angulatis, faisant le gazon parmi des broussailles, sous de grands arbres.

Cotyledon ombilicus Veneris, sur les pierres et entre les rochers un peu humides.

Pinus alepensis, sur les montagnes, particulièrement vers le sommet.

Coronilla emerus, charmant arbuste, dans les fentes de rochers.

Adyanthum capillus Veneris, dans les rochers sombres et très-humides.

Petasites alba et *purpurea*, sur les bords des ruisseaux, dans les terres argileuses.

Euphorbia charatias, formant des touffes dans les lieux découverts.

Citrus aurantium, plusieurs variétés, composant une allée le long d'une montagne taillée à pic, au midi.

Anemone octopelia, peu commune.

Erdea arborea, arbrisseau de dix à douze pieds de haut, avec de jolies fleurs lilas.

Erica multiflora arborea, belles fleurs roses à étamines noires, trois à quatre pieds de haut.

Buxus sempervirens, en quantité.

Laurus nobilis, quelques pieds dans les haies.

Ferula communis, sur les rochers terreux.

Coronilla glauca.

Spartium sphærocarpon?

Smilax aspera muculosa.
— *aut excelsa.*
Ligustrum sempervirens.
Juniperus italicus aut vulgaris, feuilles plus larges.
Cardamine impatiens, sur les tertres sablonneux.
Cercis siliquastrum, dans les taillis, sur les bords des chemins et dans les haies.
Euphorbia epithimoïdes Desf., sur les rochers secs.
Quercus ilex, plusieurs variétés, l'une à feuille blanche en dessous ressemblant au liége.
Arbutus unedo, en abondance parmi les bruyères.
Teucrium flavum.
Viburnum tinus, formant des touffes de huit pieds de haut, dans les taillis.
Arabis turrita, ou pendule.
Cheiranthus, bâton d'or, bien double, dans les jardins et sur les fenêtres des paysans.
Arabis alpina.
Asplenium ceterach, extrêmement commun entre les pierres, dans les lieux à pic et humides.

Le bassin dans lequel Terni se trouve placé est oblong, d'environ quatre milles de largeur sur une longueur d'à peu près six milles. Le sol en est assez uni, bien cultivé et parsemé d'un grand nombre d'habitations isolées. La ville, bâtie sur un des côtés, présente un ensemble auquel ses tours, ses clochers et ses fabriques les plus élevées donnent de l'importance.

Je rencontrai dans la traversée des montagnes trois femmes goîtreuses. Les autres habitants du pays, sans avoir des traits doux et agréables, ont la physionomie régulière, de beaux yeux noirs, la bouche petite. Les enfants ont de jolies couleurs; les gens faits sont un peu basanés. Leur taille est moyenne, bien prise et svelte.

La vallée où circule le Velino, quoique maigre, pierreuse et sablonneuse, est bien cultivée et très-productive. Dans le bas sont des prairies; viennent ensuite les terres à blé coupées par lignes d'arbres qui supportent des vignes. Sur les coteaux exposés au midi croissent des oliviers. Toute cette campagne est garnie d'habitations. Les sommets des montagnes de première ligne sont occupés par des hameaux, des villages et de petites villes anciennement bâties. Mais les hautes montagnes de seconde ligne, à droite du chemin, sont nues et sillonnées par les eaux, tandis que celles de la gauche se couvrent de pins, de chênes et de cyprès pyramidaux.

Si je compare d'après mes sensations les eaux de Terni avec celles de Tivoli, je dirai que les premières m'ont paru bien plus grandes, bien plus majestueuses; que le site dans lequel elles se trouvent est bien plus imposant par la vigueur de son caractère. Les eaux de Tivoli sont plus jolies, plus riantes, dans un cadre plus champêtre. Elles intéressent sans doute par elles-mêmes, mais les souvenirs historiques qui se mêlent aux objets qu'on a sous les yeux les rendent plus attrayants encore qu'ils ne le sont réellement. Lorsqu'en effet on se figure un pays couvert de palais, de jardins superbes, habités par des grands hommes de l'antiquité, tels que Horace, Salluste, Mécène, Adrien, etc., il est impossible que l'imagination ne vienne pas embellir des lieux consacrés par des noms si célèbres.

A quelque distance de la ville de Narni, on voit les restes du pont d'Auguste qui se trouvait sur la voie Flaminienne. Ce pont, composé de quatre arches, unissait deux montagnes entre lesquelles passe une rivière large comme la Marne à son embouchure dans la Seine, mais beaucoup plus rapide. Une seule de ces arches est entière ; il n'existe des trois autres que leurs piles. L'arche conservée, dont le cintre figure une anse de panier, peut avoir vingt-cinq pieds sous clef. Elle est faite de gros quartiers de pierre dure par assises bien appareillées. Le noyau de cette construction est composé de cailloux et de petites pierres posées dans un bain de mortier. Ces restes donnent une grande idée de l'architecture des Romains et du perfectionnement de leurs moyens de bâtisse. On traverse aujourd'hui la rivière sur un mesquin, ignoble et détestable pont moderne placé là comme tout exprès pour établir une comparaison qui n'est pas à l'avantage de ce dernier.

Narni, située sur une montagne escarpée, a des murs de circonvallation ruinés en partie. Ses rues, étroites, sinueuses, sont pavées en mosaïque de petites pierrailles roulées et de différentes couleurs; on les tire du fleuve voisin. Les maisons sont petites, mal éclairées, mal entretenues. Une fontaine occupe un des coins d'une place publique irrégulière. Parmi les habitants, dont l'accoutrement n'annonçait ni le goût ni l'aisance, je remarquai des visages de femmes assez agréables.

Au delà de la poste qu'on appelle les Vignes, hameau composé de quelques maisons et d'une auberge fort propre, le pays est extrêmement tourmenté. On aperçoit le Tibre à droite du chemin dans un éloignement d'environ deux milles. Ses eaux, qui serpentent dans une vallée peu large, sont navigables pour de petits bateaux. Tout près de la route et sur le bord de la voie Flaminienne, qui passait dans cet endroit, je remarquai d'abord les noyaux de quatre tombeaux antiques, ensuite cinq grands morceaux de maçonnerie qui paraissent avoir appartenu à un ancien mausolée; enfin, sur un monticule à gauche du chemin, les vestiges informes d'une ville ruinée sans doute depuis des siècles.

Plus on avance vers Rome, plus le Tibre acquiert de largeur; on est obligé de le traverser ainsi que plusieurs petites rivières qui se jettent dans son cours. L'usage des jachères commence à prévaloir sur les bons systèmes de culture. Les charrues, sans roues, sont attelées de quatre bœufs de front. Ce procédé n'est pas avantageux à l'emploi des forces de tous les animaux qui composent l'attelage. Il est facile de discerner ceux qui les emploient tout entières d'avec ceux qui n'en emploient qu'une partie.

Cività-Castellana est une ancienne ville, fort mal

bâtie. Ses rues, étroites et sales, sont bordées de maisons petites, mesquines et noires. Il s'y trouve une place publique avec une fontaine. Elle est défendue par des ravines plus inaccessibles que des fossés faits de main d'homme. Elles ont plus de trente toises de largeur, et à peu près quinze de profondeur. Entre les rochers qui les forment, naissent une multitude d'arbres, d'arbustes et de plantes. Un château, de figure ronde, ajoute aux fortifications de la place.

J'aperçus dans le gazon des taillis qui bordent la route une très-jolie liliacée que je crois l'*ixia bulbocodium*, L., ou le *romulea* de je ne sais quel auteur. Cette plante n'a pas plus de quatre pouces de haut; ses feuilles sont jonciformes; sa hampe, terminée par une grande fleur, sort du milieu de l'oignon, qui est aussi à quatre pouces sous terre. Ses pétales, blancs et bleuâtres intérieurement, sont à l'extérieur violets, jaunes et couleur de chair. Son odeur approche de celle du girofle.

C'est ici surtout que se fait sentir l'influence du gouvernement romain sur la population, l'agriculture et l'industrie. Peu d'habitations ou des habitations en ruine; un peuple mal vêtu; le régime des jachères pratiqué sur des terres excellentes; les bois livrés au bras séculier ou brûlés sur place faute d'exploitation; les taillis consumés par le feu pour être convertis en terres labourables que la charrue sillonne sans défoncement. On dirait que les habitants se conduisent comme s'ils ne devaient pas vivre l'année suivante ou comme dans un lieu où ils ne feraient que passer.

Aux portes de Nepi se fait remarquer un aqueduc composé de deux rangées d'arcades, l'une au-dessus de l'autre, et destiné à conduire les eaux qui descendent des montagnes voisines. Cette cité est dominée par une forteresse d'une ancienne construction, mais très-délabrée. Une belle fontaine, des statues de marbre blanc, quelques bustes et autres ornements antiques décorent l'hôtel de ville. Dans une autre partie de l'enceinte, il existe une seconde fontaine qui paraît avoir été faite sous le bas-empire. Les habitants de Nepi m'ont semblé paresseux et curieux à l'excès. La couleur rouge est presque généralement préférée pour l'ajustement des femmes.

De cette ville on arrive bientôt à la jonction des routes de Pérouse et de Sienne, vers le 27e mille, et à peu de distance de Monte-Rosi. Vers le 25e, à droite du chemin, se trouve une pièce d'eau de forme carrée, d'une étendue d'environ dix arpents, et qu'on dit faite de main d'homme par les anciens Romains, pour servir de réservoir à un aqueduc projeté pour la capitale du monde.

La voie Flaminienne se rencontre encore au 23e mille. Elle suit, dans cette partie, la direction du nouveau chemin. Sa largeur n'excède pas huit pieds. Elle est formée de carreaux de quinze à dix-huit pouces d'une pierre très-dure, couleur d'ardoise, et qui me paraît être un basalte. Cette voie coupe la route en deux endroits et est encore à rase terre, ce qui prouve que le pays a éprouvé peu de changement dans sa surface depuis la construction de cet antique débouché. On détruit cette chaussée, on brise les pierres pour les employer aux réparations de la route actuelle. Un petit pont, placé sur un fossé qui traverse la voie Flaminienne, subsiste encore parce qu'il a été construit de fortes pierres parfaitement appareillées. Comment les habitants de Rome moderne, ayant sous les yeux des travaux qui ont résisté à plus de dix-huit cents ans, n'emploient-ils pas les mêmes moyens?

Toute cette portion de territoire entre Monte-Rosi et Bacano offre un pays assez tourmenté, sans montagnes très-élevées que dans l'éloignement. En face de la route, du côté de Tivoli et à gauche, on voit toujours cette grande montagne volcanique autour de laquelle j'ai tourné pendant deux jours, et qui présente des formes différentes selon les divers points d'où on l'observe. Le sol est de bonne nature, profond, facile à cultiver; cependant, à l'exception de quelques pièces de terre labourée, ce ne sont que de mauvaises prairies et des friches. Pas une maison, pas une cabane, pas un arbre dans cette vaste solitude, et pourtant le chemin qui la traverse est la principale route par laquelle on arrive à la capitale du monde chrétien.

Au sortir de Bacano, les dégradations de la grande route moderne nous obligèrent de recourir à la voie Flaminienne, qui, dans cette partie, pouvait suppléer à la nouvelle, quoiqu'on y arrache journellement les plus grosses pierres de basalte. Taillée dans le roc, la voie laisse apercevoir encore les trottoirs qui, plus élevés de quinze pouces que la chaussée, servaient aux gens de pied. L'*anémone sylvie* croît en abondance parmi les broussailles qui garnissent les berges de ce chemin.

Du point de son embranchement avec la grande route, on découvre la ville de Rome, placée comme au milieu d'un vaste désert circonscrit par de hautes montagnes noires et pelées. Le cœur saigne en voyant qu'une campagne qui pourrait être si riche n'est cultivée que par portions, tous les trois ou quatre ans, parce que les terres ne reçoivent point d'engrais et qu'on brûle sur pied les pailles au lieu de les convertir en fumier. On aperçoit à la distance d'une trentaine de milles les montagnes du pays qu'habitaient les anciens Sabins; elles bordent l'horizon et font partie de celle où est située la ville de Tivoli.

Ce qui prouve combien peu l'industrie a fait de progrès dans ces contrées, ce sont les voitures qu'on rencontre sur la route, chargées de sacs de chiffons et conduites par la belle race de bœufs à grandes cornes si communs dans la campagne de Rome. Ces chiffons sont transportés hors des États du pape aux papeteries d'où l'on tire ensuite le papier.

De nombreux troupeaux de moutons d'une forte race sont éparpillés dans ce désert. Les bergers, vêtus de casaques faites de peaux de leurs animaux, et portant la laine en dehors, ont tout à fait l'air de sauvages.

Vers le 4ᵉ mille, à droite du chemin, on montre un tombeau qu'on croit être celui de Néron. Il a été restauré sous le Bas-Empire. A peu de distance est le noyau d'un autre tombeau que nul indice ne donne le moyen de reconnaître.

A un demi-mille de Ponte-Molle, sur les bords du Tibre, une tour fort ancienne occupe l'emplacement de l'habitation de Cincinnatus. L'endroit où vécut un grand homme offre toujours de l'intérêt, quoiqu'il ne reste rien qui en consacre le souvenir.

On passe le Tibre sur le Ponte-Molle, et l'on entre dans Rome par la porte du Peuple.

CHAPITRE XXVIII.

Route de Florence à Pise. — Chapeaux de paille. — Plantes. — Emploi du buffle. — Empoli. — Pontedera. — Vallée de l'Arno. — Pise. — Jardin botanique. — Église des Chevaliers-de-Saint-Étienne. — Campanile torto. — Cathédrale. — Campo-Santo. — Haras de chameaux. — Bains de Pise. — Végétaux. — Aqueduc.

Sur la route que l'on parcourt en allant de Florence à Livourne on trouve fréquemment des villages et des hameaux où les femmes et les jeunes filles sont occupées à fabriquer des chapeaux de paille. Elles tressent la paille tout en marchant, comme en d'autres pays les femmes filent ou tricotent. On fait un grand usage de ces chapeaux pendant l'été; ils sont frais et légers.

Voici quelques-unes des plantes que je rencontrai sur mon chemin :

Olea europœa sativa, en fleur. Les cultivateurs voyaient avec une grande joie leurs arbres en être plus chargés que dans les années ordinaires.

Thymbrea Juliana? sur les rochers calcaires, dans les fentes, à l'exposition du soleil.

Rosa sempervirens, dans toutes les haies et formant des masses de fleurs d'un beau blanc, mais peu odorantes.

Rubus tomentosus flore carneo.

Buptalmum aquaticum, terrain humide, sur les bords des fossés.

Orobanche major, à fleur pourpre, gris de lin, blanche et panachée; terrain sableux dans les cultures de céréales.

Quercus humilis foliis eleganter divisis, dans les haies.

Convolvulus cantabrica, terrain sablonneux et pierreux, en pente.

Teucrium polium album, lieux montueux, sablonneux et pierreux, exposition au midi.

Cistus monspeliensis, même localité, petit buisson très-touffu, arrondi, de dix-huit à vingt pouces de haut.

Nigella arvensis cornuta, à fleur violette, feuilles très-découpées.

Myrtus communis romana, formant des buissons touffus, mais rabougris, parce qu'on les coupe souvent pour chauffer le four.

Chlora perfoliata, L., en abondance.

Juncus conglomeratus?

Trifolium angustifolium, L.

OEgylops ovata, L.

Lotus hirsutus, L.

Hedisarum cristagalli?

Medicago minima?

CHAPITRE XXVIII.

Dès l'entrée de la nuit, je ne cessais pas de voir sur les bords du chemin une multitude de mouches lumineuses ; elles produisaient sur terre le même effet que les étoiles produisent à nos yeux dans le ciel.

En quelques endroits de cette contrée on se sert du buffle pour labourer. Châtré, cet animal est aussi docile que le bœuf ; il est moins délicat sur le choix de la nourriture et vit dans les herbages où le bœuf ne mange qu'avec répugnance ; il est plus courageux, plus fort, plus tenace au tirage. Quoique sa chair soit inférieure à celle du bœuf, ses veaux sont meilleurs ; le lait des femelles donne un fromage estimé. Son cuir a plus de valeur et on l'emploie à des usages auxquels celui du bœuf ne saurait servir ou pour lesquels il n'a pas la même consistance. Le buffle craint le froid ; il aime, pendant l'été, à se vautrer dans les eaux fangeuses. Pour le mettre à la charrue, on lui passe dans l'extrémité de la cloison du nez un anneau de fer auquel sont attachées les guides qui le conduisent. Le buffle est noir, couvert d'un poil rare et long sur la tête, au cou et à la partie antérieure du corps ; la partie postérieure est presque dégarnie de poil. Cet animal a la taille ramassée, les jambes courtes ; il est bossu et fort laid.

A peu de distance de la porte de Lastra on rencontre les carrières du mont Malmantile. Elles sont formées d'une espèce de grès bleuâtre dont on fait des auges, des linteaux de pilastres, des bornes, des marches et autres objets d'architecture. Après les avoir taillés sur la carrière même, on les fait glisser jusqu'aux bords de l'Arno; là on les embarque pour Florence, Pise ou Livourne.

Le village d'Empoli a l'air d'une petite ville, avec des faubourgs qui se prolongent de chaque côté de la route. Il est situé au bord d'un assez large torrent qu'on traverse sur un pont de pierre et qui se perd dans l'Arno à peu de distance. Le corps du village est entouré de murs fermés de portes et accompagnés de fossés. Empoli est renommé pour ses fabriques de chapeaux.

Je vis sur le chemin plusieurs attelages de beaux bœufs blancs qui étaient conduits par les narines. Cette méthode me paraît avantageuse, et j'ignore pourquoi elle n'est pas plus généralement suivie.

La vallée s'élargit sensiblement dans une étendue de plus de deux milles. Le sol est excellent pour toutes les productions utiles; la culture répond à la qualité du terrain; c'est en général un bon et superbe pays. Les maisons de villageois répandues aux environs du hameau de Castel-del-Bosco pourraient servir de modèles pour les constructions rurales.

Pontedera est un village assez considérable pavé en dalles de pierre comme Florence. Après la porte de Formacette on traverse Cascina, très-petite ville entourée de murs, de fossés, flanquée de tours et de portes fermantes. Elle est très-ancienne et bâtie en briques. Les maisons de la rue principale offrent des arcades sous lesquelles on passe à l'abri du soleil et de la pluie.

Je remarquai au bord de la route une ancienne maison qui ressemble à un petit château et dont le toit fait une saillie de trois à quatre pieds au delà des murs. Une immensité de nids d'hirondelles étaient placés sous ce toit, seulement sur la face exposée au midi. Il serait difficile d'expliquer pour quelle raison ces oiseaux affectionnaient cette maison plutôt que celles qui l'environnent et où l'on ne voyait point de nids.

Dans cette partie le pays se trouve plus bas que le lit de l'Arno. Il a fallu faire à différentes reprises des digues pour contenir les eaux de ce torrent. La première, d'environ cinq pieds au-dessus du sol environnant, peut avoir trente-six pieds de largeur, avec un talus de chaque côté à l'angle de quarante-cinq degrés. Une seconde digue est placée sur celle-ci. Élevée aussi d'environ cinq pieds, elle n'a pas plus de deux toises de large. Ses talus sont plus perpendiculaires que ceux de la première ; on voit qu'elle a pour unique objet d'empêcher les eaux, lorsqu'elles montent à une hauteur extraordinaire, de s'épancher dans l'intérieur des terres ; par ce moyen l'on pare aux inconvénients du moment. L'Arno, comme tous les torrents qui descendent des montagnes et ont un cours rapide, exhausse son lit de toutes les pierres et de tous les sables qu'il entraîne quand ses eaux, arrêtées sur les rives, ne peuvent s'étendre sur une vaste surface. Mais si, d'un côté, il y a de l'avantage à les circonscrire pour en régulariser le cours, il en résulte, de l'autre, des risques pour le plat pays, lorsque après une longue succession de temps le lit du torrent s'est élevé beaucoup au-dessus de la plaine. Si l'une des digues formée pour le contenir vient à se rompre, il s'épanche, renverse tout ce qui s'oppose à son passage et va se creuser un nouveau lit. Autre inconvénient : si les torrents secondaires qui se réunissent au torrent principal n'ont pas exhaussé leurs bords dans la même proportion, ils se répandent dans les terres, y forment des marais et nuisent à la salubrité. Il serait bien nécessaire d'instituer des écoles pour la conduite des eaux; c'est une partie d'économie publique trop peu connue. Il en est de même de celle qui a pour objet les plantations sur les montagnes et dans les plaines, afin d'assainir un pays et de lui conserver le degré d'humidité nécessaire à la fertilité de ses cultures.

On n'aperçoit Pise que fort peu de temps avant d'y entrer, quoique son Dôme, son baptistère, sa tour pendante et son Campo-Santo soient assez élevés pour être vus de loin sur un terrain plat. Ces édifices annoncent une grande ville. Pise l'est en effet. Les murs qui en font l'enceinte sont percés de portes que l'on garde pendant la nuit. L'entrée est mesquine; les premières rues qu'on trouve sont étroites, tortueuses; les maisons basses. Mais à mesure qu'on avance dans l'intérieur, les rues s'élargissent. Pavées comme à Florence, elles sont bordées de galeries couvertes supportées par des colonnes; les maisons s'élèvent et deviennent plus importantes. Des deux côtés de l'Arno règne un superbe quai décoré de palais et d'hôtels; on traverse le fleuve sur un pont de marbre d'une belle architecture au bout duquel se présente un monument, qui n'était pas fini, supporté par un grand nombre de colonnes et formant plusieurs galeries couvertes.

Si la population de cette ville était proportionnée à son étendue, elle tiendrait un des premiers rangs parmi les cités de l'Italie. L'air y est très-sain, le peuple doux et laborieux, et la faculté de médecine qui s'y trouve établie attire un nombreux concours d'étudiants.

On m'avait beaucoup vanté le jardin botanique de Pise; je m'empressai d'aller le visiter. Il est situé dans un quartier éloigné du centre de la ville, en face de l'observatoire, dont la haute tour carrée se fait remarquer au loin. Dans une étendue d'environ quatre arpents, il offre de grands carrés qui ont diverses destinations. Le premier est une espèce de bosquet pittoresque planté de *cupressus disticha*, de *gingho biloba*, de *sterculia platanifolia*, de *magnolia grandiflora*, de *callicarpa americana;* ces végétaux et d'autres plus communs y viennent en pleine terre.

L'école des plantes vivaces est rangée suivant le système de Linnée, avec des étiquettes de tôle peintes en noir. On y voit aussi en pleine terre le *chamærops humilis*, le *saccharum officinarum*, L., mais ce dernier y périt souvent, et l'on est obligé de le renouveler tous les trois ou quatre ans.

Dans un carré parallèle sont l'*arboretum*, le *mimosa julibrizin*, le *gleditzia triacanthos*, le *melia azedarach*, l'*ailanthus glandulosa*, le *mimosa farnesiana*, etc.

Les serres sont mal construites et mal disposées pour la conservation des plantes. Il s'y trouve quelques bananiers.

Un petit enclos fermé contient les végétaux qui composent la botanique économique, plantes servant à la nourriture de l'homme et des animaux, plantes médicinales, plantes propres à la filature et à la teinture, fleurs d'ornement.

En somme, le jardin botanique ne m'a pas paru aussi riche que je l'espérais et qu'il en a la réputation ; sa distribution avait peu de grâce et sa culture était fort négligée.

J'y retrouvai comme professeur M. Santi, que j'avais vu à Paris pendant plusieurs années suivant avec assiduité le cours de notre Muséum. Ses connaissances dans les sciences physiques en faisaient un homme très-distingué. Il s'occupait alors de l'histoire naturelle de la Toscane, dont il avait déjà publié un volume. Chaque année ses vacances étaient employées à des courses et à des voyages entrepris pour cet objet.

Le grand-duc entretenait à cette époque un haras de chameaux ; ces animaux étaient assez communs à Pise. J'en vis un chargé de deux barils de vin. Cette naturalisation était d'autant plus précieuse que le chameau peut porter un poids de sept cents livres, qu'il fait de longs trajets sans boire ni manger, et qu'on le nourrit avec des substances peu coûteuses, comme des rameaux de branches d'arbres, du sarment, etc.

Je vis aussi une charrette traînée par deux buffles. Ce sont de très-vilains animaux, plus petits que les bœufs de la Toscane, mais plus forts et plus courageux; ils meurent sur place plutôt que de lâcher prise. Colères, vindicatifs, ils ont besoin d'être façonnés au joug.

Je voulais visiter les monuments que renferme la ville de Pise, et je commençai par l'église des Chevaliers de Saint-Étienne. C'est un temple de moyenne grandeur, décoré intérieurement de colonnes, de tableaux et d'ornements d'assez bon goût. Mais la seule chose remarquable est une tapisserie de deux rangées de drapeaux placés tout au pourtour du haut des murs de la nef. On y voit aussi des lanternes, des croissants, des boules de cuivre et autres décorations de vaisseaux. Ces objets sont les trophées des victoires remportées par la république de Pise sur les Turcs. Il paraît que les Pisans avaient alors une marine et un port de mer dans le voisinage de leur ville. On montre encore une ancienne église, à quatre milles de Pise, sur le chemin de Livourne, laquelle se trouvait sur le bord de la mer et en est maintenant éloignée de plus de six milles. Ces changements sont dus aux atterrissements journaliers que produit l'Arno en charriant, du haut des montagnes d'où il sort, des galets, des sables et surtout un sédiment jaunâtre qui salit perpétuellement ses eaux.

On donne le nom de Campanile torto à la tour qui penche et surplombe de plus de quinze pieds. Son inclinaison est de l'ouest à l'est. Elle ne paraît pas avoir été construite dans cette forme, comme le croient quelques personnes; mais elle penche ainsi par un accident qui dut arriver lorsque la bâtisse était déjà élevée au troisième étage, puisque les deux étages supérieurs ont été redressés sur leur base. Les cinq étages de cette tour sont formés par huit rangs de colonnes placées les unes au-dessus des autres. Elle est entièrement construite en marbre blanc du pays. En montant l'étage supérieur, je pus me convaincre que, du côté où elle penche, les pierres se sont fendues, et que, dans beaucoup d'endroits, on a interposé entre les assises des cales de bronze pour remplir les vides. Selon toute apparence, les fondations n'ont pas été placées sur un bon sol, et le terrain s'est affaissé d'un côté tandis qu'il restait ferme de l'autre.

Du sommet de la tour, on découvre la circonférence du magnifique bassin dans lequel se trouve la ville de Pise. C'est une plaine très-unie, traversée par l'Arno dans son plus grand diamètre de l'est à l'ouest. Les hautes montagnes de la Grafignana, de Lucques et de l'Arno, la bornent au nord; au midi, celles de la chaîne dont le Monte-Nero fait partie et qui se rapproche plus de la mer. Le terrain, produit visiblement par les atterrissements de l'Arno, est de très-bonne nature et cultivé avec beaucoup de soin et d'intelligence. Dans la partie haute, il se couvre de vignes que soutiennent des lignes d'arbres très-serrées et qui donnent un air de bocage au pays. Du côté de la mer, la partie basse est employée en prairies naturelles et en forêts, dans lesquelles sont entretenus les haras de chevaux de labourage et de service militaire, les élèves de bêtes à cornes, les haras de chameaux, et des ânes de belle race.

A l'une des extrémités de la ville, et dans un des quartiers le moins vivants, s'élève la cathédrale, ou le Dôme, monument de médiocre étendue, d'architecture gothique, bâti en marbre blanc du pays et avec une certaine élégance. Un dôme d'assez mauvaise grâce le surmonte, et un portail formé de plusieurs rangs de colonnes les unes au-dessus des autres annonce l'entrée principale. La distribution intérieure ressemble à celle de toutes les églises : une nef bordée de colonnes qui la séparent des bas côtés; des chapelles dans chaque travée; au fond, un sanctuaire plus exhaussé que le reste de l'édifice; un autel à la romaine autour duquel on tourne; une sacristie et des salles d'instruction.

Les plafonds sont surchargés de sculptures surdorées et d'une lourde architecture. La plupart des tableaux qui décorent les chapelles sont de l'école florentine; quelques-uns ont du mérite, entre autres une Vierge tenant dans ses bras l'enfant Jésus, et peinte par Raphaël; c'est un ouvrage de sa jeunesse.

Les trois portes de l'entrée principale offrent des bas-reliefs en bronze qui, sans être aussi précieux que ceux du baptistère de Florence, sont dignes cependant de fixer l'attention de l'amateur des beaux-arts.

En face de la cathédrale est un baptistère plus spacieux que celui de Constantin à Rome. C'est une rotonde terminée par un dôme très-élevé. On y remarque les bas-reliefs de marbre qui décorent la chaire, ainsi que les colonnes qui la supportent, de différentes espèces de marbres étrangers, africains et asiatiques. Elles furent enlevées de Constantinople par les Pisans. C'est ainsi que beaucoup d'églises gothiques en Italie ont été construites de débris antiques pris à Byzance et à Rome. La cuve, placée au milieu du baptistère et dans laquelle on donnait aux premiers chrétiens le baptême par immersion, est portée sur une estrade à plusieurs marches, le tout en marbre blanc et décoré de sculptures en rosaces et d'ornements d'un travail très-délicat.

Le Campo-Santo, ou cimetière, est un carré d'environ cinquante toises de long sur douze de large, avec des galeries au pourtour supportées sur la façade intérieure par des colonnes. Sous ces galeries sont des caveaux dans lesquels les personnes riches ont leur sépulture. Les gens du commun sont enterrés en plein air dans le champ du milieu. Sur le devant des galeries on voit beaucoup d'anciens tombeaux qui paraissent appartenir aux premiers âges du christianisme, ornés pour la plupart de bas-reliefs symboliques, d'un travail estimable. Le côté plein de ces galeries est couvert de peintures à fresque, dont chaque arcade renferme un sujet et forme un grand tableau. L'histoire de la Mort, celle du Purgatoire et de l'Enfer y sont détaillées avec une rare étendue. Ces peintures sont d'une mauvaise composition, d'un dessin fort incorrect et d'une fausse couleur.

Le champ du milieu a été, dit-on, exhaussé avec des terres saintes apportées de Jérusalem. Comme ces terres sont couvertes d'herbes épaisses et qu'elles ont été retournées tant de fois, je n'ai pu en distinguer la couleur ni le grain; mais en examinant les plantes qui croissent dessus, j'ai reconnu qu'elles étaient les mêmes que celles qui viennent dans les campagnes environnantes.

Curieux de voir le haras des chameaux, je sortis de Pise par la porte du nord-ouest, en passant devant le Dôme, et je suivis la route qui conduit aux Cachines. C'est une grande et belle avenue, bordée de quatre rangées de hauts peupliers noirs. Elle mène à la mer et sert de promenade publique aux habitants, certains jours de la semaine. Je la quittai pour prendre un autre chemin, sinueux, irrégulier dans sa largeur, mais uni et roulant pendant l'été. On rencontre assez fréquemment des habitations de colons éparses, spacieuses, solidement construites et proprement entretenues. Point de chaumières, encore moins de masures; partout un air d'abondance et de gaîté.

Après avoir parcouru l'espace d'environ trois milles, j'arrivai à l'endroit où l'on tient les chameaux en hiver; espèce de ferme, composée de bâtiments dans lesquels se trouvent des écuries pour les animaux, des granges pour serrer le fourrage, et les logements du directeur du haras et des hommes destinés à soigner les chameaux et à les conduire.

Ce haras, composé de plus de deux cents bêtes tant mâles que femelles, et de leur produit des deux sexes, était établi depuis plus de soixante ans. Une sorte de gale ayant fait périr presque tous les individus qui le composaient, on fut obligé, pour le remonter, d'en faire venir de nouveaux d'Asie.

Les mâles sont séparés des femelles, une partie de l'année, pendant qu'elles portent. On ne les rapproche que lorsque les uns et les autres sont en chaleur. Les jeunes chameaux qui ne tètent plus et qui n'ont plus besoin du secours de leurs mères restent éloignés d'elles et des mâles. On ne les incorpore dans ces deux bandes que lorsqu'ils ont atteint l'âge de cinq ans.

Les chameaux sont très-jaloux dans leurs amours. Ils se battent entre eux pour se disputer leurs femelles et pour les posséder exclusivement.

Trois parcs, à une grande distance les uns des autres, renferment ces trois divisions. Les adultes, au nombre de vingt-huit, paissaient tranquillement dans une prairie d'environ trente arpents d'étendue et circonscrite par des fossés pleins d'eau. A la vue d'un étranger, ils se retirèrent vers l'autre extrémité du parc. Le conducteur courut après eux et les ramena dans le voisinage d'un gros orme. Ils se mirent en file pour me considérer, après quoi un des plus grands s'approcha de l'arbre et mangea les branches qui se trouvaient à sa portée. Les autres suivirent son exemple, et je pus caresser de la main ces animaux avec sécurité, parce qu'ils sont doux et timides.

Cette race n'est pas aussi belle ni aussi forte que celle dont il existe des individus à notre Muséum de Paris. Ils étaient maigres et me parurent tristes, lents et peu sensibles aux caresses. Leurs dents n'étaient pas blanches comme celles des animaux bien sains, mais au contraire d'un jaune tirant sur le noir.

Voici les détails que me donna leur gardien : ils vivent dans la prairie et y restent nuit et jour pendant toute la belle saison. L'hiver, on les fait coucher dans l'écurie, et on les y nourrit au râtelier. Ils mangent moitié moins qu'un cheval et portent une charge une fois plus pesante. Cette charge est de sept à huit cents.

En état de travailler journellement pendant vingt ans, ils sont peu maladifs, très-patients et si sobres qu'ils peuvent, en un cas extraordinaire, rester plusieurs jours sans boire ni manger.

Le poil des mâles est rare, peu abondant et a si peu de valeur qu'on ne se donne pas la peine de le ramasser. Celui des femelles au contraire, plus fourni, plus estimé, est recueilli avec soin; il sert pour la chapellerie et la feutrerie. Le duvet des deux sexes est recherché.

Les mâles sont journellement occupés à transporter à la ville du bois, des grains et autres fardeaux. Pour cet effet, on les tire de la prairie dès la pointe du jour. On les y remet lorsque leur tâche est finie, vers trois ou quatre heures après midi, jusqu'au lendemain matin. Cet exercice a lieu tous les jours, excepté le dimanche et les fêtes. Un homme conduit trois de ces animaux; ils sont dociles au commandement et ont le pied sûr. Quand ils retournent à la prairie, ils allongent le pas de manière qu'un piéton a peine à les suivre.

Lorsqu'ils sont vieux, qu'ils ne sont plus propres au travail ni à la reproduction de leur espèce, on les vend quinze ou vingt sequins. Les jeunes, en état de servir, se vendent quarante ou cinquante sequins; mais il faut pour cela une permission du grand-duc, dont ils sont tous la propriété. Cependant trois particuliers du voisinage avaient de ces animaux pour leur service.

Le parc des femelles est à trois milles de celui des mâles, plus rapproché du bord de la mer. Elles ne travaillent point et ne sont destinées qu'à propager la race. Les jeunes chameaux ont leur parc dans un autre canton.

Le beau quai de l'Arno, à Pise, sert de lieu de rendez-vous et de promenade publique, le soir, après le coucher du soleil : c'est là qu'on rencontre les gens riches et aisés de la ville, les uns à pied, les autres en voiture.

Pour aller aux bains de Pise, on sort par la porte de Lucques et l'on suit un fort beau chemin ferré, bordé de fossés pleins d'eau stagnante dans une partie, et d'un joli canal qu'alimentent les eaux du Cerchio et celles qui sortent de la chaîne de montagnes au pied de laquelle sont situés les bains. Presquè toutes les eaux stagnantes se couvrent de plantes aquatiques dominées par le *butornus umbellatus*, le *sagitta sagittifolio*, la *salicaire* et autres espèces communes.

La route, sinueuse et coudée sans nécessité, traverse un pays plat, uni, de nature argileuse, tenace et jaunâtre; placé à la base de hautes montagnes, d'où se répandent quantité de sources, il est un peu humide et par conséquent très-fertile. La culture consiste en vignes, en céréales et en prairies naturelles. Les vignes sont supportées par des ormes, des peupliers noirs, des frênes ordinaires et des saules. Elles forment des guirlandes d'un arbre à l'autre. Les lignes d'arbres ne sont pas éloignées de plus de vingt-cinq à trente pieds. L'intervalle est cultivé en grains, en légumes et en maïs.

Le lieu connu sous le nom de Bains-de-Pise se

compose d'une douzaine de maisons fort bien bâties, dont les deux principales renferment les bains ; les autres sont des auberges pour recevoir les malades qui vont prendre les eaux. Une assez belle maison appartenant au grand-duc contient ses bains particuliers. Ce groupe de maisons est aggloméré au bas des hautes montagnes qui bordent la vallée, montagnes de nature calcaire, escarpées en plusieurs endroits de manière à laisser voir les couches de pierre dont elles sont formées. Ces couches, tantôt inclinées, tantôt presque perpendiculaires, sont d'un marbre tendre par lits peu épais et feuilletés.

Les maisons de bains sont des espaces carrés longs, partagés en petits cabinets avec des baignoires particulières pour une seule personne. On y trouve des bassins où quinze à vingt personnes peuvent se baigner ensemble, construits en marbre au-dessous du niveau du terrain ; on y descend par quelques marches ; il y en a un pour les hommes et un autre pour les femmes. Le tout est tenu avec une grande propreté.

Les eaux de ces divers bains ont depuis vingt-quatre jusqu'à trente-trois degrés de chaleur lorsque l'eau distillée, exposée en plein air, n'a que quinze degrés. Leur saveur est plus ou moins acidulée, et elles contiennent différentes substances terreuses et minérales. Il existe sur la nature et les propriétés de ces eaux un ouvrage intéressant du professeur Santi, intitulé *Analisi chimica delle acque de' Bagni*

Pisani, e dell' aqua acidula di Asciano. Pisa, 1789.

Ces bains sont très-fréquentés pendant la belle saison.

La localité est on ne peut plus favorable à la croissance d'une infinité d'espèces de plantes. Dans un espace très-resserré il se trouve des montagnes fort élevées, des rochers escarpés, des terrains ombragés par de grands arbres, des sources d'eau vive de différente température, un canal d'eau courante et des fossés où les eaux sont en stagnation. Tout cela se rencontre dans une largeur de vingt-cinq à trente toises et est traversé par la route qui conduit de Pise à Lucques en passant au milieu du village des Bains.

Je profitai de l'occasion pour herboriser. Voici la liste des végétaux les plus remarquables que je pus recueillir.

Sur les rochers, dans leurs fentes et sur le rempart de la chaîne au midi :

Pistachia lentiscus, L. Les grosses branches portent des globules de mastic.

Cistus monspeliensis, L. Des feuilles suinte une espèce de laudanum.

Cistus fumana, L.

Sideritis romana, L.

Myrtus communis romana, en abondance.

A la base des montagnes, dans les lieux où la couche de terre est peu épaisse :

Polycarpon tetraphyllon.

Gentiana centaurium ramosissimum.

Linum flavum.
Linum strictum hort. Parisi.
Convolvulus cantabrica, L.
Passerina?
Saturcia Juliana, L.
Lotus an sp. nov.?
Inula an sp. nov.!?

Dans les endroits ombragés par les arbres qui bordent le canal et le chemin :

Chlora perfoliata, L., en abondance.
Bromus an sp. nov.?
Triticum an sp. nov.?
Andropogon Ischemon, L.
Caucalis grandiflora, L.
Tragopogon Delechampii, L. Les feuilles radicales sont découpées comme la *dent de lion*.

Trifolium roseum nob. an sp. nov.? charmante espèce dont les têtes sphériques sont d'un rouge de cerise très-agréable.

Dans les eaux du canal et des sources froides :
Fontinalis antipyritica, L.

Dans les eaux froides et chaudes :
Sium serratifolium?
Isnardia palustris, L.
Myriophyllum verticillatum.
Potamogeton natans.
Callitriche verna.
Marsillea natans? plante charmante que je n'avais jamais vue, dont les feuilles sont ovales, plissées et groupées les unes sur les autres et comme briquées.

Elle se trouve également dans les eaux chaudes et dans les eaux froides.

D'après le livre de M. Santi, on rencontre dans ces eaux la *valisneria palustris*, L. Je l'ai cherchée vainement.

A gauche de la route est un aqueduc qui, dans une longueur de quatre à cinq milles, conduit les eaux bonnes à boire de la base de la montagne à la ville de Pise. Il est porté sur des arcades d'environ douze pieds de haut et bâties en briques. Le gouvernement de Toscane se distingue par les travaux de cette espèce. Il en faisait construire un semblable pour amener des eaux à Livourne de plus de douze milles de distance. Ce port en a grand besoin, car les eaux qu'on y boit sont mauvaises et ne suffisent pas à l'approvisionnement des vaisseaux.

CHAPITRE XXIX.

Route de Pise à Livourne. — Canal. — Aspect du pays. — Carrière. — Autre route en partant de Massa. — Viareggio. — Livourne. — Campo-Santo. — Théâtre. — Magasin. — Effets de la chaleur et du climat. — Entretien sur la Corse. — Tatouage des marins. — Moissons. — Vente du lait. — Herborisation. — Promenades sur mer. — Entrée d'un vaisseau. — Beau point de vue.

Les rives de l'Arno se couvrent de trains de bois de charpente qui viennent des montagnes où le fleuve prend sa source, de Vallombrosa, de la Chartreuse et de plus haut encore. Ils vont à Livourne ; là, ils entrent dans le commerce ou sont employés dans la marine. Ce sont, en majeure partie, des pins, des sapins et autres arbres propres à la mâture. J'avais quelque plaisir à voir des bois de charpente traînés dans l'intérieur de la ville par des buffles. Ces animaux ne sont donc pas aussi intraitables qu'on le dit. Cela ne prouve-t-il pas aussi que ceux qui les méprisent ne connaissent pas les moyens de les rendre utiles ?

Après avoir traversé le pont, vous rencontrez le

canal qui prend ses eaux de l'Arno et les conduit à Livourne. Son entrée a été faite à grands frais; il y a des écluses qui m'ont paru compliquées. Un hangar le couvre dans la longueur de plus de cent toises; mais ensuite ce canal me semble bien étroit pour une navigation entre un port si fréquenté et un pays si étendu et si populeux : il n'a pas plus de vingt-cinq pieds de largeur, et comme ses eaux sont de douze à quinze pieds au-dessous du niveau du terrain, elles ne peuvent servir à sa fertilisation.

Au sortir de Pise, l'horizon s'agrandit; la plaine se prolonge, à droite, jusqu'à la mer; à gauche et en face, jusqu'aux montagnes, qui sont éloignées de plus de quatre lieues. Elle est plate, unie comme un jeu de boule, coupée par un grand nombre de canaux et de fossés pour l'écoulement des eaux. Le sol, sablonneux à la surface, argileux et même glaiseux à peu de profondeur, offre de vastes cultures de céréales, parmi lesquelles il ne se trouve pas un pouce de jachères. On connaît si bien le prix de la terre qu'une production est à peine récoltée qu'on laboure afin d'en semer une autre.

Après le 53e mille, non loin d'une grande église gothique surmontée d'une haute tour carrée, est un haras pour les chevaux de labour. C'est une espèce de parc d'une soixantaine d'arpents, à l'entrée d'une forêt dont les arbres déjà très-vieux ont été rajeunis par la taille et sont isolés à de grandes distances les uns des autres. Sous ces arbres paissent des juments et des vaches, des poulains et des veaux, parmi les bruyères, les dapné sainbois, les fougères femelles dont le sol est couvert. Dans différents autres cantonnements sont classés par âge et par sexe des chevaux et des bêtes à cornes. Je rencontrai dans de petites mares, le long de la grande route, une espèce de *ranunculus* que je ne connaissais pas. Elle a les racines fibreuses, les tiges fistuleuses, couchées, rameuses, garnies de feuilles ovales, aiguës, les rameaux terminés par de petites fleurs d'un jaune doré luisant. La forêt finit au 59e mille, et la plaine cultivée recommence, mais coupée de plusieurs canaux qu'on traverse sur des ponts de pierre très-bombés.

On monte et on descend alternativement; on quitte et on retrouve tour à tour les rives de l'Arno, qui coule dans une vallée tantôt assez ouverte, tantôt resserrée entre deux chaînes de montagnes. Cette traversée offre aux peintres de paysages des signes et des aspects dignes de leurs études et de leurs travaux, depuis le genre gracieux jusqu'aux sujets les plus sauvages. Le botaniste et le minéralogiste y peuvent exercer amplement leurs connaissances et recueillir d'intéressants échantillons d'histoire naturelle.

Sur une de ces montagnes on exploite depuis longtemps une carrière curieuse. La pierre qu'on en tire est de couleur bleu d'ardoise avec de petits points brillants qui sont du mica. Elle se casse par écailles larges, plates et un peu convexes. On la taille sur place. C'est un spectacle singulier que de voir une soixantaine d'ouvriers suspendus, pour ainsi dire, sur un rocher à plus de cent pieds au-dessus de la route. Cette carrière n'a point de galerie souterraine. Fouillée à ciel découvert, elle fournit des marches d'escaliers, des appuis de croisées, des chambranles de portes et de fenêtres, des carreaux, des bornes, des auges pour contenir de l'eau, et différents ustensiles de bâtisse et d'économie domestique. Lorsque ces objets ont été travaillés, on les laisse glisser sur la pente de la montagne; ils tombent au bord du chemin, d'où on les transporte par terre ou par des bateaux disposés sur l'Arno. Florence fait un grand usage de cette pierre pour ses constructions. Il en est de même des autres villes riveraines de ce fleuve. Les ouvriers ont rendu très-pittoresques les environs de la carrière par les petites baraques de copeaux de pierre qu'ils ont construites pour se mettre à l'abri du soleil et de la pluie.

Ajoutons que dans toute cette distance les chemins sont bien faits, bien entretenus, et qu'on n'y a point épargné les recherches de précautions afin de préserver d'accidents les voyageurs qui parcourent la route. On est étonné de la quantité de villes, de bourgs, de villages, de hameaux et d'habitations qu'on y rencontre. Rien ne donne mieux l'idée d'un gouvernement qui s'occupe du bonheur de ses sujets. L'agriculture est portée à un très-haut point de perfection. Tous les terrains susceptibles de production sont employés d'une manière utile. Cependant le peuple ne paraît point à l'aise; il est mal vêtu; on est assailli par les mendiants. A quoi faut-il l'attribuer? Est-ce à l'excès de population ou au défaut de commerce?

On se rapproche de plus en plus des montagnes de l'Apennin, dont la masse pyramidale, surtout quand elle commence à se couvrir de neige, présente une perspective singulière et imposante. La terre, plus maigre et plus sablonneuse, s'améliore après qu'on a passé un bois de vieux chênes entremêlés de hautes bruyères. Elle est alors coupée de sillons profonds, de fossés, de rigoles et de canaux d'épuisement pour la décharge des eaux surabondantes. Neuf ponts de pierre sont dispersés sur ces canaux dans l'étendue de la plaine. Quel parti l'industrie des Hollandais tirerait de telles eaux vives pour les transports, pour les usines et pour la fertilisation du sol!

J'ai fait aussi le voyage de Livourne en m'y rendant de Massa par la route de Viareggio. Cette route descend du côté de la mer et traverse un pays extrêmement plat, aquatique, et qui s'étend de la base de l'Apennin jusqu'au rivage. La plaine est coupée de fossés, de torrents, de petites rivières et de canaux. Les pierres, les sables et les sédiments terreux qu'ils charrient perpétuellement exhaussent le sol, qui n'est qu'un atterrissement fait aux dépens des montagnes, dont la mer baignait anciennement le pied.

Ici on trouve un changement total de culture.

Au lieu d'oliviers et de châtaigniers, ce ne sont plus que des champs de céréales, des vignes suspendues à de grands peupliers noirs sur lesquels s'entrelacent leurs rameaux sarmenteux. Le chemin, large, uni, ferré, est bordé d'arbres et accompagné de fossés pleins d'eau. Au bout de cette belle route et sur le côté, on aperçoit une forteresse d'une structure singulière, et au milieu une tour carrée servant d'observatoire pour découvrir en mer les vaisseaux qui passent dans ces parages. Elle appartient à l'État de Lucques, dont elle sépare le territoire de celui de Toscane.

On se croirait dans la Nord-Hollande à voir ce sol humide rempli de lagunes d'eau vive ou stagnante, couvert de joncs, de roseaux, de *tamarix*, de *salix pentandra*, de *phyllirea media*, d'*erica scoparia*. Le houx, le *cistus salvifolius*, le *juniperus vulgaris*, le *quercus ilex* viennent aussi sur les plages sablonneuses, véritables landes incultes, où le pin croîtrait à merveille.

Viareggio est un amas de petites maisons éparses accompagnées de cabanes qui n'ont ni cheminées, ni fenêtres, ni murs. Il n'y a d'ouverture que par la porte, qui laisse passage à la lumière et à la fumée. Le feu s'établit au milieu. Ce sont des huttes en charpente grossièrement assemblée, avec un toit de chaume fort épais. Elles ont environ quinze pieds de long, dix de large et vingt d'élévation ; leurs angles latéraux sont arrondis. Placées à côté des maisons, ces cabanes servent d'écuries, de remises, de magasins pour les outils et les instruments aratoires. Les habitations des gens de la campagne ne sont pas construites avec plus de façon. Il y a cependant à Viareggio une grande rue bordée de maisons à un étage, simples et assez belles. Le château est un bâtiment carré qui a l'air d'une prison. L'on remarquait, attachées à ses murailles, deux cages de fer qui renfermaient les ossements des têtes de deux sénateurs de Lucques mis à mort pour avoir voulu s'emparer de l'autorité souveraine. Quoique cet événement remonte à plus d'un siècle, on voyait encore des portions du crâne.

Non loin de ce château se trouve le port de Lucques. Ce n'est qu'un canal qui communique à la mer et qui reçoit des barques de pêcheurs et quelques petits bâtiments.

Longtemps avant d'arriver à Livourne, on aperçoit cette ville parce qu'il faut circuler autour de ses remparts et que la tour de marbre, qui est fort élevée, se découvre de très-loin. On entre par un long faubourg composé d'une rue sale, bordée de petites maisons à un étage qu'occupent des ouvriers, des artisans et des agriculteurs. Il est en dehors des fortifications, qui consistent en un mur de circonvallation défendu d'un côté par des fossés extérieurs et de l'autre par la mer. Le port est fermé par un môle qui sert de base à un fort garni de batteries de canons; en avant du môle, une ceinture d'immenses blocs de pierre garantit la maçonnerie contre l'impétuosité des flots. A côté de ce port, d'une vaste étendue, il en est un plus petit et intérieur, destiné à recevoir les navires en réparation.

A la distance d'environ trois milles en mer, s'élève sur un rocher le fanal, haute tour au sommet de laquelle une lanterne éclaire pendant la nuit les navigateurs et les aide à éviter les écueils dont la côte est remplie. De là on voit l'île de la Gorgone, autre rocher irrégulier qui n'est que la cime d'une montagne engloutie sous les eaux et où résident quelques pêcheurs; plus loin l'île de Capraia, l'île d'Elbe et les montagnes de la Corse. Du côté de la terre les regards s'arrêtent sur le monte Nero, l'un des derniers appendices de la chaîne des Apennins. Sa pente, qui descend doucement à Livourne, est couverte de maisons de plaisance, d'habitations et de cultures.

Plus près de la ville, un groupe de maisons assez étendu et formé de murs compose le lazaret, où font quarantaine les personnes et les marchandises venant de l'Afrique, du Levant et de tous les pays que l'on peut soupçonner d'être infectés par la peste.

La tour de marbre, à peu de distance de la terre du côté du nord, s'assied sur le sommet d'un rocher à fleur d'eau. Elle est ronde et sert d'observatoire pour signaler les vaisseaux qui arrivent de la haute mer.

La situation de cette ville, resserrée par la localité, y rend les logements extrêmement chers et fort rétrécis. On y chercherait en vain des appartements vastes comme dans les autres villes d'Italie. La vie qu'on y mène est fort active; le commerce en fait l'élément : c'est l'unique affaire, l'occupation exclusive de la population. Point d'autres arts que ceux qui ont pour base le commerce; point de manufactures. Les sciences y sont entièrement négligées. L'amusement des sociétés consiste dans un spectacle qui n'est ouvert que pendant un certain temps de l'année et dans des conversations où l'on parle de nouvelles commerciales et politiques, où l'on joue et l'on parie beaucoup.

Presque tous les négociants un peu aisés ont, aux environs de la ville, des maisons de campagne où ils vont coucher le samedi pour en revenir le lundi matin. Ceux qui sont privés de cette ressource passent les dimanches et les fêtes à Pise, où ils trouvent bonne compagnie.

On compte soixante-dix mille âmes dans la ville de Livourne.

En général le sang y est très-beau. J'ai remarqué même que les grâces y sont moins rares que dans toutes les autres villes de l'Italie. Les femmes ont le teint très-blanc et agréablement coloré. Ce qui rend surtout la population curieuse à considérer, c'est la différence des costumes, le grand nombre d'étrangers, parmi lesquels sont mêlés des Levantins, des Barbaresques et des Arméniens.

C'est une des villes de cette péninsule où l'on voit le plus de mouvement le jour et la nuit. Les cafés restent ouverts jusqu'à onze heures du soir.

On se promène assez tard dans les rues principales, et il y passe fréquemment des musiciens qui jouent agréablement de divers instruments à cordes. Pour peu qu'on aime la dissipation et le bruit, on a de quoi se satisfaire.

Toutes les rues de Livourne, pavées en dalles de pierres comme celles de Florence, sont propres, bien bâties et commodes au marcher. La nombreuse population qui les habite est très-laborieuse. Les denrées abondent : pain, viande, poissons frais et salés, herbages, racines, mais tout est fort cher. On sert les pois dans leur gousse, au dessert, comme des fruits, avec les cerises et les fraises; mais ces pois, très-bons cuits, ne valent rien crus, au moins à mon goût. On vend au marché des homards de plus d'un pied de long et gros comme le bas de la jambe, des espèces d'anguilles très-grosses et des rougets excellents.

Les bigareaux, quoique de la même forme que les nôtres, sont ici d'une grosseur beaucoup plus considérable. En parfaite maturité, leur couleur est d'un rouge obscur tirant sur le noir. Ils ont la chair ferme, la peau épaisse et un peu coriace, le suc sanguinolent et sucré, le noyau dur et adhérent à une amande agréable au goût. Cette espèce ou variété mériterait d'être transportée en France dans une saison convenable.

Il Campo-Santo, ou le cimetière des habitants de Livourne, est un terrain carré d'environ un arpent d'étendue, clos de murs, le long desquels règnent des galeries couvertes de quatre toises de large, dont le comble est supporté par des colonnes de pierre du côté de l'intérieur. Le sol de ces galeries est exhaussé de trois pieds au-dessus du niveau du terrain et pavé en dalles sous lesquelles sont des caveaux. De distance en distance on rencontre des chapelles dont l'épaisseur, formant rotonde, se trouve à l'extérieur de l'enceinte. Le grand carré intérieur est un tapis vert où l'on enterre les pauvres gens. Les riches font déposer leurs restes dans les caveaux qu'ils retiennent dès leur vivant et devant lesquels des tables de marbre portent les armes et les épitaphes, soit en vers, soit en prose, des personnes qui ont là leur dernière demeure. Une longue allée de cyprès conduit à ce monument funéraire et lui donne le caractère qu'il doit avoir.

Pour les étrangers qui voyagent en Italie, le spectacle est à peu près le seul amusement de la soirée. J'allai au théâtre de Livourne. La salle, grande, propre et assez bien construite, contient quatre rangs de loges. Comme elles ne sont éclairées que par les personnes qui en sont propriétaires, il en résulte que la lumière se trouve inégalement distribuée et que plusieurs points de la salle restent dans les ténèbres, tandis que d'autres jettent beaucoup d'éclat. On donnait un opéra seria, *Zénobie*. L'actrice qui remplissait le principal rôle, Mlle Bernotti, unissait à beaucoup de grâces une voix superbe et une excellente méthode de chant. La pièce fut suivie d'un ballet-pantomime qui pa-

CHAPITRE XXIX.

raissait une imitation de notre *Partie de Chasse de Henri IV;* M{}^{lle} Sperati, première danseuse, s'y faisait distinguer par son talent et par sa figure. Ici, comme dans tous les théâtres d'Italie, on voyait un quadrille de danseurs et de danseuses grotesques. Ce genre de sauts et de tours de force peut étonner, mais il n'est nullement agréable. Il plaît cependant beaucoup aux Italiens.

J'entrai dans un magasin, le plus beau peut-être et le mieux assorti que j'eusse rencontré dans les divers pays que j'avais parcourus, et même à Paris. Depuis les épingles jusqu'aux statues, tout y était rangé par ordre de matières : quincaillerie, bijouterie, porcelaine, verrerie, toilerie, soierie, marbres, statues, meubles, équipages, ustensiles ; tout cela, du meilleur choix, de la plus belle exécution, à tous les prix, était renfermé dans des armoires vitrées le long d'une vaste galerie aboutissant à des cabinets particuliers. Il y avait des bureaux et des commis pour chaque nature de marchandises. Il me semblait voir un Muséum des arts mécaniques, une véritable exposition des produits de l'industrie, parmi lesquels je remarquais avec un certain orgueil que ceux de la France tenaient le premier rang.

Ce magasin est situé dans une rue large où, vers le milieu du jour, les négociants et les spéculateurs se rassemblent pour leurs transactions commerciales. Tout près de là se trouve la grande place, carré long, bordé de belles maisons avec des arcades sous lesquelles on se promène. A l'une des extrémités s'élève une magnifique église dont le portail est décoré de colonnes.

Si le climat d'Italie est séduisant par la douceur de ses hivers, en revanche ses étés sont bien incommodes à cause des chaleurs excessives et des insectes qui vous tourmentent le soir et pendant la nuit : les cousins surtout vous dévorent impitoyablement. Leur piqûre allume le sang et altère même la santé. Souvent elle couvre la figure et le corps de pustules qui feraient croire à la présence réelle de la petite vérole.

L'effet que la chaleur produit sur les Italiens est très-remarquable : on croirait que, habitués à la température de leur pays, ils devraient la supporter plus facilement que ne font les étrangers, surtout ceux qui viennent des contrées septentrionales. Ils paraissent, au contraire, en souffrir davantage, ils s'en plaignent beaucoup plus et prennent plus de précautions pour s'en préserver : ils portent des vêtements plus légers; ils ne sortent jamais vers le milieu du jour, depuis onze heures du matin jusqu'à six heures après midi; dans de vastes appartements, bien fermés au soleil, ils ont grand soin d'établir des courants d'air et font un usage habituel de liqueurs fraîches et de glace. Ils ont continuellement l'éventail à la main et s'en servent dans le repos comme dans la marche. Je suis quelquefois tenté de penser qu'une vie trop molle et trop efféminée produit sur leurs organes cet étrange af-

CHAPITRE XXIX.

faiblissement. J'ai cependant éprouvé moi-même que la chaleur relâchait mes fibres au point de nuire aux opérations de l'esprit : avec cette différence qu'un degré pareil de température n'est pas également sensible dans tous les cantons. A Rome, par exemple, j'étais incommodé lorsque le thermomètre s'élevait à vingt-cinq degrés; à Livourne, ma santé n'en était point altérée; il est vrai qu'à Rome on me disait : « Prenez de la limonade, des glaces, du café; » à Livourne, j'ai fait usage de vin dans tous mes repas; je le buvais sans eau, mais frais; ce régime me convenait à merveille.

Me trouvant un jour à table à côté d'un Corse, homme d'esprit, je m'entretins avec lui pendant une partie du dîner. « Est-il vrai, lui demandai-je, que les Corses soient aussi vindicatifs qu'on le dit? — Oui, me répondit-il, et ils le sont encore plus qu'ils n'ont la réputation de l'être. Mais c'est la faute du gouvernement s'ils ont ce défaut atroce. Les Génois, qui ont possédé notre île, ne la considéraient que comme un objet de commerce, ou, pour mieux dire, comme un domaine productif. Ils l'avaient affermée à une compagnie qui la faisait valoir à son profit moyennant une rétribution annuelle. On sent très-bien que cette compagnie n'avait pour objet que de tirer beaucoup d'argent de sa ferme en y dépensant le moins possible. Elle avait donc mis beaucoup d'ordre dans la perception des impôts, mais elle négligeait tout ce qui tient à l'organisation sociale. Point de tribunaux qui connussent des délits et qui infligeassent des punitions ; encore moins d'instruction publique, de sciences, d'arts, d'agriculture : le commerce était tout au désavantage des Corses, puisqu'ils ne pouvaient vendre qu'à la compagnie, et qu'il ne leur était permis d'acheter que d'elle les productions étrangères au pays.

« Il est résulté de ce système que les Corses, vifs, passionnés et turbulents, comme le sont presque tous les insulaires, ne trouvant pas de protecteurs dans les tribunaux, ont pris l'habitude de se faire justice eux-mêmes. Privées de l'appui du gouvernement, les familles se rapprochèrent et s'unirent pour la défense commune et personnelle. Une de ces familles avait-elle à se plaindre d'une injustice, d'une injure, d'une voie de fait, ses membres s'assemblaient aussitôt pour en tirer vengeance. Cette vengeance était soumise à des formes. On prévenait la famille insultante des griefs qu'avait contre elle la famille insultée ; on en demandait réparation : faute de l'obtenir, on déclarait une guerre à outrance. On se cantonnait dans son village, dans ses habitations ; on épiait le moment favorable pour tomber sur la famille ennemie et la détruire par tous les moyens. Si la force ne pouvait être employée avec sûreté, on y substituait la ruse et même la perfidie. Des vengeances enfantées par ce régime naquit la paresse, mère de tous les vices et cause de tous les malheurs.

« Pour extirper un désordre si antisocial, il n'est

qu'un remède, et il est infaillible : c'est que le gouvernement se charge de faire une prompte justice de tous les crimes publics et privés; qu'il établisse des tribunaux devant lesquels tous les plaignants soient admis sans acception de personne, où ils soient sûrs d'être entendus et d'obtenir la réparation qu'ils ont droit d'exiger. Alors, n'ayant plus de motifs pour courir les risques de se faire justice soi-même, les familles particulières se fondront dans la grande famille; dès ce moment, les Corses quitteront les armes pour se livrer sans réserve à leurs affaires ou à leurs plaisirs, à l'agriculture, au commerce, aux sciences et aux arts; alors aussi l'on verra la société s'épurer, s'organiser et se perfectionner. »

L'expérience vient à l'appui de ce raisonnement. Remontons à des époques reculées : n'a-t-on pas fait cesser en France toutes ces dissensions particulières de famille à famille, de village à village, de ville à ville, de province à province, lorsqu'une puissance a été assez prévoyante et s'est senti assez de volonté, assez de force pour établir des cours de justice et faire respecter leurs décisions?

Un usage bizarre parmi les marins, les artisans et les ouvriers, est de se faire tatouer les bras au-dessus du poignet, à la manière des Sauvages. Il y a une sorte d'artistes qui ne font pas d'autre métier. Ils commencent par dessiner grossièrement sur l'avant-bras la figure qu'ils veulent représenter. Ensuite, avec la pointe d'une aiguille ou un poinçon bien aigu, ils piquent la peau à une certaine profondeur et en font venir le sang; puis ils couvrent ces petites plaies de poudre à canon, à laquelle ils mettent le feu. De cette opération, toujours douloureuse, il résulte, dans l'épaisseur de la peau, des marques qui demeurent ineffaçables. Les dessins les plus ordinaires sont des croix, des cœurs enflammés et percés de flèches, les lettres initiales des noms patronymiques ou les nombres qui marquent l'année.

Les marins de Livourne sont des gens paisibles, fort ignorants et très-superstitieux. Ils ont des formes vigoureuses et même assez belles, mais leur extérieur annonce la pauvreté, souvent la misère. Quelle différence entre les matelots italiens et les matelots hollandais; ils ne se ressemblent ni au physique ni au moral.

Il en est de même pour le matériel de la ville. En Hollande les rues, comme les maisons, excitent l'admiration par leur extrême propreté. A Livourne, au contraire, on jetait tout par les fenêtres, débris, immondices, etc. Les rues n'étaient point éclairées la nuit, et les ordures qu'on y déposait devenaient fort incommodes pour les piétons. Rien n'accuse davantage le défaut de bonne police.

La manière dont on fait la moisson dans cette contrée m'a paru assez remarquable. Des bandes de moissonneurs, une courte faucille à la main, entrent dans le champ, coupent les épis ainsi qu'une partie du chaume d'environ dix pouces de longueur; ils les lient par paquets et les déposent dans les sillons, où d'autres ouvriers les prennent et les chargent sur des voitures qui les transportent chez le cultivateur. Quelque temps après, et à la commodité de ce dernier, les moissonneurs retournent avec des faux pour couper le reste du chaume et l'abattent le plus près de terre qu'il est possible. On le ramasse par petites meules que des chariots, traînés en ce pays par des bœufs, portent dans les cours des fermiers. Là on l'élève en meules plus grosses, rondes à la circonférence et coniques à l'extrémité. Ces meules sont formées autour d'une forte perche de quinze à vingt pieds de haut, tant pour les établir régulièrement que pour leur donner du soutien et de la solidité. Toutes les plantes adventices des guérets se trouvent mêlées avec la paille et ajoutent encore à la bonne qualité de ce fourrage, qui sert à la nourriture des bestiaux pendant l'hiver.

Les épis ne sont pas longtemps conservés en nature. On les bat assez promptement après la récolte. C'est le plus ordinairement sur une aire préparée devant la porte de la métairie que se fait cette opération. Huit ou dix batteurs, armés d'un fléau semblable au nôtre, font sortir le grain de l'épi. Ensuite des hommes, avec de larges pelles faites en cuillers, jettent le grain contre le vent à une assez grande distance. Le bon grain va le plus loin former un tas conique; le grain avarié, les semences étrangères, la paille et les balles restent en chemin. On vanne ce bon grain, on le crible et on l'enferme dans des sacs. Les balles sont mises à part pour différents usages. La paille, triturée, hachée, nourrit les bestiaux, et l'on donne les graines adventices aux volailles de basse-cour.

Il me parait résulter plusieurs inconvénients de cette manière de récolter le blé. Le plus grave, à mon avis, est de doubler presque l'opération du sciage; il y a, en second lieu, perte dans les produits. Beaucoup d'épis cassés tombent dans le chaume resté sur le champ et ne sont point aperçus des moissonneurs. Les glaneurs, qui viennent ensuite pour ramasser les épis oubliés, triturent le chaume et lui font perdre de sa valeur. Enfin, dans le transport à la métairie, les chaumes et les épis ayant peu de longueur tombent des voitures et s'éparpillent sur le chemin.

Si les Italiens trompent quelquefois, ils n'aiment pas à être trompés. A Paris, on achète le lait sur parole; à Livourne on le voit sortir du pis de la vache. Les marchands amènent les vaches avec les veaux pour qu'on puisse par l'âge des uns connaître la qualité de l'autre. Ils s'établissent au coin d'une rue, et là, toutes les personnes qui ont besoin de lait viennent s'en pourvoir dans le vaisseau qu'elles apportent. Le prix fait, les laitiers traient les vaches devant l'acheteur; ils sont si adroits, et les animaux si dociles, qu'ils ne laissent pas tomber une goutte de lait par terre, quoique les vases soient ordinairement des bouteilles et même des fioles à goulot très-étroit.

Sorti de la ville par la porte qui conduit au lazaret, je me promenais sur les bords de la mer, qui, dans cet endroit, est très-plat et couvert d'une espèce de fucus détaché du fond des eaux et amené au rivage par les vagues. Il forme une couche très-épaisse qui, mêlée avec le sable, augmente l'étendue de la plage d'une manière sensible. J'y remarquai, entre autres plantes :

1° Un très-joli trèfle à calice très-velu et rouge intérieurement. Je le crois le *stellatum* qui nous manquait au jardin du roi depuis plusieurs années. J'en pris un échantillon pour l'herbier et des graines pour semence.

2° Le *salicornia fruticosa*, arbuste qui forme un buisson touffu d'environ deux pieds de haut. Il croît au bord des fossés remplis d'eau saumâtre, sur des pierres poreuses et couvertes d'un limon salin.

3° L'*inula chritinoïdes*, qui vient aussi dans la même situation, en touffes arrondies plus volumineuses que le *salicornia*.

4° L'*atriplex portulacoïdes*, également dans la même position ; il a le port moins touffu, la verdure moins argentine que les individus cultivés dans nos jardins de Paris ; ses feuilles sont plus longues et de figure ovale.

5° Une *ombellifère* qui croît sur la crête des fossés, espèce de *séseli* différente de celles que je connaissais.

6° Une *avoine sauvage à panicules grêles*. Elle se trouve au bord des fossés et des glacis qui entourent les fortifications du lazaret.

7° L'*avena lœflingiana*, L., jolie plante annuelle qui vient dans les blés.

8° L'*anthemis valentina*, L., à belles fleurs couleur d'or; elle croît aussi dans les champs cultivés en céréales.

Je ne parle pas de beaucoup d'autres plantes qui se rencontrent communément dans toute l'Europe; mais on peut dire que ce canton renferme un plus grand nombre d'espèces différentes que n'en contiendrait une pareille surface chez nous.

Du reste ces bords sont malsains à cause des eaux qui demeurent stagnantes, des plantes aquatiques qui les salissent et des varechs en putréfaction sur le rivage. Il s'en exhale une odeur marécageuse fort désagréable.

Dans une de mes promenades sur mer je me fis conduire au fanal. On monte à la tour par un étroit escalier qui aboutit à une première galerie d'où l'on aperçoit toute la ville, ses fortifications, ses faubourgs, Montenero, la plaine de Pise, cette ville même et ses bains au pied des montagnes; le port de Livourne et les vaisseaux qu'il renferme sont sous les yeux, et, en regardant perpendiculairement, on découvre jusqu'au fond de la mer : il est rempli de végétaux et offre une grande variété de profondeur, à cause des rochers dont plusieurs s'élèvent au-dessus des eaux.

Au niveau de cette première galerie se trouve une chambre occupée par le gardien du fanal. Sa femme allaitait un nouveau-né; c'était une fort belle nourrice, et l'enfant avait une charmante physionomie.

Arrivé à la tour supérieure, j'entrai dans la lanterne, espèce de chambre ronde vitrée tout autour et d'environ douze pieds de hauteur. Au milieu est un candelabre tournant auquel sont adaptées une vingtaine de lampes disposées dans toute la circonférence de la galerie qui entoure cette lanterne. A l'extérieur la vue est très-étendue. On distingue la tour bâtie par Élizabeth, reine d'Angleterre, sur un rocher, environ à quatre milles du port; plus loin, en descendant du côté du midi, la Gorgone, l'île d'Elbe, celle de Capraïa, la Corse et la vaste mer; du côté opposé, les montagnes de Lucques, de Carrare et de la Spezzia.

J'eus du plaisir à voir dans de jolis jardins particuliers cultiver en pleine terre des orangers, des citronniers, des lauriers-roses, des *mimosa farnesiana*; à trouver dans des vases l'*agave americana,* le *geranium inquinans kermesinum,* le *cactus peruvianus* et l'*opuntia.*

Du côté de Montenero, sur le bord de la mer, les environs de Livourne sont fort agréables. La campagne est couverte d'une grande quantité de maisons qui forment des rues neuves, avec de jolis jardins d'utilité. Ce sont des espèces de vergers légumiers qui, situés en terrain fertile, sont très-productifs; mais la culture en est grossière et le nombre des végétaux peu considérable. Il y aurait un avantage réel à les multiplier, en y donnant des soins, ainsi qu'aux arbres à fruit, parce que les consommateurs abondent et que l'argent est commun dans une ville si commerçante.

C'est un très-beau spectacle que celui d'un vaisseau portant toutes ses voiles : j'en jouis en voyant entrer dans la rade un bâtiment étranger dont l'arrivée avait été signalée par un coup de canon. Sa bannière indiquait un navire turc; il était un peu plus gros qu'une tartane; comme il avait le vent en poupe et qu'il venait en face de moi, il semblait ne pas marcher, quoiqu'il fît beaucoup de chemin; sa voilure était très-tendue, et on eût dit qu'il n'éprouvait aucune oscillation.

J'eus un coup d'œil non moins curieux de la maison d'un négociant anglais, M. Bayley, à qui j'étais allé rendre visite. Il résidait *Porta-Nuova*, *palazzo Verde*. Le quatrième étage qu'il occupait répond au moins à un sixième des nôtres, parce que les appartements sont ici beaucoup plus élevés que chez nous. Les croisées de cette habitation donnent sur la mer par trois côtés. De l'un, on voit les montagnes de Pise, de Lucques, de Carrare et de Gênes; de l'autre, la plaine mer qui conduit à Marseille et dont la vaste étendue n'est bornée que par l'horizon, et du troisième, on aperçoit la Gorgone, haute montagne au milieu de la mer, l'île d'Elbe, celle de Capraïa et les montagnes les plus élevées de l'île de Corse.

CHAPITRE XXX.

Route de Livourne à Gênes par mer. — Perspective. — Port de la Spezzia. — Vie des marins. — Porto Venere. — Rapallo. — Gênes. — Théâtre. — Bourse. — Port franc. — Palais ducal. — Mise des femmes. — Maison de campagne de M. Durazzo. — Villa Lomellina. Villa Doria. — Église de Saint-Cyr. — Pont et église de Carignan. — Palais et jardin Durazzo. — Retour en France. — Vagues de la Méditerranée comparées avec celles de l'Océan. — Réflexions sur les marins. — Arrivée à Marseille. — Coup d'œil sur les femmes de cette ville.

Je m'embarquai sur l'aviso *le Chien-de-Chasse*, avec deux autres passagers, vers huit heures du soir. Il faisait le plus grand calme. Le capitaine et son lieutenant nous donnaient l'espoir qu'à l'entrée de la nuit un vent de terre, qui a coutume de s'élever dans ces parages, nous ferait sortir du port et nous pousserait au large. Nous l'attendîmes vainement jusqu'à trois heures du matin ; il en était dix que nous n'avions pas fait encore plus de quatre milles. Nous avions pour nous consoler la perspective la plus agréable : le port de Livourne, son fanal, la ville, la chaîne des montagnes qui l'entourent du côté du nord. Mais à la longue la plus belle chose devient ennuyeuse. Enfin un faible vent commença d'enfler les voiles, et sur les deux heures nous nous trouvâmes à la hauteur de l'embouchure de l'Arno, dont les bords sont accompagnés de quelques fabriques et de beaux peupliers. Nous suivîmes cette côte environ à six milles de distance; bientôt après nous passâmes devant l'extrémité de la chaîne des montagnes de Pise. Cette chaîne se continue assez près dans les terres de l'État de Lucques. Nous aperçumes Viareggio, qui en est le port; plus loin les montagnes de Massa et de Carrara, dont les cimes anguleuses, déchirées et dépouillées de végétation, forment sur le ciel une ligne festonnée qui présente des figures d'une grande variété.

La ville de Viareggio, vue de la mer, semble placée au pied des montagnes, quoiqu'elle en soit séparée par une plaine d'environ six milles d'étendue. Nous passâmes successivement devant Massa, Carrara, Lavenza. Jusqu'ici la côte est basse et plate et offre un intervalle de plaines cultivées en bois, en oliviers et en céréales, entre la mer et les montagnes. Celles-ci sont éloignées de la mer tantôt de six, tantôt de quatre, deux et même un milles. Mais après Lavenza, la côte présente un angle presque droit, et les montagnes bordent la mer. Elles sont cultivées jusqu'au quart ou au tiers de leur hauteur. Leurs sommets sont nus pour la plupart et de couleur cendrée, mais leurs pentes se garnissent de villages, de hameaux, de métairies et de maisons de colons. La beauté de la nuit, sa douce fraîcheur, la pureté de l'air, qui laissait voir un ciel parsemé d'une multitude innombrable d'étoiles scintillant des feux les plus vifs, m'engagèrent à rester sur le pont une partie de la seconde nuit. Le sillage du vaisseau produisait des étincelles lumineuses assez abondantes.

Le surlendemain du départ, vers trois heures, le jour commença de poindre du haut des montagnes de Carrara et de Massa. Nous distinguâmes celles qui circonscrivent le port de la Spezzia. Elles forment un grand cercle au milieu duquel se trouve ce port aussi sûr que vaste, dont l'entrée étroite et profonde peut être défendue des deux côtés. Avant d'arriver au golfe de la Spezzia on passe devant Sarzane. Ces montagnes sont de moitié moins élevées que celles de seconde ligne dans l'intérieur du pays. Leurs sommets sont arrondis; leur coupe, du côté de la mer, est rapide, presque perpendiculaire et comme rongée par les flots.

A mesure que le soleil avance sur l'horizon, le vent diminue et la chaleur augmente d'intensité. Parvenus à la hauteur de l'ouverture du port de la Spezzia, vers dix heures, nous eûmes un calme plat. Pas une haleine de vent; la mer unie comme une glace et sans la moindre ondulation. Nos voiles étaient immobiles; la chaleur ne permettant pas de faire mouvoir les rames, nous restâmes en panne. J'eus le temps de m'instruire de la vie que mènent les matelots qui composaient notre équipage.

Ils se relayent par moitié toutes les quatre heures; ils déjeunent vers sept heures du matin avec des oignons, des radis, des raves, et même de la viande lorsqu'ils en ont. A onze heures ils mangent la soupe, où ils mettent les légumes qu'ils peuvent se procurer; ils ont une ration de vin. A huit heures du soir ils soupent. Il y a plusieurs tables : celle des matelots, celle des maîtres, celle du capitaine, des officiers et des passagers. Les mousses en font une quatrième. Chaque division a sa ration particulière et fait sa cuisine elle-même. La nourriture, sans être délicate, est bonne, saine et appropriée à des hommes d'un tempérament robuste et dont le travail est fatigant.

Tandis qu'une moitié de l'équipage fait sur le pont son service de quatre heures, l'autre moitié dort dans ses hamacs ou sur le plancher. Tous les quarts d'heure, le timonier sonne une cloche qui indique l'heure et le quart d'heure de la journée et de la nuit. Il a devant lui une boussole et un sablier qui le dirigent dans la conduite du navire et dans la distribution du temps.

La mer resta calme jusqu'à trois heures et demie. Alors il s'éleva du large une très-légère brise qui venait dans le sens à peu près opposé à celui que nous suivions; et, pour surcroît de contrariété, nous sentîmes qu'un courant nous faisait dériver de notre route. On mit le canot dehors avec dix rameurs, et à force de travail et de patience nous regagnâmes le chemin perdu. Mais le vent ayant cessé tout à fait à l'entrée de la nuit, et le courant paraissant augmenter, nous nous en allions avec rapidité du côté de Livourne. Pour éviter cet inconvénient on jeta l'ancre, à cinq milles du rivage, sur un fond de limon et de sable, qui avait de six à huit brasses de profondeur. Trois bâtiments qui nous précédaient en avaient fait autant, à une portée de canon de distance. La lune éclairait la mer et lui donnait une jolie couleur argentine. Nous nous trouvions en face de l'ouverture du golfe ou port de la Spezzia, devant laquelle est l'île de Palmaria. On passe entre cette île et la terre ferme lorsqu'on vient de Gênes. En venant de l'autre côté, on entre par la grande ouverture. Ce ne fut que vers minuit qu'un petit vent de terre, agitant légèrement nos voiles, nous permit de relever l'ancre et de cheminer.

C'est après avoir dépassé l'île de Palmaria qu'on double la pointe du cap derrière lequel sont le port et la ville de Porto-Venere. Ce port forme trois bassins dont les eaux sont profondes et extrêmement tranquilles ; il est entouré de montagnes de moyenne hauteur. Leurs pentes rapides sont coupées en terrasses à pierres sèches, couvertes de plantations, d'oliviers et de pins. Située à l'entrée et à gauche du port, assise sur une petite montagne de marbre noir et blanc veiné qui semble feuilleté comme l'ardoise, en lits plus ou moins épais, brisés et dans une grande confusion, la ville est fort petite ; ses maisons, de peu d'apparence, bordent le rivage. Une rue principale la traverse, étroite, tortueuse et inégale dans son plan. Plusieurs autres, taillées en escaliers, aboutissent au sommet de la montagne couronné d'anciennes fortifications qui ressemblent à un château. Un peu plus bas est une église dont le clocher carré se termine par un petit dôme. A l'extrémité de la ville, et sur un roc également taillé à pic, se voit une autre église autour de laquelle on tourne sur un balcon d'où l'on découvre une vaste étendue de mer. Le peuple a l'air aussi misérable que la ville. Ce sont des pêcheurs et des ouvriers, mal vêtus, mal logés, dont les figures n'ont rien d'agréable. Les femmes ne sont pas plus attrayantes ; elles sont plus petites que grandes ; elles portent des souliers, mais elles ont les jambes nues.

A partir de Porto-Venere, la côte est escarpée et formée de montagnes que surmonte une autre chaîne plus élevée et qui présente un amphithéâtre dont la crête dessine sur l'horizon une ligne ondoyante, festonnée, dentée, déchirée en plusieurs endroits, quelquefois nue, d'autres fois boisée. Malgré l'âpreté de ce sol, qui semble ne pas offrir un pouce de terrain uni et qui est mamelonné de monticules, il est cependant couvert d'habitations. Ici, dans de petits vallons au bord de la mer, des villages, des bourgs, de petites villes ; là, des hameaux, des fermes, des métairies, des maisons isolées ; tous les endroits susceptibles de culture occupés par des plantations d'oliviers, de vignes ou des champs ensemencés. Cette côte fort singulière n'est pas sans agrément.

Plus loin, à la hauteur de la petite ville de Rapallo, les montagnes ont une autre configuration. Leurs sommets, comme enfoncés par des affaissements successifs, forment des clochers renversés ou des entonnoirs semblables aux cratères de volcans. Ces entonnoirs, assez irréguliers, offrent des inégalités aux bords supérieurs et des angles saillants dans l'étendue de leur profondeur. Ils ne sont pas tous perpendiculaires à l'horizon; plusieurs font face à la mer.

Nous éprouvions une chaleur excessive, causée tant par la saison que par la position de notre bâtiment, obligé de longer une chaîne de montagnes très-élevées qui se dirige de l'ouest à l'est. Le soleil ne cesse de la frapper depuis son lever jusqu'à son coucher, et le courant d'air qui se réfléchit sur la mer à une certaine distance du rivage arrive tout imprégné des ardeurs qu'il a reçues de ces masses ainsi échauffées.

Ce ne fut qu'après avoir passé devant le monastère de Saint-Georges, pèlerinage fameux dans le pays et situé assez près de la pointe du cap de Gênes, qu'enfin nous entrâmes dans ce port.

On nous désigna la place où nous devions nous ranger, parce que les vaisseaux de guerre, contenant une plus grande quantité de poudre à canon que les autres navires, n'entrent point dans le port marchand. Pour éviter toute espèce de danger, on les fait rester dans le grand port, du côté du faubourg Saint-Pierre d'Aréna.

Vue de ce point, Gênes présente une masse très-étendue et très-imposante par la multitude de ses fabriques, par leur hauteur et leur disposition. La ville est située sur la droite, le faubourg Saint-Pierre d'Aréna sur la gauche; en face sont des jardins, des bastides et des plants d'oliviers. Le bassin est environné de montagnes, dont les pentes, quoique fort rapides, sont cultivées. Du côté de la mer, le port et la ville sont défendus par des fortifications hérissées de batteries de canon. La crête des montagnes sur lesquelles Gênes est assise n'est pas moins garnie de murs, de bastions et de bouches à feu. Les navires marchands qui remplissent le petit port y sont rangés avec plus d'ordre qu'à Livourne et plus d'économie pour l'emplacement.

Le soir même de mon arrivée à Gênes, j'allai au spectacle dans la loge de M. Faipoult, ministre de France. La salle est petite, presque ronde, formée de six rangs de loges, et assez bien décorée. On représentait les cinq derniers actes d'un drame qui en a quinze; les dix autres avaient été joués les deux jours précédents. C'est l'histoire complète d'une jeune fille vertueuse qui, étant au service d'un riche négociant, passionnément amoureux d'elle, n'a voulu céder ni à ses présents, ni à ses menaces, ni à ses persécutions. La pièce finit par la punition du traître et par l'union de la jeune fille avec son amant.

En face d'une rue qui communique au port, est la Bourse, vaste bâtiment formant une seule pièce au rez-de-chaussée, où se trouvent des boutiques de marchands de quincaillerie et de livres. Elle reste ouverte jour et nuit, et l'on s'y rassemble pour causer d'affaires, pour recueillir des nouvelles ou pour se promener.

Le port franc, assez peu étendu, est environné de vastes magasins, tellement remplis de marchandises de toute espèce qu'on est obligé d'en déposer dans les cours. L'affluence des ouvriers, des vendeurs, des acheteurs et des passants est si grande qu'il faut attendre son tour pour sortir de l'enceinte.

A peu de distance de là, on trouve l'église de Saint-Laurent, édifice très-ancien et d'une architecture gothique peu agréable. L'intérieur offre un assez beau vaisseau de moyenne grandeur. Il est orné de dorures, de statues, de bas-reliefs et de tableaux ; le tout m'a paru d'un goût médiocre. Je demandai à voir le fameux vase d'émeraude, présent, dit-on, de la reine de Saba au roi Salomon, et qui passe pour avoir depuis servi au Christ. Mais pour le montrer il fallait être autorisé par un décret du sénat. En général, les dorures, les colonnes de marbre, les sculptures et les tableaux sont très-communs dans les églises de Gênes.

Le palais ducal est un grand bâtiment carré avec une cour de même forme au milieu. La portion qui se trouve en face du portail, construite ou revêtue de marbre blanc, offre une façade d'une belle architecture et ornée de statues et de bas-reliefs. On monte par un grand escalier au haut duquel différentes galeries communiquent avec les pièces où se tiennent les administrations. De l'une d'elles j'aperçus une partie de la campagne entre la ville et le faubourg d'Aréna : c'est une montagne cultivé en oliviers, garnie de bastides et de jolies maisons de plaisance.

Les rues de Gênes sont généralement étroites, mais remplies d'une multitude de monde qui va et vient avec une extrême activité. La manière dont on est vêtu annonce l'aisance. Les femmes, qui sont d'une propreté recherchée, s'habillent d'ordinaire de blanc, et le *mezzaro*, espèce de mantelet qu'elles portent sur la tête, les pare d'une façon gracieuse et pittoresque. Elles se font remarquer par la blancheur de leur teint, par des traits réguliers et de fort beaux yeux. Plusieurs sont d'un blond tirant un peu sur le roux.

On me conduisit à la maison de campagne de M. Jacques-Philippe Durazzo. C'est un petit château à trois milles environ de la ville, au pied des montagnes et à une portée de canon de la mer. Il est accompagné d'un grand jardin à la française, planté à la façon de Le Nôtre. Ce qu'il renferme de plus curieux est un cabinet d'histoire naturelle dont tous les objets, d'un bon choix et d'une belle conservation, sont classés suivant le système de Linné pour le règne animal, et d'après la nouvelle nomenclature française pour les minéraux. C'est une jolie collection pour un particulier. Le jardin offre des palissades de charmilles, de grenadiers, de myrtes et de lauriers francs, tenues avec autant de propreté que d'élégance. On y voit aussi des berceaux d'orangers et de citronniers.

Le chemin qui aboutit à cette maison de campagne borde la mer et longe de hautes montagnes dont les pentes, cultivées jusqu'au sommet, se couvrent de plantations d'oliviers, de citronniers, d'orangers et de vignes. Il circule d'abord autour du grand port, traverse des villages, des hameaux, des habitations de plaisance et le lit de plusieurs torrents sur lesquels s'élèvent des ponts qui ne sont accessibles qu'aux gens de pied et aux mulets.

En revenant, je passai sur la place de l'Aqua-Verde, où beaucoup d'habitants respiraient le frais et prenaient le plaisir de la *passegiata*. Cette place circulaire, plantée d'ormes dans sa circonférence, est presque la seule promenade de la ville.

J'allai voir deux autres maisons de campagne à Poggi. La première est la villa Lomellina, dont les bâtiments n'ont rien de bien remarquable, mais qui renferme un véritable jardin paysagiste pour lequel la nature a tout fait, et où l'art ne se montre que lorsqu'il devient indispensable. Ce jardin est situé dans une espèce de bourse formée par de hautes montagnes en face de la mer. Un bois touffu de chênes verts, de cyprès, de pins cultivés, d'arbousiers, de romarin, de myrtes, de bruyères, de cistes, etc., couvre la masse du terrain. De petits chemins sinueux à travers ce bois et sur les pentes des montagnes conduisent dans les parties les plus intéressantes du local; des ponts agrestes sont jetés sur des ruisseaux d'eau vive qui produisent des cascades et des lacs.

On a, de plusieurs points du jardin, une vue de la plus grande magnificence. D'abord on domine sur la petite vallée où il se trouve, sur un village pittoresque qui en ouvre l'entrée, sur une partie de la ville de Gênes et sur une étendue immense de mer au milieu de laquelle on découvre, quand le temps est clair, la Gorgone, l'île de Corse et l'île d'Elbe.

La seconde de ces maisons de campagne que je visitai est la villa Doria. Son jardin, moitié pittoresque, moitié à la française, contient beaucoup de plantes d'espèces diverses et dont quelques-unes sont assez précieuses. Je n'aime pas ce parterre dont les plates-bandes sont garnies de myrte tondu en boules, en pyramides, en figures de chiens, d'oiseaux et même d'hommes. C'est un goût qui me semble bien gothique et bien bizarre.

Dans la partie haute se trouve une espèce de verger planté en citronniers et en orangers. Ces arbres étaient autrefois d'une grosseur prodigieuse. Les gelées de 1789 les ayant fait périr, on les a récépés par le pied. Ils avaient repoussé de leur souche, et formaient déjà des buissons d'une toise de hauteur.

Avant de rentrer dans mon logement, je vis l'église de Saint-Cyr, une des plus grandes de Gênes. Le plafond est entièrement orné de dorures et de peintures modernes. Deux lignes de colonnes de beau marbre d'une seule pièce divisent les bas côtés. Les chapelles sont également décorées de tableaux, de sculptures et de chandeliers d'argent. C'est un intérieur magnifique.

Le pont de Carignan unit ensemble les sommets de deux montagnes; au lieu d'eau, ce sont des maisons de cinq étages qui se trouvent dessous. Il est large, solidement construit, bien entretenu et très-propre. Aussi sert-il de promenade le soir aux personnes du voisinage. On y respire le frais et on y jouit de la vue d'une partie de la ville, du grand port et d'une vaste étendue de mer.

A l'extrémité de ce pont se montre l'église de Carignan, toute bâtie en marbre; c'est une croix grecque dans la forme de celle des Invalides, à Paris, mais plus petite. Parmi beaucoup de statues très-médiocres, on en remarque une intéressante, en marbre et d'un fort beau ciseau : elle représente saint Sébastien. Chaque chapelle a son tableau d'autel; il en est trois d'un mérite supérieur, ouvrages du Guerchin, de Carle Maratte et de Rubens.

Le palais Durazzo est un des plus beaux et des plus vastes de Gênes. Les appartements sont meublés avec richesse. Il contient des tableaux parmi lesquels il y en a d'estimables. Toute la rue dans laquelle cet édifice est situé, très-longue, assez large pour que les voitures y circulent, n'est occupée que par des palais plus ou moins magnifiques, de grands hôtels et de très-belles maisons. Presque tous ces bâtiments, ornés à l'extérieur et dans les vestibules de colonnes de marbre, peints généralement de toutes les teintes qui imitent les marbres de différentes espèces ou de fresques très-bien conservées, sont décorés de sculptures, tant statues que bustes et bas-reliefs. Il semble que cette ville ne soit habitée que par des grands seigneurs, et l'on se demande où loge le peuple nombreux qu'elle contient. Il est vrai que tous les portiers sont des artisans, cordonniers, tailleurs, cardeurs et autres gens de métiers sédentaires. Ensuite, comme les personnes riches occupent rarement le rez-de-chaussée, elles y ont établi des boutiques qu'elles louent fort cher à des marchands. C'est ce qui fait que les rues où se trouvent ces hôtels ne paraissent pas dépeuplées comme quelques-unes de notre faubourg Saint-Germain. Quant aux autres rues de Gênes, il n'est pas étonnant qu'elles semblent vivantes : elles sont si étroites que souvent une chaise à porteur a peine à y passer.

Dans certains quartiers un peu éloignés du port et du centre de la ville, les maisons ne sont pas aussi magnifiques, mais elles sont toujours solidement construites et proprement entretenues. On ne rencontre pas une seule masure. Quelques-unes de ces rues sont si raides qu'on les a coupées en escalier. De même que presque toutes les villes d'Italie, Gênes n'avait point d'éclairage habituel. Il y avait par-ci par-là quelques reverbères et lanternes qui éclairaient des madones, et dont les passants profitaient par hasard, quand il plaisait aux propriétaires d'illuminer ces images, ce qui n'arrivait pas toujours.

M. Hippolyte Durazzo voulut me faire voir le jardin qu'il possédait sur l'emplacement d'un des bastions de la ville, du côté du levant. Je me rendis à son invitation. Pour arriver à ce jardin, il faut monter beaucoup, et l'on monte encore davantage lorsqu'on y est arrivé. Il était composé d'une multitude de petites portions différentes sur lesquelles on parvenait par des rampes fort raides et par des escaliers. Toutes les issues et les allées étaient couvertes de berceaux de vignes. Chaque partie avait sa destination particulière; ici, les plantes vivaces de pleine terre; là, les arbustes qui, l'hiver, résistent en plein air; ailleurs, sur des gradins, les plantes et arbustes d'orangerie, les arbrisseaux de serre chaude, les plantes grasses; enfin, un assez grand nombre de bosquets et des promenoirs d'agrément. Les plantes qui exigent diverses températures étaient renfermées dans plusieurs petites serres assez commodes. Il se trouvait aussi d'autres fabriques destinées à des habitations. Elles étaient propres et jolies, leur ameublement consistait en estampes anglaises, en vases étrusques antiques ou imités sur ceux d'Angleterre.

Je parcourus les endroits où étaient rassemblés les végétaux les plus rares. M. Durazzo avait son catalogue à la main; nous examinâmes plusieurs plantes douteuses dont je lui donnai la vraie nomenclature. Les espèces désignées par Lamarck, par Lhéritier et par Cavanilhes étaient en général assez mal nommées; nous rectifiâmes ces erreurs. Je remarquai plusieurs arbustes que je n'avais point vus encore vivants, tels que le *mimosa cathecu,* le *gardenia thimbergiana,* le *campanula fragilis,* très-jolie plante vivace originaire de Sicile.

Le bastion qu'a remplacé le jardin de M. Durazzo était assis sur une petite montagne qui domine Gênes. Il a fallu aplanir le roc, rapporter des terres, tout créer enfin. Des différentes terrasses on a pour perspective la ville dans toute son étendue, les montagnes qui l'environnent, le grand port, une portion du faubourg d'Aréna, Savone, Voltri, et une grande partie du golfe qu'on appelle la rivière du Couchant; du côté opposé, les montagnes, une partie de la rivière du Levant, et en face, la mer qui n'a point de bornes.

Pour revenir en France, je m'embarquai sur le même aviso *le Chien-de-Chasse.* La mer devint très-grosse, et pour la première fois je la vis en courroux. Les vagues de la Méditerranée sont bien différentes de celles de l'Océan : courtes, serrées les unes contre les autres, elles viennent de divers sens; il semble qu'elles sont moins le produit du vent que d'une ébullition souterraine. Aussi les marins disent-ils que la mer bout plus ou moins fort, pour désigner les degrés de son agitation. Les vagues de l'Océan, à une certaine distance des côtes, sont bien plus majestueuses;

leurs masses ressemblent à des montagnes et se succèdent dans la même direction. Comme elles ont un mouvement uniforme, elles sont beaucoup moins fatigantes que celles de la Méditerranée. Cela provient de la différence d'étendue de ces deux mers; l'une, étant très-circonscrite par des côtes, ne peut donner lieu qu'à la formation de petites vagues, tandis que les limites de l'autre étant très-éloignées, les vagues ont plus d'espace et plus de régularité.

La vie qu'on mène dans les voyages de mer est très-monotone et fort ennuyeuse pour les hommes qui ne savent pas se créer des occupations. On dort beaucoup, on fait quatre repas, on fume et on joue. Ne serait-il pas possible de tirer un meilleur parti du temps et de l'employer d'une manière qui devînt utile aux jeunes marins et aux hommes faits? Il me semble qu'on pourrait d'abord donner aux mousses des notions d'écriture, de géographie, de calcul, d'astronomie et d'histoire nautique. Aux matelots qui ont déjà quelque instruction, il faudrait fournir des livres et les habituer à l'étude des langues. La musique, des expériences de physique, des jeux d'esprit remplaceraient ces jeux de hasard qui occasionnent souvent des disputes, des rixes et des animosités. Mais il serait nécessaire avant tout que les commandants de vaisseau eussent eux-mêmes le goût des sciences, et qu'ils prissent à tâche de maintenir leur équipage en santé, par conséquent en joie, car presque toujours l'une dépend de l'autre. Ne pourrait-on pas encore stimuler parmi les matelots l'émulation du travail en les occupant à de petits ouvrages qui leur procureraient un peu plus d'aisance?

Ces réflexions m'étaient suggérées par l'exemple du maître canonnier de notre bord. Je le voyais employer tous ses loisirs à faire ou raccommoder des habillements pour ses camarades, moyennant un léger pécule. C'était un homme de trente-six ans, et quoique toujours occupé pour lui et pour les autres, il n'en était pas moins le premier à son poste, mettant son intelligence et ses forces à s'acquitter de tous ses devoirs avec zèle, tandis que la plupart des autres, ne faisant que manger, boire, jouer et dormir, arrivaient les derniers à l'ouvrage et travaillaient très-mollement.

Si tout ce qui tient au matériel de la marine est porté au plus haut degré de perfection, la partie morale me paraît encore bien négligée dans tous les grades. On sent bien que je ne parle ici que de la marine marchande; celle de l'État, je le sais, a une tout autre organisation.

Après avoir dépassé les côtes de Gênes et de Savone, nous nous trouvâmes, au point du jour, en vue du cap et de la ville de Noli. Cette côte est bordée de montagnes élevées, dont les sommets sont arrondis et les bases assez écartées pour former des vallées remplies de petites villes, de villages et de hameaux; mais les maisons isolées sont beaucoup moins nombreuses que de l'autre côté de Gênes.

En général les villes sont très-multipliées le long

CHAPITRE XXX.

de cette mer, à la distance de trois, quatre ou cinq milles les unes des autres. Elles paraissent avoir peu de profondeur dans les terres; les maisons, à peu près d'égale hauteur, à deux ou trois étages, sont dominées par des clochers, des dômes et des tours. Parmi ces villes, les plus importantes sont celles d'Oneille et de Port-Maurice. Les montagnes qui les dominent, plus verdoyantes, s'élèvent davantage et présentent à diverses hauteurs des groupes d'habitations dont la position est très-pittoresque. On aperçoit distinctement quatre plans de montagnes placées les unes au-dessus des autres, et dont les cimes se perdent dans les nuages.

Enfin, après avoir longé toutes les côtes depuis San-Remo jusqu'à l'embouchure du Var, nous nous vîmes à l'entrée du port de Marseille; mais on nous astreignit à une quarantaine rigoureuse qui, malgré toutes nos instances et les preuves que nous donnâmes de n'avoir eu dans le cours de notre voyage aucune communication suspecte, ne se termina que le onzième jour.

La ville de Marseille est trop connue pour que je m'arrête à en faire la description. Je ne puis cependant résister au plaisir de dire quelques mots de la partie la plus intéressante de ses habitants. Je n'avais pas encore vu, rassemblées dans un même lieu, une aussi grande quantité de belles femmes, si ce n'est à Milan et à Rome. Les Marseillaises ont en général une taille avantageuse; le cou bien dégagé des épaules, la figure ovale, de grands yeux, la plupart noirs, bordés de longs cils et recouverts de sourcils arqués, étroits et de couleur d'ébène sur une peau très-blanche; la bouche petite, garnie de jolies dents bien rangées et d'un brillant perlé; le sourire plus ordinairement malin; le nez aquilin et bien proportionné; la chevelure brune, longue, épaisse et bien plantée; les bras arrondis et terminés par de jolis doigts; la jambe fine, le pied mignon, la démarche svelte et légère. Ces belles formes sont animées par un esprit aimable et piquant, et la vivacité, la mobilité de la physionomie les rend encore plus séduisantes. Je n'ai pas eu le temps d'étudier assez leur moral pour en bien juger; mais tout me porte à croire qu'il répond aux dehors qui préviennent si fort en leur faveur.

Les soins que M. André Thouïn ne cessait de donner à l'emballage, puis au transport et à l'embarquement des objets d'art recueillis en Italie, avaient prolongé son séjour, d'abord dans les différentes villes de cette péninsule. Marseille et Arles le retinrent ensuite pendant plusieurs mois. Il fallut même, pour faire parvenir ces richesses à Paris, que le général Bonaparte envoyât aux commissaires du gouvernement une somme de vingt mille francs, sans laquelle ces trophées de nos conquêtes seraient difficilement arrivés à leur destination. Et durant ces longs retards, l'illustre professeur, sans négliger aucune des précautions que réclamait le précieux dépôt confié à son zèle et à celui de ses collègues, trouvait encore du temps à consacrer aux intérêts de la botanique et de l'agriculture. Il ne se couchait jamais sans avoir auparavant consigné sur son journal les observations utiles que lui suggéraient les villes où il séjournait et les campagnes qui se trouvaient sur son passage. Ainsi la Provence, le Dauphiné, la Bourgogne et jusqu'aux provinces les plus rapprochées de la capitale, lui offrirent une foule de notes dont nous aurions pu faire usage si nous n'avions craint de porter au delà des bornes l'étendue de cet ouvrage. Mais nous y reviendrons pour peu que nous soyons encouragé par le suffrage et par les désirs du public. Nous nous hâtons, en ce moment, de ramener M. Thouin dans ses foyers, après une pénible absence, et nous reprenons avec lui la fin de son récit en le laissant parler lui-même :

Mes yeux n'étaient pas assez grands, à mon entrée dans Paris, pour voir tout ce qui se trouvait sur mon passage. La physionomie de ses habitants et surtout le costume de beaucoup d'entre eux me parurent étrangers. J'observai avec plaisir que la mise de la classe moyenne, des ouvriers et des artisans, était ou plus soignée ou moins délabrée qu'à mon départ. La jeunesse, plus nombreuse, avait un maintien plus svelte, une plus belle conformation. Les femmes aisées s'habillaient avec plus de simplicité, mais avec plus de goût. Toutefois, l'immensité des perruques portées par les deux sexes me frappa. Je ne sais si l'un et l'autre ont beaucoup gagné à cette mode. Étourdi par le bruit des voitures et l'œil distrait par la vue des objets que je rencontrai, je ne pus former que des idées vagues qui se détruisaient mutuellement, sans me laisser d'impressions durables.

Enfin, prenant congé de mes compagnons de voyage, je rentrai dans le Muséum d'histoire naturelle à une heure après midi, le 13 avril 1798. Ainsi s'est terminée cette commission, qui a duré vingt-trois mois et quatre jours.

Après avoir joui des premiers embrassements de ma famille, augmentée d'un beau-frère, aimable, distingué par son mérite, et d'un neveu à peine âgé d'un an, j'allai voir les patriarches du Muséum, M. et Mme Daubenton, puis mes amis Desfontaines et Gérard Vanspaendonck; et, apprenant que l'assemblée des professeurs devait avoir lieu le même jour à quatre heures du soir, je m'empressai de m'y rendre. Je trouvai là une grande partie de mes collègues, que j'embrassai de bien bon cœur, heureux de l'amitié qu'ils m'avaient conservée.

Le lendemain, je me présentai chez le ministre de l'intérieur pour l'instruire de tout ce qui avait rapport à ma mission. Il me reçut avec politesse et bienveillance, prêta beaucoup d'attention au compte succinct que je lui rendais, et me dit que le gouvernement avait jeté les yeux sur moi pour m'adjoindre aux savants et aux artistes destinés à faire partie d'une expédition secrète qui se préparait à Toulon. Sans accepter ni refuser cette nouvelle marque de confiance, je priai le ministre de me laisser quelques jours de repos avant que je me décidasse sur un voyage dont le terme pouvait être encore plus éloigné que celui d'où j'arrivais à peine depuis vingt-quatre heures. Le général Bonaparte que, ce jour-là, je vis aussi à l'Institut, m'adressa la même proposition, et je lui fis la même réponse. Invité par lui à dîner, je ne promis que conditionnellement, parce que, me trouvant un peu incommodé de mes fatigues, je craignais que ma santé ne me permît pas de me rendre à son invitation. Je n'y allai pas, je ne le revis point, et je n'eus depuis aucunes nouvelles de lui.

Un des membres de la commission d'Italie, M. Berthollet, que je rencontrai aussi à l'Institut, me parla avec enthousiasme de l'expédition dont il faisait partie et me dit que Bonaparte comptait sur moi, qu'il fallait absolument que je fusse de ce nouveau voyage, le plus beau, le mieux calculé, le plus intéressant qu'on pût entreprendre. Je lui objectai que, pris de si court, après une absence de près de deux ans, ayant trouvé mes affaires personnelles dans le plus grand désordre, une sœur qui m'était infiniment chère, Mme Guillebert, dans un état de santé fort délabré, les travaux du Muséum très-arriérés et exigeant ma présence, je ne pouvais me décider avec cette précipitation, mais que j'y réfléchirais mûrement.

Je consultai l'un des membres du gouvernement sur le voyage dont il était question et sur le genre d'intérêt qu'on mettait à ce que j'en fisse partie. Voici ce que ce personnage, en qui j'avais toute confiance, me dit avec franchise :

« — L'expédition a pour objet l'Égypte.

« Il est question de coloniser ce pays et de le réunir à la France ; de le faire servir de passage pour le commerce des Indes-Orientales, en ouvrant un canal de navigation du Nil à la mer Rouge, et de ruiner par ce moyen le commerce des Anglais.

« Ce projet, conçu par Monge et Berthollet, est devenu celui du général Bonaparte, qui l'a fait agréer au Directoire exécutif.

« C'est ce général qui est chargé de tout ce qui a rapport à l'entreprise.

« Berthollet, en grande partie, a fixé le nombre et le choix des savants et des artistes.

« Ce nombre a paru, d'une part, trop considérable ; et d'une autre, le choix des individus peu propre à entretenir la bonne intelligence et l'harmonie nécessaires pour rendre le voyage agréable aux personnes et utile au progrès des sciences et des arts.

« Enfin le gouvernement verra sans déplaisir que vous n'acceptiez pas la place qui vous est offerte dans cette expédition ; et s'il vous a compris sur la liste des voyageurs, c'est parce qu'il a cru vous devoir une nouvelle marque de sa confiance et prouver à toute la France combien il a été satisfait de vos services dans les deux missions que vous avez remplies.

« Du reste, ajouta-t-il, vous êtes le maître d'accepter ou de refuser sans que votre détermination puisse en rien altérer la bonne opinion qu'a de vous le gouvernement. »

D'après ces confidences, reportant ma pensée sur le dépérissement de ma sœur aînée, état que mon absence pourrait aggraver encore et rendre peut-être irrémédiable ; sur la situation de ma fortune, si fâcheusement diminuée par la perte des deux tiers de mes rentes en fonds publics ; sur la nécessité de faire le cours de culture dont j'étais chargé et qu'on attendait depuis plus de quatre ans ; sur le besoin que le Muséum avait de ma présence pour de nombreux travaux, particulièrement pour la transplantation de l'École de botanique, qui ne pouvait plus être retardée ; enfin sur le caractère de mon collègue Monge, dont les principes, soit en politique, soit en matière de sciences et d'arts, n'étaient rien moins que tolérants ; par toutes ces considérations, je me déterminai à répondre d'une manière évasive à toutes les propositions qui me furent faites pour prendre part à l'expédition qu'on préparait à Toulon.

Mais, voulant concourir autant qu'il dépendait de moi au succès de l'entreprise en ce qui concernait l'agriculture, j'eus de longues conférences avec M. Nectoux, chargé de cette partie. Je lui donnai communication des instructions que j'avais dressées pour MM. Coligneau, Martin, Massé et autres voyageurs qui avaient la même mission à remplir; j'appelai son attention sur le journal qu'il devait tenir, afin de le rendre plus fructueux à l'agriculture et à la botanique. Je lui remis une collection de graines de plantes et d'arbres utiles à multiplier dans les pays où il allait porter ses pas. De plus, je lui offris d'ouvrir une correspondance avec lui sur tous les objets qui pourraient contribuer au succès de son voyage.

En terminant la relation de celui qui m'a retenu durant près de deux ans éloigné de ma famille, j'aime à reconnaître que, malgré les fatigues inséparables d'une pareille mission, malgré les moments d'ennui occasionnés par le défaut d'occupation dans des lieux où la nature et l'art n'offraient rien à observer, malgré les périls auxquels je fus exposé à Rome et surtout à Venise, le sentiment du plaisir et de la satisfaction est assez prédominant en moi pour me faire oublier fatigues, peines et dangers. Il m'a fallu des motifs aussi puissants que ceux dont je viens de parler pour me faire renoncer à la nouvelle destination dont voulait m'honorer la confiance du gouvernement.

Un mot encore, et c'est pour démontrer le peu de dépenses que notre mission d'Italie a causées au trésor public, si on les compare avec les avantages qu'elle procurait à la France. Nous recevions, mes collègues et moi, un traitement de cinq cents francs par mois pour notre entretien personnel. Les frais de route et de nourriture, ainsi que ceux d'emballage et de transport des objets d'art nous ont été remboursés sur les états dressés par nous avec autant d'exactitude que d'économie; enfin presque toutes ces dépenses ont été acquittées sur les fonds provenant des conquêtes de nos armées.

Les monuments apportés d'Italie sont arrivés en bon état à Paris, au port du Jardin-des-Plantes, le 16 juillet 1798, à huit heures du soir.

FIN DU SECOND ET DERNIER VOLUME.

TABLE

DES

MATIÈRES.

CHAPITRE I. — Pont de Beauvoisin. — Les Échelles. — Chambéry. — Montmélian. — Épierre. — Cascade. — Saint-Jean-de-Maurienne. — L'arc. — Le Mont-Cenis. — Passage de cette montagne. — La Novalèze. — Suze. 3

CHAPITRE II. — Sant-Ambrosio. — Rivoli. — Turin. — Le Pô. — Rizières. — Vercelli. — Novara. — Le Tessin. — Plantes. — Accident déplorable. — Buffalora. — Canal. — Aspect du pays.. 24

CHAPITRE III. — Milan. — Le Dôme. — *La Cène*, par Léonard de Vinci. — Théâtre de la Scala. — Bibliothèque Ambroisienne. — Église de San-Celso. — Collége de Bréra et Observatoire. — Jardin botanique. — Restes d'antiquités. Porte romaine. — Hôpital. — Promenade publique. — Aspect de la ville. 42

CHAPITRE IV. — Suite du précédent. — Culture du Milanez. — Population. — Jugement de M. Castiglioni sur quelques savants de France. — Volta. — Contributions. — Observations générales sur l'agriculture. — Pigeons voyageurs. — Dîner chez le général Bonaparte. — Le général Clarke. 61

CHAPITRE V. — Pavie. — Université. — Jardin botanique. — Collége Saint-Charles-Borrhomée. — Église Saint-Michel. — Tours carrées. — Château. — Pont couvert. — Abbaye. — Colonnade. — Chartreuse. — Maison du marquis de Malaspina 81

TABLE.

Chapitre vi. — Marignan. — Lodi. — Plaisance. — Pont de bateaux sur le Pô. — Borgo San-Domino. — Parme. — Théâtre. — Jardin botanique. — Rivière du Taro. 97

Chapitre vii. — Carpi. — Novi. — San-Benedetto. — Abbaye. — Orgue. — Digues. — Lac. — Largeur du Pô. — Bac. — Manière de fouler le blé. — Huile de marc de raisin. — Moyens pour conserver les fruits de la vigne . . 110

Chapitre viii. — Mantoue. — Palais du T. — Habitation des ducs de Mantoue. — Bibliothèque. — Collection de modèles en plâtre. — Faubourg Saint-Georges. — Le Dôme. — Église Saint-André. — Mantegna, peintre. — Église de la Trinité. — Maison de Jules Romain. — Palais de Collorédo. — Virgilia. 124

Chapitre ix. — Reggio. — Rubiera. — Modène. — Tremblement de terre. — Château de Bell'Aria. — Jeu de l'amour. 137

Chapitre x. — Route de Lucques. — Volcan. — Pistoia. — Lucques. — Élection d'un doge. — Costume des habitants. — Oliviers. — Pietro-Santo. 149

Chapitre xi. — Massa. — Palais du duc. — Carrières de marbre. — Points de vue. — Population. — Mœurs et usages. — Culture. — Plantes. — Villa de la duchesse de Massa. — Pain de châtaignes. 159

Chapitre xii. — Carrare. — Caractère des habitants. — Académie des arts. — Antiquité des carrières. — Leur description. — Qualité des marbres. — Moulin à scie. — Église d'un faubourg. — Rivalité des villes de Massa et de Carrare. 174

Chapitre xiii. — Bologne. — Cathédrale. — Promenade. — Mme Billington. — Institut. — Jardin botanique. — M. Galvani. — Observatoire. — Hospice de la Vie. — Galeries de tableaux. — Tours penchées. — Population. 188

Chapitre xiv. — Suite du précédent. — Abbaye de Saint-Michel. — Couvent de capucins. — Grande tour. — Madone de *San-Lucca*. — Lupin blanc. — Vin du Bolonais. — Fenouil. — Cordes. — Charcuterie de Bologne 201

Chapitre xv. — Route de Florence. — Aperçu général des Apennins. — Limite du territoire de Bologne et des États de Toscane. — Couvent. — Volcan de Pietra-Mala. — Castel Faggio. — Costume des paysannes. — Fiesole . . . 215

Chapitre xvi. — Florence. — Population. — Palais Pitti. — Jardins de Boboli. — Galerie de Florence. — Jardin botanique. — M. Fabbroni. — Cabinet d'histoire naturelle. — Le chevalier Fontana. — Pièces anatomiques. — Les trois règnes de la nature. 225

Chapitre xvii. — Suite du précédent. — Mœurs et usages des Florentins. — Promenade des Cachines. — Giani, improvisateur. — Le comte Alfieri et la comtesse d'Albanie. — Sigisbés. — Théâtre. — Glace. — Chasse. — Exploitation des terres. — Vignes. — Herborisation 237

Chapitre xviii. — Abbaye de Vallombreuse. — Chemin. — Premier monastère. — Avenue. — Maison principale. — Bois de sapins et de hêtres. — Pelouse. — Aspects. — Plantes. — Chapelle. — Différentes parties de l'édifice conventuel. — Détails sur la culture du sapin. — Retour à Florence. — Visite des monuments avec la famille Trouvé. — Froid extraordinaire au mois de juin. — Observations météorologiques. 253

Chapitre xix. — Route de Florence à Rome par Sienne. — Coup d'œil sur le pays. — Sienne. — Le Dôme. — Groupe des trois Grâces. — Hôpital. — Jardin botanique. — M. Mascagni, — Entrée dans les États du pape. — Aquapendente. — Viterbe. — Ronciglione. — Tristesse des campagnes 269

Chapitre xx. — Rome. — Monuments. — Le chevalier Azara. — La villa Pamphili. — La villa Borghèse. — La porte du Peuple. — L'église de Saint-Pierre. — Bibliothèque, musée et jardin du Vatican. — Le Capitole. — La villa Albani. 280

Chapitre xxi. — Continuation du précédent. — Églises de Sainte-Marie-Majeure, de Saint-Jean-de-Latran. — Colisée. — Temples de Vesta, de la Pudicité, de la Fortune virile. — Église de Saint-Pierre-aux-Liens. — Palais Colonna. — Palais Justiniani. — Église de Saint-Paul hors des murs. — Palais Farnèse. — Murs de Rome. — Pyramide de C. Cestius. — Arc de Drusus. — Tombeau de Cecilia Metella. — Cirque de Caracalla. — Fontaine de la Nymphe Égérie. — Jardin botanique. 295

CHAPITRE XXII. — Suite du précédent. — Transteverins. — Paresse du peuple. — Musique des rues. — Fresque appliquée sur toile. — Mauvaise culture des terres. — Troupeaux de bêtes à cornes. — Jardins légumiers. — Mendicité. — L'*aria cattiva*. — Rareté des bons fruits. — Nourriture. — Française prisonnière au château Saint-Ange. . . 309

CHAPITRE XXIII. — Route de Rome à Tivoli. — Aspect du pays. — Nature volcanique. — Chemin. — Tombeau de Plantius. — Végétaux. — Tivoli. — Temple de Vesta et maison de la Sibylle. — Cascade et cascatelles. — Villa d'Este. — Villa de Mécène, de Salluste, d'Horace, de Quintilius Varus. — Source d'or. — Rivière d'Anio. — Temple de la Toux ou de Cérès. — Villa Adriana. 325

CHAPITRE XXIV. — Lorette. — Ancône. — Dauphins. — Venise. — Port. — Rues. — Canaux. — Gondoles. — Palais. — Église de la place Saint-Marc. — Iles. — Pont de Rialto. — Couvent de Saint-Georges. — Église de la Salute . . . 345

CHAPITRE XXV. — Cervia. — Ravenne. — Cathédrale. — Église de San-Vitale. — Tombeau du Dante. — San-Romoaldo. Santa-Maria-di-Porto. — La Rotonde. — Naviglio. — Abbaye de camaldules, à Classe. — Cessenatico. — Rimini. — Arc de triomphe d'Auguste. — Églises. — Port. — Murs. — Plantes. — Culture. — Abbaye de la Scolca. . . 359

CHAPITRE XXVI. — République de Saint-Marin. — Césène. — Fosses pour le grain. — Cap di Cole. — Forlimpopoli. — Forli. — Collina. — Faenza. — Manufacture de faïence. — Canal de navigation. — Filature de soie. — Imola. — Citadelle. — Églises. — Tableaux. — San-Nicolo 376

CHAPITRE XXVII. — Route de Florence à Rome par Pérouse. — Arezzo. — Cortone. — Lac de Trasimène. — Pérouse. Assise. — Pèlerinage de Notre-Dame-des-Anges. — Spello. Trevi. — Spolette. — Terni. — Cascades. — Végétaux. Narni. — Civita-Castellana. — Nepi. — Voie Flaminienne.

— Approche de Rome. 394

CHAPITRE XXVIII. — Route de Florence à Pise. — Chapeaux de paille. — Plantes. — Emploi du buffle. — Empoli. — Pontedera. — Vallée de l'Arno. — Pise. — Jardin botanique. — Église des Chevaliers-de-Saint-Étienne. — Campanile torto. — Cathédrale. — Campo-Santo. — Haras de chameaux. — Bains de Pise. — Végétaux. — Aqueduc.. 417

CHAPITRE XXIX. — Route de Pise à Livourne. — Canal. — Aspect du pays. — Carrière. — Autre route en partant de Massa. — Viareggio. — Livourne. — Campo-Santo. — Théâtre. — Magasin. — Effets de la chaleur et du climat. — Entretien sur la Corse. — Tatouage des marins. — Moissons. — Vente du lait. — Herborisation. — Promenades sur mer. — Entrée d'un vaisseau. — Beau point de vue. 438

CHAPITRE XXX. — Route de Livourne à Gênes par mer. — Perspective. — Port de la Spezzia. — Vie des marins. — Porto-Venere. — Rapallo. — Gênes. — Théâtre. — Bourse. — Port franc. — Palais ducal. — Mise des femmes. — Maison de campagne de M. Durazzo. — Villa Lomellina. — Villa Doria. — Église de Saint-Cyr. — Pont et église de Carignan. — Palais et jardin Durazzo. — Retour en France. — Vagues de la Méditerranée comparées avec celles de l'Océan. — Réflexion sur les marins. — Arrivée à Marseille. — Coup d'œil sur les femmes de cette ville. — Conclusion. — Refus de faire partie de l'expédition d'Égypte 485

FIN DE LA TABLE.

www.ingramcontent.com/pod-product-compliance
Lightning Source LLC
Chambersburg PA
CBHW060232230426
43664CB00011B/1628